领导力的软技巧，解决工作中迫在眉睫的问题

教你领导过程中，如何面对问题，驾驭风险

避免掉入领导失败的 4 个陷阱

- 辨别技术性挑战与适应性挑战
- 探寻人们的关注点
- 聆听话外音
- 品读当权领导的言行以寻找线索

在面临领导风险时所采取的 5 个策略

- 总揽全局：踏出舞池，走上阳台，抽出时间审视自己，在行动中纵览全局。
- 政治思维：寻找并巩固同盟者，贴近反对派，对自己造成的混乱负责，认可他们的损失，做出行为示范，接受伤亡。
- 调和冲突：创造扶持性环境，控制事态的温度，设定工作节奏，让他人看到未来。
- 归还工作：把责任交给需要进行改变的人。
- 保持镇定：在控制局势的时候保持冷静。

领导失败的核心原因：适应性改变、担心损失

导致领导失败的 4 种手段：边缘化、转移视线、攻击、诱惑

保持领导的积极心态

·清领五种·

火线领导
驾驭变革风险

LEADERSHIP ON
THE LINE
Staying Alive through the Dangers of Change

[美] 罗纳德·海菲兹（Ronald Heifetz） 著
马蒂·林斯基（Marty Linsky）

张慧玉 译

机械工业出版社
China Machine Press

图书在版编目（CIP）数据

火线领导：驾驭变革风险 /（美）罗纳德·海菲兹（Ronald Heifetz），（美）马蒂·林斯基（Marty Linsky）著；张慧玉译 . —北京：机械工业出版社，2019.4（2022.10 重印）
（清领五种）

书名原文：Leadership on the Line: Staying Alive through the Dangers of Change

ISBN 978-7-111-62357-1

I. 火… II. ①罗… ②马… ③张… III. 领导学 IV. C933

中国版本图书馆 CIP 数据核字（2019）第 056010 号

北京市版权局著作权合同登记　图字：01-2012-7805 号。

Ronald Heifetz, Marty Linsky. Leadership on the Line: Staying Alive through the Dangers of Change.

Copyright © 2017 Ronald Heifetz and Marty Linsky.

Published by arrangement with Harvard Business Review Press.

Simplified Chinese Translation Copyright © 2019 by China Machine Press. This edition is authorized for sale in the Chinese mainland (excluding Hong Kong SAR, Macao SAR and Taiwan).

No part of this book may be reproduced or transmitted in any form or by any means, electronic or mechanical, including photocopying, recording or any information storage and retrieval system, without permission, in writing, from the publisher.

All rights reserved.

本书中文简体字版由 Harvard Business Review Press 授权机械工业出版社在中国大陆地区（不包括香港、澳门特别行政区及台湾地区）独家出版发行。未经出版者书面许可，不得以任何方式抄袭、复制或节录本书中的任何部分。

火线领导：驾驭变革风险

出版发行：机械工业出版社（北京市西城区百万庄大街 22 号　邮政编码：100037）
责任编辑：邵啊敏
责任校对：李秋荣
印　　刷：保定市中画美凯印刷有限公司
版　　次：2022 年 10 月第 1 版第 7 次印刷
开　　本：147mm×210mm　1/32
印　　张：10
书　　号：ISBN 978-7-111-62357-1
定　　价：69.00 元

客服电话：(010) 88361066　68326294

版权所有·侵权必究
封底无防伪标均为盗版

清领五种 总序
LEADERSHIP ON THE LINE

杨斌 教授
清华大学副校长 / 教务长

悠兮其贵言

清领五种，重新集结，"选择本身就是一种创作"，诚如是。要说其中味道，可以说个"淡"字。

凡说起领导力，扑入脑海的就是"浓墨重彩"的英雄或者大抉择、关键时刻。就像是看管理案例的主人公，总是个总。久而久之，更助长了"领导力"的贵族专属性，对家庭中一人、组织中一员、群体一分子，如果你我皆凡人，则是没有多少领导力的话题好谈的。

这当然可反思，但不如做些什么，放几枝不一样的烟火。于是就有了这五种，五粒种子，播撒些"领导不艳、人自成蹊"的清领种子。

淡，是三点水与两把火的组合，说的不是水深火热，而是平常生活。不怎么轰轰烈烈的角色、情境，却是领导力极有意义的用武之地。有水有火，如《沉静领导》中混杂的人性，如《极客怪杰》中的老小孩与早当家，如《责任病毒》中的第一次推揽和责任悄然转换，如《温和激进》中的步步为营弱强腾挪，如《火线领导》中的动静拿捏与对立调适。

淡，细想却不简单，不是强加给你色香味，要靠你代入自己的体验。浅白无思的对错并非答案，字里行间有很多伦理上的辩难。沉下去心、伏下去身、轻推渐进、反躬自省，山丘过后，人不再是原来的那个，领导力的是与非也变得一言难尽起来。

淡，从不同的角度，五种各有纷呈。就不妨交替着看，彼此参阅。要说服别人，例证难免仍列举许多"功成事遂"；要征服自己，就得正心体会个中更多的"悠兮其贵言"。

感恩编辑的辛苦用心，这 20 年来一直陪着这五种书和她们的读者们一起走着、想着、沉淀着。

献给大卫、阿里安娜(安妮)、艾莉森、山姆、马克斯、里奇、梅雷迪思、利安娜、盖伊、威特,希望你们带着走出去的信念,用心做事,并对他人产生影响。

|目 录|

LEADERSHIP ON THE LINE

总序（杨斌）
前言
导言

第一部分 · 挑 战

第1章　**探寻危险的核心**　3
　　　领导：危机四伏　5
　　　适应性改变中的危险　8
　　　超越你的权限　16
　　　危险的核心：损失　23

第2章　**揭开危险的面纱**　29
　　　边缘化　30
　　　转移关注点　37
　　　攻击　40
　　　诱惑　46

第二部分·回　应

第3章　走上阳台　53
辨别技术性与适应性挑战　58
探寻人们的关注点　67
聆听话外音　69
品读当权领导的言行以获取线索　73

第4章　政治思维　83
寻找合作伙伴　84
贴近反对派　95
为自己制造的混乱负责　102
认可他们的损失　105
做出行为示范　108
接受伤亡　112

第5章　调和冲突　117
为所要开展的工作创造扶持性环境　118
控制事态的温度　125
设定工作节奏　136
让他们看到未来　141

第6章　把工作放回原位　145
把工作从你的肩头卸下来　146
把问题放回原位　150
把干预变得简短　159

第7章　保持镇定　167
承受争议热度　167

让解决问题的时机变成熟　173
　　让人们关注问题　182

第三部分・身体与灵魂

第8章　管理你的欲望　193
　　权力与控制　196
　　肯定与重视　200
　　亲密与快乐　208
　　如何处理欲望　217

第9章　锚定自我　221
　　区分角色与自我　222
　　保住心腹，不要把他们与盟友混淆　235
　　寻找庇护所　241

第10章　火线情况如何　245
　　爱　248
　　度量的"神话"　251
　　形式并不重要　258

第11章　神圣之心　267
　　神圣之心的映像　270
　　单纯、好奇与同情：开放之心的优点　273

注释　281

致谢　288

前 言

LEADERSHIP ON THE LINE

自地球有生命之时起,适应性一直是每个物种生存与繁荣的重要因素。

这对无论以何种形式组成的人类系统来说都是千真万确的。无论是全球性网络、国家、部落、乡镇、公司、家庭,还是个人,他们乐意迎接困难与挑战,并在变化与起伏中繁荣发展。

因此,无论你所在的集体有多大,你仍需注重培养技能和能力,以确保其向成功的方向迈进,适应性就是很好的选择。于你个人、于任何人类系统,这都是适用的。

时代的变迁

我们写这本书的目的有三个:①表明生产性变革必须适应可持续性;②提供降低风险的工具和框架,以便人们能够知道如何在改变的危险中领导和保持活力;③鼓励人们抓住日常触手可及的发挥领导作用的机会。

虽然人们一直很看重适应性的需求,但它从未像今天这样重要。世界各地的人需要弄清楚如何适应各种艰巨的挑战：如恐怖主义（无政府的或由某些国家支持的）、战争和难民问题，气候变化带来的暴风雨、沿海城市的旱涝灾害，新型病毒流行传播的隐患，以及超过家庭和经济承载力的人口增长。互联网及其社交媒体的产物改变了人们的交流方式、战争的方式以及参政议政的方式。2008年开始的世界经济大萧条，不仅使全球股市遭受重创，大幅下跌，而且还导致了全球复苏进度的不平衡，进一步扩大了收入差距。

在政治方面，美国选举出了第一位非洲裔总统，但全球左翼和右翼都出现了两极分化运动，致使主流选举进程波折不断。亚洲、澳大利亚（大洋洲）、欧洲、南美洲和美国民主环境中的选举常由有专制倾向的、沉着冷静的政治家赢得，他们呼吁简单行事、恢复秩序、投身可预测的事业。特朗普总统2016年竞选口号"让美国再次伟大"的关键词是"再次"。这是对美国复兴重回霸主的渴望，无论你是否分享这种渴望，这都是在适应经常威胁现实的、不熟悉的新环境时，人们对困难的回击。

变化的持久性、复杂性和深度，挑战着我们所有人。一方面，我们遇到了个人和集体蓬勃发展的非凡机会；另一方面，随着深刻的变化带来了损失，人们留下了遗憾，他们一直坚信的价值观遭到了质疑，钟爱的规范和习惯做法消失了，工作的安全性、熟悉度以及可预测性不复存在，所有这些就这么简单而突然地消失了。

这些波动在世界秩序中出现了恶化的挑战，并在那些直面挑战踏浪而行的人、惧怕挑战"窒息溺亡"的人的不同经历中表现出来。

拿人口增长来说，人口政策是很重要的，这一点在全球范围内逐渐达成共识，因为我们认为这些原因只是部分合理，对贫困、恐怖主义、非法交易、流行传染病、大规模移民以及气候变化有重要影响。在世界上的许多国家，儿童数量众多，当地家庭、学校和经济不堪重负，致使年轻男孩受到恐怖分子和罪犯招募者的青睐，而年轻女孩则易遭受性侵者和人贩子的侵扰。气候变化问题看上去很棘手，不仅是因为作为消费者，许多人仍坚持旧的工作模式和旧的燃料和肉类消费模式，而且是因为在如今的数字时代，世界各地的年轻低收入者寻求消费得更多。人们再也不会在生存和孤立中找到幸福。人们高密度聚居给流行病的传播创造了条件。这些因素结合在一起就致使社会团体现有的环境备受压力，西方社会亦是如此。这就促使了国内洪涝灾害的爆发，以及国外移民、流行病和恐怖主义的泛滥。例如，在叙利亚，农村人口的高增长率以及2011年之前长期的干旱，导致农村群体大规模流向城市，这就为内战、暴力镇压、恐怖主义和大规模移民创造了成熟的环境。

在领导方面，这些条件往往会产生对权威、保护和秩序恢复的向往。就像历史上往往在危机时刻才会出现独裁政治，我们现在的时代为一个稳定的政局创造了条件。公民会试图迎合，政治家也会施以恩惠。政治家由于过度承诺而赢得了选举，却因无法兑现承诺而遭受百姓的不信任。不可避免的是，在这几十年的适应性挑战中，人们意识到掌权的人不断让他们失望，达不到他们的期望，没有聆听他们的痛楚，对他们指手画脚而不是细细倾听。许多人感到了与日俱增的不安与背叛，因此愤怒地脱离现有群体而融入更狭隘的身份认同群体。保持多样性与稳固统一性之间的张力在全世界是显而易见的。

当多样性不断降低团体凝聚力时，我们需要打破这种恶性循环。公民需要面对需求的复杂性和后果，而政治家要更真实和巧妙地让公民参与这一过程。如果政府机关想让选民避免艰难的选择，那他们不仅要解释这些问题，还要加以行动。深刻的变化是实在而非冠冕堂皇的，是比经验更渐进的，它建立在个人持久价值和人类团体的定位价值上。我们相信，领导并保持活力是有可能的，这既能使领导者取得连任，又能让人们在迭代更新的适应性过程中拥有个人的变化。

领导力陷阱：转型窘境

35 年前，我们和其他同事就开始不断丰富实践领导力的观点，罗纳德等人相继出版《并不容易的领导艺术》《火线领导》等书，提出描述领导力思想的成功秘诀就是"转型"。

转型变革本身作为领导力的框架就是存在问题的。首先，它鼓励自我中心意识的膨胀与夸大，例如"我有一个转型的愿景与想法，我把它卖给你"等现象的出现。在这种情况下的领导力往往成了"我和我的愿景"，而不需要集体的智慧去完成。转型思维不是从诊断焦点和搜寻过程开始的：在制订下一步计划前，至关重要的一步是倾听他人，从而理解人们在价值观、能力和具体条件之间的差距。这几乎不鼓励寻求共同目的。很多时候，那些自称"改革领导者"的人从解决方案开始，就将领导力视为商品，视为用个人灵感和说服力推销的问题。

其次，转型思维本身往往是抛开历史的。它倾向于从改变观念开始，却忽视了实际情况，不尊重必须扎根的土壤。即使理论上它是一个好想法，出于好意也罢，但这一观点可能会不必要地将原本的改革连根拔起，致使人们迷失方向并带来不必要的贬值，最终产生文化免疫反应，扭曲和拒绝原本的观念。"过敏反应"可能很快发生（如埃及、也门和"阿拉伯之春"的游行抗议活动），也可能需要60年的积淀（如俄国十月革命）。

最后，强调转型变革本身，就会鼓励那些充满热情和胆量的人尝试系统性的重大改变，而且也可能诱导他们急于扩大规模，而减少那些日益增加和处理琐事的日常领导工作。当今世界在各个层次上都需要调整，从家庭抚养孩子的方式到邻居、消费者和公民打交道的方式，再到跨国和民族国家间运行的方式。21世纪人们面临的挑战并不是由一个救世主就能解决的，而是需要人们的日常领导，动用群体智慧和创造力，各取所长，应对棘手的问题。[1]

可持续发展的变化是可取之法

我们认为时代号召深刻广泛的变化，以此改变人类的能力去适应当今的挑战，并通过新的途径繁荣兴旺。我们还认为可持续、转变型的变化更具有进化意义，而不是革命性的，因为相比于传播，其保留了更多的文化因素。例如，谷歌的搜索引擎依赖并保留了已经进化完成的经济和技术基础设施——美国的经济系统和不断扩张的网络产品市场、丰富的科技产业网络、硅谷的生态系统，以及许多之前的工程解决方案，包括先于其出现的搜索引擎的经验教训。谷歌的技术用可持续的方式转变了人们的能力，因为这些深刻的变化扎根于既有的技术、经济、文化上的能力、体系和价值观，并从中开始变化。尽管基于广告收入和新数据收集技术的商业模式，谷歌改变了在线市场，但它大多借鉴了重要的经验教训，并保留了在广告和营销方面已经发展的基本能力。举一个历史的例子，美国革命保留了英国大多数的文化因素，从它的语言、艺术、科学、政治理论到初期的自由市场体系。一个建立在价值观而不是种族基础上的国家，富有多样性，这不仅具有变革性，更具适应性。建国者保留的东西比其改变的要多。

想让转型变革可持续，领导者不仅需要根植于自有的文化，还需根据变化的环境适时而变。它必须适应内部与外部的现实。因此领导者需要从倾听和学习开始，找出人们关切所在，重视他们已经知晓、珍惜和所做的最好的东西，并以此开始发展。如果只有一个改革的想法，纸上谈兵是很危险的。领导者不仅需对人的价值观、能力和历史给予适当的尊重，还需尊重不断变化的环境，以此培养出应对新挑战和抓住新机会的能力。

系统性适应：以哥伦比亚政府为例

即使是政府高层领导的巨大变革也是由无数日常事务与交易日积月累而成的。过去数十年间，罗纳德有幸为世界各地的总统和总理建言献策，他们都渴望让国家实现重大的变革，他们的成功与失败（取决于问题）部分基于他们以进化、适应的思维方式思考引领社会深刻变革的需求和相应地为人民做准备的要求的能力。

在 2010 年 8 月就职之前，哥伦比亚总统胡安·曼努埃尔·桑托斯就开始采取重大渐进的措施与哥伦比亚革命武装力量达成和平协议。他对战争很熟悉，因为之前就担任国防部长一职。他首先着手于生态环境的建设，创造了相对平缓稳定的环境，为和平谈判打下了基础。他任命驻委内瑞拉前任大使为外交部长，以便与委内瑞拉总统乌戈·查韦斯进行合作，后者曾为哥伦比亚游击队提供庇护。桑托斯需要劝说查韦斯调转矛头向游击队施加压力，以迫使他们结束暴乱转而谈判。桑托斯还成功地游说古巴这一历史上著名的支持游击队的国家。劳尔·卡斯特罗（古巴领导人）调转矛头，不仅对哥伦比亚革命武装力量施压以要求谈判，还主动提出主持谈判。桑托斯还邀请了挪威人与古巴人一起作为中立方主持谈判，前者曾参与主持了巴以谈判和奥斯陆协议。这些都是重大举措，但也需一步一个脚印循序渐进，不是一蹴而就的。

谈判进程本身持续了5年以上。桑托斯总统坐拥一流的谈判团队，他还与哥伦比亚革命武装力量建立了多条沟通渠道，以此增加选择和增强其对整个过程的控制。每天他都会关注谈判团队的工作，处理政治同僚的挑战和反对声以及多方公众的困难挑战，因为每个人都面临着谈判桌上的和之前一系列棘手问题的挑战，这关乎整个国家。有无数棘手的问题亟待解决，小到没收武器的机制，大到出台政策解决50年前因为社会不公而滋生的游击战。每个问题都要求对从谈判者到普通公民每个人的内心进行仔细具体的分析，人们需要具有创造力而敢于变革。

桑托斯总统于2014年赢得了连任，并于2016年将和平协定总结为培育深刻社会变革中详细、日常、琐碎和危险工作开展的圣约。

当然，事情到这里还未结束。2016年10月，桑托斯在有关和平协定的公投上失败，但他很快进行了调整，修改了协定，并快速取得了国会的同意。为了确保这些成果，在其任期最后一年内，桑托斯总统将关注重点转移到公共修缮方面。他任职期间的大多数时间都放在和平谈判上，从而花了相对较少的时间赢取乡村相关团体的信任。经过多年的不懈努力，谈判过程中的每个人都经历了深刻的情感变化。他们每一步都得到了桑托斯的支持，而桑托斯却不太可能得到那些因和解而遭受冲击的人(被绑架或被杀害的人的家人)，以及在新政治秩序中拿他们原本的政治、经济、文化地位冒险的人的支持。可持续和平不可能做到所有人一致满意，只有人们将过去的悲怆真正放下，实施新的社会经济政策，并建立新的工作政治关系，它才能在人们生活的适应性变化中得以实现。和平工作将代代相传，其开始与结束，不仅取决于桑托斯及其继任者的高度适应性领导，还要依赖于社会中的每个人，无论其是否有权领导。桑托斯总统以其勇气、毅力、政治魄力、进阶变革理念和适应性方法获得了2016年诺贝尔和平奖，他做了一件很伟大的事，那就是使和平成为可能，并尽可能增加长久和平的机会。

个人层面的适应：人生的各个阶段

系统层面的适应性工作与个人层面的一样困难复杂。

我们都确信在人生的某一阶段，在个人生活和职场中，你不得不应对突如其来不如意的事情。比如，所爱之人的突然离世、意料之外的离婚、参选失败、失业、健康危机、生意失败、突遭失恋或挚友的背叛。

在这一系列不如意清单中加入你自己的例子。

这些情况下的适应性挑战与哥伦比亚人民及其总统桑托斯需要面临的挑战相似。你想要保留什么以继续前行,又想留下和搁置什么?在损失中你如何支撑自己挺过去?你接受并尝试了哪些新的行为、价值观和信仰?

对马蒂来说,自本书首次出版,就引起了他特殊的共鸣。更具体地说,岁月催人老,过去几年马蒂一直在和时间斗争,努力适应衰老的过程。医疗水平、饮食指南和健康生活方式的进步意味着每个人都有可能比上一代更长寿、更健康。人们有两个简单易选的选择:①像上一代人一样退休后,搬去更温暖的地方,打打高尔夫和桥牌,旅旅游,看看书,由子女或孙辈陪着享受天伦之乐,或者做志愿者以回馈社会;②继续做一直在做的事,即使有许多系统性的压力,仍旧坚持到底,做一直在做的事,体现生命的价值,并将它做好。老天爷看在眼里,欣赏你的努力,并且总有一天会回馈你的,这也会让你感觉有能力胜任工作,并且发挥作用。这一选择很不错,很多人就是这么做的。

然而,适应变老过程的挑战是将这一时段视为人生新篇章的机会,而不应与过去那样的老时光一样,抑或是像太阳下山一样光荣地退场衰退,而应是需要探索的人生新旅程。就像玛丽·凯瑟琳·贝特森在其《青春永不落》一书所指出的"积极的智慧"一样:这是一项使你所学有更广泛不同的受众,或与过去不同的方式表达出来的挑战。

马蒂说,他曾经所学的、所观察的、所告知的和所经历的一切都没有告知他如何度过人生的这一阶段。随着身体日渐衰退（记忆力开始减退），他总是面临着困难的选择：服老，不服老，随它去，治病调养。治病调养往往是最好的选择，但现在看来并不必要。要为了避免背部手术而放弃跑步（这可是自我认知的核心要素），进行物理治疗，每天锻炼40分钟吗？戴助听器或者做白内障手术吗？再也不能连续坐长途飞机，再也不能连续几晚睡眠少于7小时了吗？那打个盹儿呢？哎，怎么会这样！

那么马蒂要怎样取舍，又怎样最好地利用人生剩下的时间呢？情绪上的痛苦比这个过程还要优先。与人类的历程不可预知不同，对于马蒂来说，他知晓自己人生的结局。现在和未来何时、何地、做何事完全不受他掌控，当然通过每天一个接一个地构建选择，并且由"镜片"有效地筛选出哪些是重要的、哪些又是无足轻重应该舍弃的，这一新的近乎全职的工作成为他保持自主感的良药。

自身的进化

作为老师和顾问我们发现，在经济大萧条之后，人们对本书中的框架和工具的看法有了巨大变化。

在经济大萧条之前，许多人将适应性挑战视为优选而不是必选。自2009年起，人们的观点有了改变。适应调整新环境的能力变成人们急切的需要，而且对于很多个人和组织来说，是困难和巨大的挑战。这种认识促使哈佛商业评论出版社出版了本书。出版社提醒我们最好不要对这一版本做过大的改动。他们认为这本书本身就不错。然而他们仍希望我们在这则前言中反映出所学知识，并重新概念化一些事物，以便读者浏览时能够多加思考。

我们对政治思维（第4章）和行为的想法已经改变，因为读者、学生和客户促使我们更广泛地关注如何将这些想法付诸实践。我们在《适应性领导实践》一书中开始讨论这种差异。第4章旨在表明，政治行为不单是拥有合作伙伴。在政治上采取行动意味着制定干预措施，规划所说所做，以便你的倡议吸引特定目标群体。这意味着所有人在职场和生活中都能深刻地与他人产生共鸣。只有人民才能代表人民发声。尊重这些职业和个人忠诚度成为寻找合作选择的关键。政治行为要求你感同身受，理解人们讲述（即使你认为很愚蠢的）他们的故事，这样你就能站在他们的立场而不是你的立场考虑问题。以这种方式运作需要你知道他们所代表的人群，"选民"的利害关系，并对人民和派系的联盟持开放态度，即使他们的动机、兴趣、价值观和议程可能非常不同，甚至是在某些方面与你的相反。

在这些年的工作中我们学到，调和冲突（第5章）是广泛意义上创建稳定环境的子集。调和冲突需要将人们聚在一起的舰队盟约，以此抵抗分裂势力。这些盟约既是以权力信任为基础的纵向盟约，又是以社会资本为基础的横向盟约。我们的同事已对政治、社会、谈判和外交的结构和过程做出了认真详尽的分析，这对现有稳定环境的构建有极大意义。实施领导力不仅需要对问题本身进行调整和排序以遏制分化，还需要根据现有环境本身，加强信任和共同利益的纽带，承担妥协和创新所造成的损失。巧妇难为无米之炊，人们做饭不仅要知晓何时添加什么食材，还要控制火候，提高灶具的热效率，实施领导力亦如此。许多人告知我们，他们在舒适区外很难调动自己的热情（尤其是激发热情），即使他们知道热情对解决难题是必不可少的。有许多工具和方法可提升人们的热情，有些甚至更具挑战性，它们对加强现有环境起到了决定性的作用，且影响甚广。

第6章指出，巧妙的干预措施使人们兼具技巧性和战略性地回归工作。为在适应性工作方面取得进展，干预措施需要试验、提问和定制工作。这就像是零售生意，而不是大宗批发交易。你还必须从战略角度思考能力和背景：设置和规划优先级，以及随时间变化来干预工作用时、步调和次序。

我们用第7~9章来阐释"自我认知和自律是维持生命的基础"这一观点。鉴于领导过程存在风险，我们对试图实施领导力的人的生存方式很感兴趣，这一点并不意外。我们也发现有些人在自我退缩、批评和攻击中自我毁灭。在自我认知和纪律的指引下，当攻击属于个人攻击时，人们以自卫防御做出反应；而当它不是个人攻击时，人们则有更多选择。为了有效地区分角色和自我，掌控欲望，并锚定自我，你会想知道如何识别职业、个人生活乃至祖先对你潜移默化的影响。然后，你将学习如何调整阻碍你更自由地看待和有创意地回应现实的人际关系。

仔细审阅本书，写下这则前言，对一些词句稍做调整，这都是我们心甘情愿做的，也借此反思本书首次出版至今的15年间我们的经历和世界的巨变。许多人评价《火线领导》一书是他们在做有意义但困难的领导力适应性改变时的领航灯塔，对此我们受之有愧。

对我们二人来说，对本书的编写使我们工作上的合作关系和个人的友谊之火重燃,在此之前的许多年我们的关系磕磕绊绊。适应性挑战每天都围绕着我们。我们与许多人一起阅读、撰写、讲授和探讨适应性变化才完成此作,如若没有他们,仅凭我们二人之力难以实现。就像世界一直在变化一样,我们的学习也从未停止。

罗纳德·海菲兹

马蒂·林斯基

2016 年 12 月 1 日

| 导 言 |

LEADERSHIP ON THE LINE

每天，你都面临各种触手可及的领导机会。

一位父亲总是在晚餐桌上沉溺于发表批评性的陈词滥调，但某一天，他改变一贯的做法，认真地询问家人的意见。

一位投资银行家马上就可以收到一笔1000亿美元的兼并交易，但令所有人困惑不已的是，她此时却问了一个让整笔生意深陷危险境地的问题。她质疑道："鉴于现在各家企业中已有的人才队伍及迥异的文化，它们能否快速实现令投资者满意的协同效应？"

一位政治家负责一个在社区建造监狱的项目，他所面临的挑战是：如何让选民接受这一项目，而不是重复"别建在我家后院"的邻避效应老口号。

一位邻居看到可爱的街坊小孩在丧母多年后进入青春迷失期，便组织其他邻近父母开展"每周咖啡"活动，为那位小孩的父亲及其家庭提供支持和帮助。

你耐着性子开会，却看到参会人员对实质性问题避而不谈，于是你决定成为那个把问题提上台面的人。

每天，你都面临各种机会去提出重要的问题，倡导更高的价值理念，或让悬而未决的冲突浮出水面……也就是说，每天你都有机会影响身边人的生活。

因此，每天你都必须决定：是做出自己该做的贡献，还是明哲保身、避免惹人心烦，从而再次默默无闻地度过一天？谨慎一点是没错的，审慎更是一种美德。在社区里做出不受欢迎的举措，或在组织里提出挑衅般的新主意，或质疑同事的价值观与其行为是否一致，或提醒亲朋好友直面艰难的现实……这些时候，你便扰乱了他人的生活。你会挑起他人的怒火，置自己于不堪的境地。一言以蔽之，展现领导力会让你深陷水火之中。

领导意味着在险境中生活，这是因为当领导力生效、当你领导人们经历艰难的改变时，你是在向他们珍视的东西提出挑战，如日常习惯、办事方式、特权或思维模式等，而你能带给他们的，只是一种尚未实现的可能。此外，执行领导活动通常意味着你要超越自己本身职权来应对面临的挑战。当你扰乱了人们熟知的个人或制度平衡时，他们会有所抗拒；而且，他们会以各种意想不到的抵抗方式，如孤立、破坏甚至铲除等，迫使你出局。

这样也就不怪你通常会在种种领导机会面前犹豫徘徊了。无论是在组织、社群还是在家庭中承担过部分或全部的领导职责，任何踏入过领导火线的人，都深知个人或职业生活在险境中暴露出的种种脆弱之处。无论你的方式如何温和，无论你的战略如何细致，无论你如何保证自己的正确性，领导之路总是危机四伏。

本书的主旨便是讲述如何把握领导机会和险境求生。我们提出了一些最基本的问题：领导的过程为什么险象环生，有多危险？你应该如何应对这些危险？你应该如何在荆棘遍布的道路上保持昂扬的斗志？论及领导中的险境，我们毫不避讳；坦言直面险境的重要性，是对现实主义态度的秉承。很多有关领导力的书籍满篇都是鼓舞人心的言辞，却对其中的艰辛轻描淡写，我们必须向领导工作中的艰辛致敬。我们明白，有很多人在艰苦的努力中伤痕累累，甚至我们自身也是如此，因此我们拒绝任何美好的假象，坦言现实。

我们也坚信，尽管险象环生，领导仍是一项值得付出的事业。无论在哪里工作或生活，我们的社区、组织以及社会都需要有人能够承担起力所能及的挑战，而不是一味高高在上地抱怨领导不力，也不是直到有人召集才迟迟行动或干脆坐等高位。这一直都是事实。2001年"9·11"恐怖袭击事件之后，世界面临的种种动荡和不安，让这一事实在今天显得尤为真切。

迎接这些挑战并非一定会击败或孤立你，无论是从个人生活还是职业生活的角度来看，都是如此。援引美国歌手约翰尼·卡什的歌词，我们相信你能"走上火线"，勇往直前，改变现状，承担责任，险境求生，在汗水换来的硕果中喜悦。

领导是一项值得冒险的事业，这是因为其目标已经超越了物质收益或个人价值的提升。领导事业能让你周围的人过得更好，从而给生活带来意义，并且它能给你的生活树立目标。我们相信，每个人都有独特的天赋，而更强的目标感源于利用这种天赋帮助你所在的组织、家庭或社群实现发展。这种天赋可能是你的知识、经验、价值观、风度、情感或智慧等，简而言之，有可能就是促使你提出悬而未决问题的基本好奇心或意愿。

本书最重要的内容与你息息相关，即探讨如何在危机重重的领导中生存并获得发展，同时还会讨论如何通过在生活中付出更多来收获更多。我们为那些走安全路线的人写这本书，因为他们无法想象如何才能站出来或说出来却不惹祸上身；我们也为那些勇于冒险的人写这本书，他们了解在尝试挑战、改变他人时被击败的情景。本书要告诉你如何把自己和自己的想法送上火线，并有效地应对随之而来的各种危险，存活下来，庆贺通过努力付出而实现的意义。

本书也与我们的时代密切相关。就现在的历史时期而言，在你所处的环境中承担领导工作的种种风险不仅比以往更加重要，其过程也更为复杂。经济的全球化，文化间不可或缺的互动，以及通过互联网实现的信息获取和迅捷沟通，使得不同国家及人们的相互依存更为显著。角色分明的层级结构逐渐退出舞台，取而代之的是更具灵活性的扁平结构，它赋予我们更多的自主空间，能够更好地应对不确定性。同时，民主化在所有组织和国家中传播。所有这些变化都给你带来产生影响力的新机会。

当然，本书自然与我们两位作者——罗纳德和马蒂密不可分。我们是多年的同事和朋友，一起工作、授课，一起分享彼此的研究和经验，也一起挖掘、验证并提炼现代生活中有关领导力需求的想法。我们共同工作和探讨得越多，就越发现彼此在经历和洞察力方面屡屡不谋而合。罗纳德通过音乐和精神医学了解世界运转之道，而马蒂是以传媒和政治工作为参照。那么，这四个各异的领域与领导力有何关联？音乐之道在于打动人，通过动人心弦的旋律引起听众内心的共鸣，音乐语言能够呈现那些难以捉摸却至关重要的特性，如和谐、决心、选择时机、即兴而作、创造力以及灵感等；政治之道告诉我们没有人能够单打独斗地完成意义重大的事业，问题越具挑战性，承受相应解决结果的人就必须承担更多攻克难题的责任；精神医学之道促使我们更好地理解人类应对挑战的方式，无论是通过个人努力还是集体奋斗；而传媒之道则让我们明白，就推动事情进展而言，信息传递的方式以及信息传递者的身份往往与信息本身一样重要。我们希望，来自这些以及其他领域的视角和经验教训能够让本书更为深刻、丰富。

作为咨询师，我们与来自公共部门、私营企业以及非营利组织的客户合作；作为教师，我们为哈佛大学肯尼迪政府学院服务长达20年之久，活跃于课堂内外。这些经历让我们了解到，许多人在他们的个人、公民以及职业生活中处在领导前线。那些主动负责动员人们抓住新机会、解决棘手问题的领导者让我们一次次深受鼓舞。我们的学生和客户来自世界各地，我们从他们的故事中捕捉、提炼出本书提供的经验和教训，这些不是作为全新的观点陈列在此，而是作为旨在帮助你说出、组织并了解自身经验的指南。

罗纳德之前的著作《并不容易的领导艺术》曾介绍过《火线领导》中的多个观点；事实上，本书的探讨便是从该书的最后一部分"生存之道"拓展而来的。在该书出版之后的教学和咨询工作中，大家发现这一主题十分有趣，并且认为需要做更充分的探讨。《并不容易的领导艺术》一书旨在构建理论框架，更好地理解适应性改变情境中的领导及职权，而《火线领导》在目的和性质上都与此不同。我们想让本书更加聚焦，更加契合实际，也更加有助于个人的发展。我们希望本书能够更容易理解，发挥更大的作用，并且能够让你在生活与工作中受到鼓舞。

《火线领导》一书以我们多年来听到的故事为基础。我们聆听来自世界各地、各行各业的人们讲述故事，这些人包括：工人、管理者以及积极分子，国家总统以及跨国公司总裁，家庭主妇以及在外工作的家长，将军、海军上将、陆军中尉以及普通士兵，公司及政府的中高层主管，教师及校长，信徒及牧师，等等。

这些人没有谁满足于日复一日的局外人生活。尽管大多数人都曾因提出打破人们常规生活的想法而备受伤害，但他们为所获取的成功深感自豪。无一例外，他们都期望自己的生活与工作能有意义。

在本书第一部分中，我们讨论领导的过程为什么危机四伏，以及人们如何在危机中被迫出局。

第二部分，我们提出一系列采取行动的想法，降低被孤立的风险。

第三部分，我们探讨领导者避免自行失败的途径。我们的观点关注实施领导过程中至关重要却往往被忽视的方面：如何管理自己的弱点，如何照顾好自己，以及如何保持斗志。

领导机会每天都在召唤着你。我们希望，本书中的经验和教训能够帮助你踏入火线并顽强地存活下来，不仅仅在你的工作中如此，还要体现在你的家庭及社群生活中，深入心灵。

# 01

LEADERSHIP ON THE LINE

| 第一部分 |

挑　战

| 第 1 章 |

LEADERSHIP ON THE LINE

探寻危险的核心

玛姬·布鲁克在一个小型的印第安保留地长大，那里几乎所有12岁以上的人都有喝酒的习惯，但她到了20多岁还坚持不喝酒，而且此后花了10多年的时间领导她的部族保持健康的生活方式。她现在40多岁，当了祖母，还是部落里的长者，但她每天坚持在家规劝一定数量的访客。一天傍晚，她向客人说起了洛伊斯的故事，正是洛伊斯最先鼓舞她尝试在部落里做一些减少酒精依赖的事情。

"20年前，我给洛伊斯当保姆。她住在与我们部落毗邻的地方。每周我都会走上几英里⊖路去她住的社区，照看她的小孩。大概过了两个月，我开始好奇：洛伊斯每周二晚上都去干什么呢？这些小村子里没有

⊖ 1英里 = 1609.344米。

什么事情要做啊……于是，有一天晚上，等洛伊斯离开后，我决定把几个小孩子都带上去她的集会点，看她究竟在做什么。我们从一扇窗户往集会屋子里望去，只见里面围了一圈椅子，摆得整整齐齐，但是只有洛伊斯独自坐在那里，没有其他人。

"你知道吗，我当时特别好奇。所以，当天晚上洛伊斯回到家时，我就问她：'洛伊斯，你每周二晚上都在做什么呢？'她回答道：'我以为我几个星期前就告诉你了呢。我一直都在组织匿名戒酒互助会。'我疑惑地再问她：'你说的组织开会是什么意思呢？我今晚带孩子们过去了，透过窗户看了看，发现你坐在那里，独自一人。'

"洛伊斯沉默了。'我不是独自一人，'她接着说，'我和灵魂、祖先们一起坐在那里；总有一天，会有人来参加的。'"

洛伊斯从未放弃过。"每个星期，洛伊斯都会把椅子整整齐齐地摆在那里，而她呢，会在那里坐上整整两个小时，"玛姬回忆说，"很长一段时间都没有人去参加集会，甚至过了三年，也只有零星几个人会去那个屋子。但是10年之后，那个屋子已经挤满了人。社区的情况开始好转，人们开始摆脱酗酒的恶习。洛伊斯让我备受鼓舞，我不能坐视我的部族自食恶果。"

洛伊斯以及紧随其后的玛姬，首先坚持自己不喝酒，然后尝试引导她们的朋友、家人以及邻居做出改变，开始新的生活。领导这样的社群活动需要极强的自省精神、毅力以及勇气。在她们当地的历史上，肯定有很多人曾督促所在的部族放弃一些熟悉的、颇具依赖性的行为方式，而现在，族人们再次被要求做出改变，而且没有什么理由能够证明情况会有所好转。洛伊斯和玛姬号召人们做的，是要他们在麻木的酒精安慰与通过努力工作开始新生活之间做出权衡取舍。在人们摆脱酒精依赖之前，事情不会有任何进展。人们发现，很难让这两个人放弃努力，尤其难以放弃那些有关未来的想法。之前他们曾经抵制过那些促使他们做出改变的人，现在，他们同样抵制洛伊斯和玛姬。

洛伊斯和玛姬备受嘲弄，并且被边缘化。多年来，她们与所生活的社群格格不入，在酒精充斥的派对或聚会上更不受欢迎。人们对她们的排斥非常明显，甚至她们在假期都只能孤单、寂寥地度过。确实，很长一段时间，她们得到远离保留地的地方去过周末，找找能说上话的人。她们把自己置于十分危险的境地，还搭上她们与邻居、朋友和家人的关系。最终，她们成功了，但之前很长一段时间里，她们都不知道自己能否成功。相反，她们很可能失去所有一切。[1]

领导：危机四伏

20世纪90年代早期，时任以色列总理的伊扎克·拉宾试着领导他的国家与巴勒斯坦达成和解。他缓慢、稳健地推进这一行动，赢得了大多数以色列人的支持，成功地说服支持者，让他们尝试在长久和平与国土疆域之间做出艰难而痛苦的权衡抉择，但是，他的成功进展却让以色列的右翼，尤其是宗教右翼局促不安。要想获得和平就必须放弃部分自恃神圣的领土，右翼们拒绝面对这一现实。他们就此问题与拉宾辩论，却未能获胜，于是他们把怨恨从拉宾的政策转向他本人。结果，拉宾遇刺，这一悲剧也让他的提议严重受挫。他的继任者本雅明·内塔尼亚胡不愿意督促以色列人为和平付出代价，因而选择退缩。确实，在拉宾遇刺之前，以色列人的求和意愿达到高点，在各种根深蒂固的价值理念中，他们必须决定，哪些是最重要的，而哪些可以置之脑后。

刺杀是人们封杀沮丧现实之音的极端例子。尝试劝说整个社区或国家改变其习惯的行事方式是十分危险的事情，洛伊斯和玛姬成功了，而伊扎克·拉宾却牺牲了。如果实施领导是要给人带来好消息，那么事情会很容易。假设洛伊斯每周组织集会是为了给大家分钱或给他们高唱赞歌，椅子是不会空置那么久的；如果拉宾承诺达成和平协议却不损失一寸领土，他肯定可以活着。因此，人们并不是抵制改变，实质上，他们是抵制受损。

当你质疑人们一辈子都持有的价值观、信念以及习惯时，你看起来是个危险分子；当你告诉人们他们需要听的东西并不是想听的东西时，你就把自己置于火线之上了。尽管你能清晰、迫切地看到光明未来所带来的改善与收获，但人们同样能够迫切地看到你将要让他们蒙受的种种损失。

想想你本打算说一些重要的事情却把到嘴边的话咽下去的场景，想想你试着说出来却惨遭失败或者成功了却一路伤痕累累的场景，也可以想想你看到其他人做出的尝试或获得的成功。成功实现领导的希望在于：你要以人们能够接受的方式传递让他们不安的消息或提出艰难的问题，从而促使他们接受这一信息而不是忽略它，甚至扼杀信息传递者。

作为一名医生，罗纳德每天都面对这样的挑战。每位患者看医生时都希望能得到无痛良方，而医生则每天都要告诉患者，要改善健康状况，则必须忍受改变带来的痛苦：戒掉最喜欢的食物，每天从忙碌的工作中挤出时间锻炼，服用有副作用的药物，或者戒掉烟瘾、酒瘾甚至工作瘾。罗纳德认识几名医生，他们能够非常艺术地应对这样的挑战，并保持其专业性。他们知道如何说服患者及其家人重塑价值理念、态度以及存在已久的习惯。但是，这样做是苛刻而危险的。如果他们说话时面无表情、表现唐突，那么善意的治疗探讨便会事与愿违，而愤怒的患者总能找到各种各样的方式来破坏医生的声誉。罗纳德也看到其他很多医生在做这部分工作时，只是动动嘴皮子，同时会不断抱怨"患者不听话"——这是医生用来描述患者拒绝服药或不愿听从建议的词句。沮丧的医生会暗自疑惑："为什么人们都不愿意面对现实，不听从我的嘱咐呢？"之后，他们便开始用简单易行、小心谨慎的方式处理问题，迎合患者寻找专业意见的需求，避开让人难以接受的谈话，不再尝试改变患者的生活方式，以免惊扰他们。

洛伊斯、玛姬和拉宾都曾督促人们面对艰难的现实。就像患者都希望从医生那里得到快速见效的无痛良方一样，有的印第安人可能会完全寄希望于赢一场新的赌局，或者只是为他们的痛苦寻求一个专业解释，比如说遗传性酗酒倾向。大多数以色列人更愿意在不放弃故土的情况下实现和平。在上述案例中，患者、印第安人、以色列人，他们都必须面对挑战，让自己适应艰难的现实状况，而这种适应要求他们放弃自恃重要的价值理念或现有的生活方式。这样一来，实施领导就变得十分危险，因为这一过程将让人们受损。拉宾、洛伊斯、玛姬和那些优秀的医生在催生改变时，尝试让人们回答一个令人痛苦的核心问题：在我们看重的所有东西里，哪些是真正宝贵的，而哪些是可有可无的呢？

适应性改变中的危险

如果你所在的组织或社群只需要面对已经有解决方案的问题，那么领导本身并不是什么危险的事情。事实上，人们每天都面临各种问题，他们已经掌握了解决这些问题所需的专业技能和程序。我们称这些问题为"技术性问题"。但是，还有许多问题并不能通过专业技术或标准运作程序来解决，非有高层领导者给出答案不可。我们把这些问题称为"适应性挑战"，因为解决问题需要开展试验，寻找新发现，并在组织或群体内部无数个地方做出相应的调整。如果不学习新的方式，不改变态度、价值理念或行为，人们就不能做出在新环境中获得发展必需的适应性改变。改变的可持续性则有赖于存在问题的人群将改变本身内部化。

在适应性过程之初，人们看不出新情况会比现有状况有任何好转，却能够清晰地看到潜在的损失。生活中，如果能够延迟改变的进程，或者能把负担转嫁给他人，又或者能向他人求助，人们便会频繁地避免做出各种痛苦的调整。而当恐惧和愤怒情绪高涨时，他们会寻找权威答复，同时变得不顾一切。这种动态状况使得适应性情境的内部危机四伏。

人们向权威人士寻求有关适应性问题的简单答案时，往往以混乱告终。他们期望负责人能知道该做什么并明白责任的重大，但那些当权者通常只能敷衍了事，或做出令人失望的举动，或者干脆撒手不管，寄希望于新的领导者能够解决问题。事实上，风险与适应性改变具有一定的关联：改变越深入，所需要学习的新东西便越多，因而人们的抵制情绪会越强，那么领导者面临的危险度也就越高。正是出于这一原因，人们常会有意识或无意识地避开险境，把适应性挑战当作技术性挑战来处理。这也是我们在社会生活中所见的常规管理比领导管理多得多的原因。

表1-1"技术性挑战与适应性挑战的区别"列示了常规管理中技术性工作与领导管理中适应性工作的差异。

表1-1　技术性挑战与适应性挑战的区别

	什么工作	谁来做这一工作
技术性	运用现有的专业技术	当权者
适应性	学习新的方式	遇到问题的人

确实，在追究政治领域、社区生活、商业组织或非营利机构中领导失败的原因时，我们能够识别的、最常见的原因便是：人们，尤其是那些处在领导位置的人，往往把适应性挑战当作技术性问题来处理。

在痛苦挣扎时，每个人都会向当权者寻求处理方向、保护或者指令，这是易犯的诊断性错误。面对适应性改变带来的压力时，人们不想面对问题，只想寻求答案，也不愿意别人告诉他们必须承受损失；相反，他们希望知道，你将如何保护他们免受变化之苦。当然，你想要满足他们的需要和期许，而不愿一味忍受"坏消息"带给他们的失望或怒火。

在开展适应性工作时，你必须督促人们调整不现实的期望，而不是尝试满足他们的要求，让他们觉得技术性方案就能基本解决这一状况。你得调整他们被夸大的依赖性，促使他们发挥自身的聪明才智来解决问题。这就要求你花大量的时间参与其中，并以艺术的方式与他们沟通，而艺术性沟通会占用你更多的时间，同时要求你获得他们更多的信任。

2000年1月上旬，时任厄瓜多尔总统的哈米尔·马瓦德便面临这样的状况。当时，大规模的游行示威一触即发，成千上万的厄瓜多尔土著居民轰他下台。他的民众支持率一年之内便从70%下滑到15%，而国内经济则处在灾难性的快速崩盘状态。示威游行前夜，马瓦德感慨自己已命中死穴，他说："我已经失去与民众的联系了。"

就在一年之前，他还是一位英雄，一位和平使者。他在任的第一个月便结束了与秘鲁长达200多年的战争，签订了和平协议，举国欢腾。但是，他的英雄业绩很快便被灾难重重的负面影响冲刷得荡然无存，不到四个月，厄瓜多尔频发自然灾害和经济灾害：摧毁全国16%国内生产总值的厄尔尼诺风暴、先后横扫东亚和拉美的金融危机、高通货膨胀、巨额外债危机、银行倒闭、自厄瓜多尔出口石油以来最低的石油价格、八年之内扳倒四位总统的政治文化……2000年1月21日，军官联盟与土著游行示威者迫使马瓦德下台，他成为该国持续性危机的又一牺牲品。

马瓦德曾对比过其担任基多市市长和厄瓜多尔总统时的状况。担任市长时，他每天走过街道，都有人向他欢迎致意。他视察走访时常常能得到人们的合作，共同解决他们的问题，或者，他能施加一点小压力或动用一些资源来帮助他们摆脱困境。作为市长，他的优势在于人们会就当地的问题寻求当地的解决方案，并愿意与他合作努力。换言之，他与民众之间保持了紧密的联系。

担任总统后，他要对整个国家的经济危机负责。人们期望他就某些问题找出解决方案，而这些方案会让其他地区的人受损；他们不希望他告诉他们得做出改变。他曾几次出国向国际货币基金组织、世界银行以及美国财政部求助。他也曾在厄瓜多尔及拉美其他地区、美国、欧洲，向许多杰出的经济专家咨询，之后发现任何切实可行的解决方案都要求每个地区及部门承受较大的损失和痛苦，至少短期内如此。

马瓦德后来说："我当时感觉自己就像一名周六晚

上在急救病房值班的医生。有位患者过来看急诊,他的腿伤得很严重,并且已经出现坏疽。根据我的从医经验,我得给他做截肢手术以保全他的性命。家属却认为我不必给他截肢。我坚持要通过截肢来挽救患者的生命,但患者家属对我并没有信心,而且要求我对患者的问题负责。"

担任总统时,他与各类民众的距离越来越远,因为他要面对越来越多的敌对势力,并且大部分的注意力都集中在寻找扭转经济下滑趋势的正确政策上。然而,几次华盛顿之行都没有带来任何援助,与政策专家的无数次会谈提出了多种"药方",却没有找到走出"沼泽地"的清晰路线。与此同时,农民发现飞涨的物价已经超出了他们的支付能力,纷纷涌向城市,满大街地兜售货物。随着通货膨胀率的飙升,工会组织对薪酬的贬值深感愤怒,而商业领域丧失信心,人们纷纷北上投资于美国,这加速了银行的破产倒闭。

为了应对危机,马瓦德提出了大胆的举措,计划降低厄瓜多尔政府官员的薪酬,减少征兵数量,取消军备采购,拖延外债,冻结银行账户以停止银行挤兑并防止抽干外汇储备,最后,将流通货币转换为美元。

然而,这一适应性挑战的规模庞大。即便设想最好的状况,还会有很多人失业,物价还是会上涨,并且,在人们感受到经济回升的益处之前,不确定性将进一步加剧。最佳的政策性解决方案将促使石油价格回升，但本国经济在向竞争更激烈的世界市场开放时却难免受损。

为了阻止经济下滑，马瓦德不知疲倦地工作，但讽刺的是，公众却感觉他已经与他们脱节了，无所作为。他们的感觉在某种意义上是正确的：他已经与公众脱节了。引用他自己的比喻来说，他为患者做了截肢手术，因为那是当时最佳的治疗方案，但是他却没有让患者家属做好承受结果的准备。很多外科医生都可以做截肢手术，但当时，只有身为总统的马瓦德可以帮助患者家属面对他们的状况。他大多数的时间都在与技术专家们处理这些事情以及各种选择方案，千方百计地向外国债权人寻求帮助，因而减少了对政治同行以及街上、乡下贫民们的关注。回过头来看，他本可以让各部委的技术专家们全权负责技术性工作，这样他便能够侧重关注政治性与适应性工作。与之相反的是，马瓦德在回顾他的每周工作日历时意识到，他每周超过有65%的工作时间花在解决技术性问题上，只有不到35%的时间与政治同行及公众组织接触，这直接导致了危险状况的产生。其实，每天他都有机会以被拥护者的身份出现在公众面前，给他们带来希望，向他们解释全球经济背景下的现代化进程以及其中必须经历的痛苦。但是，他没有这么做，反而把大部分的时间用来寻找正确的政策性解决方案，并尝试让人们能够理智地接受这些必要的技术性方案。

> 尽管他认识到适应性挑战所在，但他寄希望于短期疗法帮他争取到解决问题的时间。²

显然，时机于他严重不利。当你把自己的主要精力集中在复杂问题的技术性方面时，你只是选择了短期收益。有时候这样做可能会让你战略性地获得一些处理适应性问题的时间，但也可能会让宝贵的时间消磨殆尽，就像马瓦德一样，你会发现，不管怎样，时间就是被耗尽了。在危机形势不那么严峻时，你可能可以暂时取悦他人，但时间长了，你就是在拿你的信誉，甚至是以工作做赌注。当人们发现他们根本就没有准备好适应所处的世界时，你还是得面对现实。尽管他们应该责怪自己不敢面对现实，迫使你认可他们的行为，但很有可能，他们会把责任推给你。

当你处在领导位置时，也会有多种很强的内部压力促使你关注技术方面的问题。我们大多数人都会为自己能够回答抛过来的难题而感到自豪，都会在帮助人们承受不确定性时期望得到回报，都希望以能干的英雄形象出现。我们喜欢那种开始行动并赢得众人喝彩的感觉。然而，提出直捣人们核心习惯的问题是没有回报的，至少在短期内如此。你所能得到的是嘘声一片，而不是喝彩。事实上，如果有掌声的话，也要过很长时间才能听到；相反，人们会朝你扔番茄，会朝你射子弹。领导的过程要求你有能力忍受敌对情绪，这样才能与人们保持联系，以免脱离公众、加剧险境。

这里并不是说解决技术性问题不重要。急诊室里的医务人员每天能够运用他们的专业技能挽救生命，正是因为他们掌握了正确的程序、规范以及知识。我们通过运用管理专业技能，生产出各种对日常生活至关重要的产品和服务，从而推动经济发展。一个问题之所以是技术性问题，并不是因为它琐碎不重要，而仅仅是因为能够从组织已有的活动程序中找到相应的解决方案。与此不同，适应性压力迫使组织做出改变，以免走向衰落。

进入 21 世纪，人和组织每天都面临各种适应性压力，在个人生活和社会的各个层面上都是如此，而应对这些挑战的领导机会也总是伴随风险而生。例如，车抛锚了，你得去找汽车修理工，大多数情况下他能修好车。但是，如果车抛锚是因为你的家人开车方式不当，那么这个问题很可能再次发生。当然，汽修工也可能再次把车修好。但是，如果继续把这个问题当作汽修工能解决的纯技术性问题来处理，那么家人最后可能就会躲避潜在的、需要做出适应性努力的问题，比如劝说妈妈不要酒后驾车，或请求爷爷放弃驾照不再开车，或要求孩子们更加小心谨慎。毫无疑问，对任何家庭成员来说，站出来跟妈妈、爷爷甚至孩子进行这样带刺的对话，都是吃力不讨好的事情。

2001 年 9 月 11 日的恐怖事件把一个酝酿已久的适应性挑战摆在美国面前。当世界贸易中心被匪夷所思地摧毁之后，美国人民意识到自身存在新的脆弱之处。作为回应，美国政府最初打算通过加强安全系统、军警运作以及刑事审判等技术性问题处理方式来遏制恐怖主义。恐怖主义是一个针对多方面产生的适应性挑战：我们的公民自由权，我们不屈于脆弱的心态，以及我们缩小基督教徒与伊斯兰教信徒之间隔阂的能力——这种隔阂从约

1000年前的十字军东征便开始了。我们能否为了集体安全把私人信息授信于政府官员？我们生活在一个相互依赖的世界里，只有与各个文化迥异的国家保持健康稳定的关系，才能保障基本安全，我们能否接受这一无可争辩的现实？持有傲慢宗教态度的人认为他们比其他人更了解上帝的真理，并将这一奇特的想法等同于对上帝的信仰，我们能否调整这种傲慢的态度？几乎每个生活在美国的人都有机会在这样的适应性情境中成为领导者，然而，只要提出较为困难的问题，个人便会面临危险，而其中有些问题如同宗教必胜信念一般，深深根植在对宗教的虔诚信仰及相应教条里。

超越你的权限

很少有人会推选或雇用打搅他们工作或生活的人。人们期望政治家和管理者能够运用手上的职权为他们提供正确的答案，而不是迫使他们面对困扰人心的问题或艰难的选择。这也就是为什么执行领导力的初期挑战或风险要求你超越自身职责权限，把你的信誉和职位都送上火线，以引导人们处理手头的问题。如果不愿意挑战人们对你的期许，也就没有办法摆脱主宰你的社会体系及其内在局限。

一般来说，人们不会授权他人强迫自己面对不愿面对的事情，相反，他们会聘请那些能够提供保护、保障稳定，以及能够解决问题并将损失最小化的人。适应性工作会制造风险、冲突以及不稳定，这是因为指出潜在的适应性问题可能会完全改变根深蒂固、难以更改的规范。因此，实施领导要在人们能承受的范围内干扰他们的生活。

通常，当新的市场条件对其业务造成威胁时，企业便面临适应性压力。例如，20世纪最后10年，IBM的创新者们试着让该公司清醒地认识到，当时小型电脑运行的、随后被称为"互联网"的东西将是公司真正的威胁。这些IBM的创新者一再发现自己处在洛伊斯的位置上，当时她试着让社区民众直面酗酒的问题。他们的努力表明，成功实现改变之前的领导过程需要用毅力扛下来。

作为发展成熟的企业巨头，1994年的IBM公司是解决技术性问题的领头羊。该公司将娴熟的专业技术发挥到极致，为1994年的冬季奥运会提供官方技术支持，跟踪记录散布在挪威各地的冬奥会选手、比赛场地、竞赛时间安排以及排行榜等信息。[3]

IBM有意识地保持其在技术领域的领先地位，这也正是其管理者们做得很好的方面。当电视里报道运动会比赛排名时，观众可以从屏幕上看到IBM的商标。在商业领域，这无疑是非常明智的问题解决方案，而IBM的管理者们深谙其中之道：体育竞技、电视播报，以及市场营销。那些采用IBM主机系统的企业客户在收看冬奥会时很可能会十分乐意看到IBM的商标出现在电视上。

市场一直都在变化，商业领域正逐步转向互联网，而那些不能快速调整适应的企业终将走向失败。IBM公司在冬奥会上获得的技术成功背后仍存在隐患。在过去三年时间里，该公司亏损达

150亿美元，反映了其多条生产线存在问题。财务方面的挫败使得公司人员变得很脆弱，比平常更厌恶风险。无论从企业文化还是员工情绪上，该公司都没有准备好大步迈入互联网时代。[4] 整体而言，自以为是的狭隘主义，以及对提早进入新市场的抵制情绪，是该企业潜在价值结构的显著特点。要想在互联网环境中获得成功，IBM最需要改变的就是其潜在的企业价值理念。

IBM公司一位名叫大卫·格鲁斯曼的年轻工程师住在康奈尔大学理论研究中心附近，他在家里收看冬奥会时发现，一家名为太阳微系统的企业网站窃取了IBM转播到电视网络上的内容，把这些信息转到互联网上，并在IBM制作的比赛结果排名表的上方显示太阳微系统公司的标志。格鲁斯曼很震惊，他回忆说："IBM完全不知道怎么回事……"

他很快发现，这个问题像许多棘手的问题一样，同时包括技术性因素和适应性因素。他努力让管理者们明白了其中的技术问题，之后IBM的律师给太阳微系统公司写信，要求它们停止在网站上播放IBM公司的数据信息。那一次，IBM凭借当时的法律与技术专家资源保护了公司的成果。

与此同时，格鲁斯曼认为互联网可能继续从IBM窃取信息。他在催促IBM的管理者们处理这一问题时发现，公司内部的一些价值理念及习惯在互联网时代是不切实际的，已经成为企业发展的障碍，那些关于业务如何运作的理念妨碍了IBM应对新市场的现实挑战。互联网为产品营销提供了全新的渠道，并且产生了一系列潜在的新产品或服务需求，如为现有客户提供互联网应用的咨询服务、开发适用于互联网的新软件等。公司高管们在其职业生涯中从未见过如此迅猛的变化。当时的情况就如同尽管汽车触手可及,可是 IBM 还在坚持售卖质量一流的马车。那时的 IBM 如此落后于时代发展,以至于当格鲁斯曼发现冬奥会成果被窃之后,都不知道如何通过公司原始的邮件系统把太阳微系统公司网站上的截屏发给远在挪威的市场人员。

幸运的是,部分公司管理者认识到现实问题的严峻,在格鲁斯曼提出问题时对他表示支持。尤其是约翰·帕特里克,他当时负责管理 IBM ThinkPad 手提电脑的市场营销工作,他充分关注 IBM 公司文化中过时价值理念及习惯的转变,为格鲁斯曼和其他创新者的工作提供了保障。

格鲁斯曼和帕特里克在公司内部领导了一场长达五年之久的挣扎性变革。就在新千年来临之前,IBM 的管理者们变成了一支具有革新价值观的团队,理念更加灵活,而新的行为模式促使公司成为互联网领域极具前瞻性的力量。

这是一次意义深远的转变。IBM 曾因过时落伍被业界称作"官僚主义的恐龙"。到 1999 年,时任 IBM 首席执行官(CEO)的郭士纳推出了 IBM 五年重组计划,成效显著,取得了让华尔街投资者们惊喜的财务绩效。他的业绩表明,IBM 是一家盈利丰厚的网络公司,其内部运营、商业过程、顾客反响甚至比最具创新力的网络公司更出色。该公司 820 亿美元的营业收入中,有 1/4 与网络相关。[5] IBM 企业文化的转变得到十分有说服力的证明,其股票价格随之攀升了 20 个点。[6]

格鲁斯曼和帕特里克没有把互联网归为一个由 IBM 专家来处理的技术性挑战,而是把它当作一个与企业文化及价值理念相关的问题提出来,这个问题自公司被分解成多个规模较小、更好管理的部门起便被忽视了。郭士纳这样描述这部分工作:"我们发现了每家大型企业都存在的问题。当你促使你的企业清晰地认识到互联网的存在,你就会发现分权制组织导致的所有低效率问题。" [7]

作为中层管理者,格鲁斯曼和帕特里克的职权范围仅在于指挥向他们汇报工作的那几位员工,而且,他们还不能命令员工做违反公司政策的事情。他们自身也得向上层领导汇报。但是,随着领导过程的推进,格鲁斯曼和帕特里克都超越了他们本身的职责权限。帕特里克说:"如果不偶尔越权行事,你就难以出色地完成挑战。" [8]

作为一名职位较低的工程师,格鲁斯曼在管理系统中不断走动,冒着成为"讨厌鬼"的风险把自己置于火线之上,并很有可能成为被嘲弄的对象。有一次,他只身一人,只在胳膊下夹了个UNIX电脑,就闯入位于纽约州阿蒙克市的IBM公司总部,向高级市场主管艾比·科恩斯塔姆介绍互联网。帕特里克还有类似的故事。他在早期的一个互联网展销会上发现,抢占会场最大的陈列场地将大大扩大企业的影响。因此,他兀自替IBM拍板订下了次年展销会最大的陈列场地。他的职责权限并不允许他这样单独决策,但是,如果他要等到公司层层审批拨下那笔钱款,然后授权给他的话,陈列场地竞拍会可能已经结束了,机会也就一去不返了。

在必要时超越你本身的工作权限行事,这是领导过程中十分核心的部分,却也是十分危险的地方。主动突破自身职责权限行事可能会给你的组织或团体带来好的结果，回头看时，甚至可以被看作成功的关键之笔。在这一过程中，你将面临阻力，可能还会因为违规而遭受纪律处分或其他高层的谴责。你会被形容成不得其所、不合时宜、狂妄自大的人。

群体或社区面临的最棘手的问题往往难以改变，这正是因为该群体或社区不会授权任何人来迫使人们处理这些问题。相反，规章、组织文化和规范、标准运作程序以及经济激励常常阻碍人们去面对最棘手的问题或做出最艰难的选择。

20世纪90年代，纽约市市长鲁道夫·朱利安尼和警察局局长威廉·布拉顿在该市展开了强有力的犯罪追踪，他们所做的正是许多社区希望并暗示性地授权他们去做的事情。人们希望他们能够严肃地打击犯罪行为，并且不需要社群接受任何折中的取舍，但警局可能会要求他们在警察暴力或公民自由方面做出这样的权衡。就像很多社群一样，大多数纽约人希望犯罪问题能在不向任何其他价值理念妥协的条件下得到解决。带着公众的期待和授权，朱利安尼和布拉顿降低了该市的犯罪率，前者在1997年的连任竞选中以满意的公众支持率大获全胜，他的努力得到了回报。

然而，1997年4月9日晚上，就在他再次当选之前，一些警官用马桶刷对艾伯纳·路易玛施以酷刑。这个事件很快被曝光，随之而来的争辩促使越来越多的社区开始聚焦一些他们在此之前不愿意抉择的艰难取舍。警察的种族定性问题已经作为一种信号渗透到该过程中：公民权利受损是减少犯罪必须付出的代价。一年半之后，阿玛杜·迪亚洛，一名手无寸铁的年轻西非移民被四名追捕强奸嫌疑犯的白人警官射击达41次之多，但他却是被冤枉的。尽管迪亚洛事件中的四名警官后来被释放了，但这一事件提出了进一步的问题：成功打击犯罪要付出怎样的社会代价和人权代价？

领导并不等同于权力。朱利安尼所执行的本该是领导，而不是权力。如果他公然发问"警察应该如何把握牺牲公民个人自由的权力和增加警察暴力的程度"，如果公众或者布拉顿的警局被迫处理这些权衡取舍，那么，朱利安尼肯定会被媒体、公众以及警局攻击批判。但是，那样做可能会促使人们为他们作为公民所做出的选择负责，而且，也可能会引出更具创造力的想法或新的解决方案——正是那些年间，美国各地的其他警局也在寻找各种方案解决这一问题，这些新想法或方案将大幅减少犯罪，并且不至于付出如此高昂的代价。[9]朱利安尼和布拉顿的职责范围并没有要求他们促使选民们面对这一问题并做出权衡取舍。

当然，超越职责权限并不是领导的题中之意，更不是领导本身。你可能很有勇气，也可能颇具远见，但这些品质和促使人们与现实斗争并无关联。举个例子，奥利弗·诺斯上校㊀在伊朗门事件中便超越了自身职权。不管挪用部分伊朗军火销售款项帮助该国反政府势力购买武器是否得到白宫的允许，这肯定超越了国

㊀ 网上还有一个版本说他是中校。

会授予诺斯的职责权限。然而,他没有请求美国政府决策人员处理伊朗和尼加拉瓜构成的问题,而是背后进行了秘密处理。他的领导是失败的,因为他在处理该事件做出不得人心的决策时,却让国会和白宫置身事外。

罗莎·帕克斯是一位老年黑人妇女,她也曾超越自身职权行事。那是在1955年,她在亚拉巴马州蒙哥马利市的一辆公车上拒绝移到后排就座。但是与诺斯不同的是,她没有回避该事件,而是使自身的行为转化为一种领导行为,和其他民权领导者一起通过该事件引导公众关注民权问题,并承担起相应的责任。她的举动激起了强烈的抗议种族歧视的活动,催化了20世纪60年代的民权运动,促使国会、白宫以及美国人民着手处理这些问题,直面根深蒂固的特权,并做出新的选择。

危险的核心:损失

实施领导的人常常会惊讶于他们所在的组织或群体为什么会抵抗。当你为人们做好事的时候,当你帮助人们改变阻碍自身的习惯、态度和价值理念时,他们为什么要反对你呢?

罗纳德回想起在纽约市布鲁克林区的国王郡医院急诊室做实习医生的日子,跟他一块工作的女性通常遭受男朋友或丈夫的殴打。他用各种各样的方式问她们:"为什么不离开那个家伙?你肯定会生活得更好。"她们也同样会用各种各样的方式回答说:"唉,我男朋友只有喝醉了酒才会这样,他清醒的时候非常爱我。从来没有人比他更爱我、更体贴,他发疯的时候除外。我要是一个人的话，该怎么办呢？"

劝说人们为了一段从未经历过的爱情放弃现有的爱情，意味着要说服他们大大增加对自己以及生活的信心。他们必须承担放弃那段感情的损失，那段感情尽管问题重重，但给人带来了满足感和熟悉感，放弃之后会不确定有什么可以取代这段感情，从而倍感痛苦。与过去划清界限，还必须承担"历史性"损失，特别是那些维系感情的价值因素会让人有背信弃义之感。比如，承认年幼时曾因父母的虐待受伤则意味着对他们不忠。要想从那些最基本的情感关系中筛选、寻找出有价值的东西并将无价值的东西抛在脑后，这是很艰难的过程，甚至最终成功了都感觉是背叛了那些关系。变化会挑战一个人的胜任感。被殴打过的妇女感觉自己有能力应对熟悉的环境，但重新开始意味着她会在持续的一段时间内感觉自己在新生活中失去了那种应对能力。

习惯、价值理念、态度，甚至包括一些不正常的因素，都是一个人身份的组成部分。改变人们看待、处理事情的方式就是挑战他们对自身的定义。

马蒂离婚时便有这样的体验。他有两个年幼的孩子。他一直告诉自己会努力为孩子们创造幸福，也会同样努力地实现自我。当他必须在二者之间做出选择时，他再也无法诚实地说出对二者"同样努力"之类的话了。这时，他的自我身份认同已经发生了改变。

习惯能给人稳定感，让人觉得生活是可预知的，因此很难戒掉习惯。在经历适应性改变的痛苦时，没有什么能保证结果是对现状的一种改善。烟民们深谙其道。他们知道，吸烟患癌症的概率是不确定的，但是一旦戒烟，吸烟带来的巨大放松感和满足感肯定会一去不返。

或许注重对于习惯、价值理念以及态度的影响是有源可寻的，而放弃这些东西则意味着背叛其根源。确实，我们紧握在手的忠诚是自我身份架构的基本原则。忠诚也是一把双刃剑。一方面，它代表着对家人、团队、社群、组织以及宗教的情感依恋，这种依恋诚然是一种重要的美德。另一方面，我们的忠诚和依恋也代表着束缚和局限。人们从直觉出发便会选择谨慎行事，不会把来自所在乎的人或组织的爱、尊重以及允诺置于风险之中。背弃我们深深依恋的人或物往往要经历难以忍受的痛苦，因而我们会完全避免触及那些依恋感，或者通过发泄来做到这一点。想试着自己长大的少年在临行前所经历的混乱骚动便是生动的证明，他们难以决定要从家里带走什么以及留下什么。

调整忠诚之心是生活中最艰难的事情。美国20世纪60年代民权运动最大的挑战之一，可能就是要求许多正派体面的人放弃他们从父母、祖父母继承下来的态度、习惯以及价值理念。这种感觉就像是抛弃他们的家族。

人们紧攥着各种想法和理念，其实是在以这样的方式紧攥住把这些想法理念传授给他们的人。我们认识一位非裔美国妇女，她曾跟我们说，她有一些朋友生活的社会文化以白人和男性为主流，因而这些朋友总是把她们自己看作附属角色，她发现很难尊重这些朋友的想法。她已故的父亲一直告诉她，她并不是任何人的附庸，她也永远都不必以那样的方式看待自己。她说，如果她那么做了，会亵渎对慈爱父亲的记忆。

另一位朋友告诉我们，她母亲总是告诫她说："嘴上抹蜜，事事顺心；话中带刺，万事难成。"现在看来，尽管会因此受挫，尽管有大量反例存在，但出于对母亲的忠诚，她的职业生涯多以此为信条。

一些牢记在心的价值理念和想法源于我们所爱的人，如一位亲人，一位喜爱的老师，或者一位良师益友。放弃部分他们传授的东西会让我们感觉是在磨蚀彼此之间的关系。我们上面提到的两位朋友，如果那位非裔美国妇女仔细琢磨她父亲的思想，她可能会发现父亲看到并认可的选择只有两个：要么牺牲自尊、服从他人，要么永远都不听命于人。如果她再仔细想想，或者还能幸运地得到他人指点的话，她可能会发现第三个选择：人在承担职权关系中的从属角色时，依然可以保持个人自尊和自我价值；并且，人有很多方式可以不失尊敬地质疑上级或在较低的职位上有效地实现各种目标。

我们以前的学生西尔维娅能够很好地理解这一有关"背弃"的问题。曾经，她和一群人一起，首次在电视上发布公益服务广告，宣传推广避孕套的使用，以预防艾滋病和其他性疾病。这些广告引起轩然大波，有人认为他们是在宣传散布不负责任的自由性行为，尤其还是在年轻人中宣传。西尔维娅甚至收到过死亡恐吓。反对者的熊熊怒火也激起了她内心的思考。那时候，她的孩子也正值年少，而那些反对者持有的价值理念，正是她曾经从父辈们那里继承而来，并转而传递给了她的孩子们的。她成长的环境让她坚信，应当对性行为负责，应当把性关系看作圣洁的事情，人与人之间应该彼此忠贞。她由此明白，免费分发避孕套是在用短期技术性的方案解决有关男女之间关系、性道德、个人责任的适应性问题。西尔维娅积极地推动"避孕套宣传运动",而她的反对者们迫使她经历背弃旧有价值理念的过程。她的母亲在看这些电视广告时感觉尴尬不已,而她的孩子们则觉得困惑不已。因此,西尔维娅不得不与她的母亲和孩子进行了一系列气氛紧张、不自在的谈话,她要向他们澄清她在彼此关系中最看中的东西,并重新调整彼此之间的期许和深层理解。她一方面早就想好哪些价值理念对她来说更为重要,但另一方面却感觉背弃了深爱的亲人,她在这段痛苦的经历中更清晰地认识到自身新旧价值观念的整合。

实施领导过程中的种种危险根源于需要领导的各种问题的性质。适应性变化激起人们的抵抗,这是因为这类问题挑战他们的习惯、信念以及价值理念,需要他们承担损失、经历不安甚至背弃他们重视的人和文化。由于适应性变化迫使人们质疑现状,并可能会重新界定他们自我身份的某些方面,因此,这种变化也将挑战他们的胜任感。损失、背弃感以及不胜任感,这些远远超出了人们的承受能力,他们提出抗议,也就不足为奇了。

抵抗的目的是让你逐渐退缩,因而各种各样的抵抗形式可能难以辨认,等到你发现陷阱,可能为时晚矣。因此,识别这些危险,至关重要。

| 第 2 章 |

LEADERSHIP ON THE LINE

揭开危险的面纱

领导的危险以多种形式存在。如何在有人打破平衡时恢复平衡，尽管对此每个组织或文化都有其独特的方式，但我们发现，在不计其数的精妙变式中，领导的危险有四种基本形式：当你实施领导时，你可能会被边缘化，被转移关注点，被攻击，或被诱惑。不管形式如何，重点都是一样的。当人们抵制适应性工作时，他们的目标就是迫使那些实施领导的人停步，以维护他们现有的东西。

各类组织对此驾轻就熟。每种形式都有其精妙之处。它们能够起作用，在于它们本身并不明显。因此，尝试实施领导的人通常会被出其不意地推到一旁。比如，背叛往往发生在意想不到的地方和人物身上。有些人甚至意识不到，他们正在遭人利用而背叛你。根据我们的个人经验，当你沉湎于行动、执行一项你深信不疑的事业时，你很难看清这些危险模式。我们反复听到这样的故事：领导的实施者看不到危险正在逼近，等看到时，已经来不及做出反应。

边缘化

边缘化有时会以很直接的形式呈现。20世纪70年代，马蒂认识了前美国卫生教育和福利部（HEW）一名叫赛斯的高级雇员，他备受尊敬，在该部门工作了很长时间。当时HEW设计了一个新的计划，要从根本上改变该部门的社会服务方式，赛斯对这一计划提出了强烈质疑。这个改革是赛斯那位时任HEW秘书长的上司想出来的，是其最重要的提议。赛斯提出异议时态度真诚，但带有一定挑衅性，且反复多次提及，他甚至质疑计划中上司最得意的部分是否有价值。没有人想听他的质疑。

赛斯有天去上班的时候发现，他的桌子被挪到了走廊里。他的上司把之前他做的大部分工作转给了其他人。他对自己的提议和质疑深信不疑，最初还有成仁之心，但没有坚持太久。他很快离开了这个部门，他所提出的那些质疑也随之销声匿迹。

大多数组织会采用不像这样直接的方式使人边缘化。一位非裔美国人曾向我们倾诉他的挫败感，他在一个管理团队工作，但发现他的参与权仅限于种族相关事宜。一位女士曾经通过正常渠道晋升到一个以军事人员为主导的组织担任高级管理职位,却发现她的同事们只有在讨论与信息技术相关的话题时才会听她的意见,那是她的专业领域。不像其他高管人员,他们全是男性,当她涉及指定专业技能之外的事情时,没有人会认真对待她的观点。

多位女士告诉我们,她们所在的以男性为主导的组织鼓励她们在整个组织中改善性别歧视问题,甚至有人说雇用她们的用意即在于此。但是,她们却痛苦地发现,要把这种"象征性"工作做到位是很棘手的事情,而且代价很高。当一个人或一小群人在组织内部具体执行某一任务,并且明显是以象征性的方式来做的话,组织上下都不会对此上心。尽管多样化有名无实,但它可以避免各种针对其经营方式的质疑之声。这样一来,女性们没法把性别问题提上组织的核心议程。而且,当她们就手头的任何工作提出不同的观点时,人们都会白眼相对,心中暗想:"她又开始了……"反复提及性别问题会让组织的其他成员有借口不听她们关于任何事情的观点。

20世纪90年代中期,新英格兰水族馆的多样化项目是一个很好的例子。[1]该水族馆于1969年开业,当时正是波士顿水边娱乐项目复苏最快的时期。火速蹿红之后,该馆每年吸引大约100万游客前来游玩,远远超过了其规划者设计的60万人接待量。但是,从20世纪80年代中期开始,董事会和高管人员开始担心一个问题:在该组织的游客、雇员以及志愿者中,波士顿的少数族裔群体一直很少。他们在接下来10年中开展了多种多样针对少数族裔的活动，但收效甚微。1992年，倡导多元文化的董事会推出了一项吸引少数族裔青年志愿者的战略，为招聘新员工提供平台。同一年，水族馆在使命宣言中加入新的内容，突出反映该组织优先推动雇员及游客多元化的战略原则。

在该水族馆推动多元化优先发展的过程中，最引人注目的是其教育部门推出的少数族裔夏季实习项目。和一般的实习生不同，这些少数族裔实习生可以获得报酬，资金的基本来源是支持学生暑期工作的外部项目，家庭条件符合联邦贫困指标的孩子可以获得资助。

与通常情况一样，这个问题同时具有技术性（"我们怎样才能吸引少数族裔到水族馆来"）和适应性（"我们的哪些价值理念使得少数族裔不愿进门？我们是否愿意改变这些理念"）层面。该项目的性质、设计以及选址都明显表明，董事会只想考虑技术层面的因素。

有7名少数族裔高中生参加了1992年夏天的新实习项目，水族馆对此预先几乎没有做什么计划。他们认为那次还算成功，因而到下一年便把项目拓展到接纳30名少数族裔。但是第二年进展不顺。项目的扩大挤占了其他名额，使得该馆与其他志愿者关系紧张。令其他高中或大学实习生尤为不满的是，少数族裔实习生可以得到薪酬，自己做着同样的工作却无分文报酬。少数族裔实习生是出资机构选出来的，他们对水族馆或那里的工作没有什么兴趣，员工们对他们的行为举止、出勤、态度甚至着装颇有微词。尽管在新志愿者中这样的问题并不少见,但由于他们是一个有着不同特征的群体,问题显得更加突出。

1993年夏末,水族馆的教育部门聘任了一位名叫格伦·威廉姆斯的非裔美国人负责市中心平民区青少年相关的项目。威廉姆斯比其他的教育工作者年龄更大,也是该部门唯一的非裔美国人,并且,和其他同事不同,他没有在相关领域受过课堂训练。到1994年年底,威廉姆斯为两个与平民区青少年相关的项目筹到资金,可以作为夏季实习项目的补充。随着这些项目的扩大,威廉姆斯与水族馆其他员工的关系也日益紧张,教育部门内部或者其他部门都是如此,如果要实现这些项目与该组织的融合,他必须得到这些人的合作。只要他缩小项目规模,并不涉及其他任何事宜,情况便恢复正常。

在促使多元化问题边缘化方面,新英格兰水族馆将各种壁垒的作用发挥到了极致。少数族裔实习生一直格格不入,项目以失败告终。尽管董事会成员真诚地希望能够与少数族裔分享他们对这个大型水族馆的愿景,但他们却不想为了吸引少数族裔游客改变水族馆自身,如运营、文化、经营方式等。威廉姆斯很有挫败感,最终离开了水族馆。他在那里人微言轻,没法改变整个组织对多元化的反应。他曾经试着去改变,但是他的诉求石沉大海。水族馆上下并不想面对深层次的变革,但无论用哪种方式吸引低收入人群及少数族裔游客,他们都必须在整个水族馆做出这些深层次的改变。威廉姆斯早期没有看到这些问题,因为他对多元化目标深信不疑,相信上层领导说的那些好意的鼓励性言辞,并全心致力于实习生项目及其他项目。这些项目本身很好,但是它们在整个组织中不仅没有起到解决问题的作用,反倒让问题边缘化了。有时候,我们会在不知不觉中与制造边缘化的人为伍。

一座已经建立了35年的犹太教堂任命一位年轻的拉比[①]担任教堂主管。退休的前任拉比领导该教会长达32年之久。

最初,一切看起来都很适合这位年轻的拉比。前任拉比无论是在公共场合还是私下里都言辞恰当,表示支持新任拉比在之前多次面试中提出的多项现代化变革提议,答应放手让他去做。这位新任拉比逐渐发现一些令人不安的模式。比如,他去集会的召集人家里赴宴,前任拉比也会参加,通常就坐在他旁边。操办婚礼、成人礼、葬礼的人也经常请前任拉比主持仪式。更重要的是,当这位年轻人向他的前辈咨询礼拜仪式的改革建议时,得到的往往是礼貌但毫无热情的答复,与教众前辈们的反应很相似。因此,他不得不推迟变革计划。

---

① 拉比(Rabbi),犹太宗教领袖,尤指有资格传授犹太教义或精于犹太法典的犹太教堂主管。——译者注

他继续满怀敬意地与前任拉比相处，总是顺从其心意，答应共同主持活动，并推迟变革计划，总体上表现出愿意等到清除前路障碍再行动，他认为该这么做。他甚至把教堂演讲的机会移交给前任拉比。他继续延长过渡期，并认为顾全前任拉比的感受是可以理解的。

一段时间之后，这位新任拉比意识到，他在不知不觉中与许多人"不谋而合"，推迟了未来的不确定性，并维持更为熟悉、舒适的既往状况，而领导教众时日良久的前任拉比正是既往状况的代表。无论是前任拉比，还是教众，他们都希望能够尽可能久地避免变革和挑战，而这在前任拉比退休、新任精神领袖继任之后本是不可避免的趋势。但是，这位年轻人却与教众们为伍，一起拖延过渡的痛苦。

最后，新任拉比看清了局势，并认识到自己的责任所在。此时教会已经将他的权威与信任耗尽无遗，使得他的成功遥遥无期。那些极力把他推向领导之位的人看到他进展得如此缓慢，之前所抱的幻想和期待破灭，而那些极力反对变革的人则成功地守住了他们原有的东西，备受鼓舞。这位年轻的拉比最后因失望至极而辞职。

边缘化通常是以颇具诱惑性的形式出现。例如，制造边缘化的人可能会告诉你：你很特别，独具一格，你代表了某个重要且极具价值的想法，而想要达到的效果是要把你和你的想法都关在"小盒子"里。第一，"特别的人"这一角色使得你难以在其他问题上发挥作用，不能成为"多面手"。第二，一段时间之后，你甚至在自己手头问题上的价值也降低了，因为那不过是一个人们听到你喋喋不休的问题。第三，在"象征主义"等其他的边缘化形式中，组织会高唱赞歌欢迎"异类"加入，但是不会考虑他们所做的工作与企业核心业务的联系及其影响。只要你能做你该做的事情，组织就不必发展你的创新想法或使之制度化。

在上述例子中，几位实施领导、最终被边缘化的人都没有在所在组织担任高级职位。但是，边缘化可以发生在任何人身上，包括高级领导者。领导人会被迫靠边站，特别是当他们在某一问题上立场十分明确时，他们自身便成了这个问题的代名词。

林登·约翰逊总统便将越战问题个人化了。其实不难理解，他不想成为美国历史上第一位打败仗的总统，他也不想让国防部长罗伯特·麦克纳马拉为战争承担责任——1966年时，反战积极分子称越战为"麦克纳马拉之战"。因此，约翰逊决定自己承担责任，很快反战分子便开始吟唱："嘿，噢，老约自己去上战场吧！"这可能还是他们冲他喊得最有礼貌的口号。反战分子天真地把矛头指向约翰逊，而之前他们关注另一个更棘手的问题：他们要求国会和民众要么从越南撤军、接受失败，要么投入大量的财力、人力以保证赢得这场战争。最初，约翰逊个人全力承担战争升级的责任，将国会和公众从这些艰难选择中撇清，他并没有意识到这么做有多危险。当他把战争当作个人责任时，反战积极分子开始把他当作目标。他最终意识到，将战争责任个人化，不仅阻碍了有关冲突的论辩，而且使得他难以推动与内政相关的工作。换言之，为了参加这场合奏，他把指挥棒弄丢了。为了保全信誉，他于 1968 年卸任，不再参加总统竞选。[2]

个人化容易走向边缘化。站出来代表某一问题，可能是必要却极为危险的战略，对那些没有职权的领导者尤其如此。然而，对于身处高位的人来说，具体代表某一问题可能更加险象环生。当局领导一般要面对各种各样的事宜，很难具体代表某一问题。他们应当空出手来协调冲突，而不要成为冲突的目标。我们在之后也会进一步讨论，在你的职权角色中具体代表某一问题会让你的存亡，而不仅仅是成功与否，与该问题绑在一起。这无疑是一个站上去危险重重的月台。

转移关注点

另一个让人靠边站的方法久享盛誉，那就是转移他们的关注点。

各个社群和组织都会有意识或下意识地尝试采用多种方法让你失去焦点。为了达到这一目的，他们有时会扩充你的议程，有时会用其他事情淹没你的议程，总是用看似合乎逻辑的理由扰乱你的项目计划。

越战反对者诱使马丁·路德·金把他的议程安排从公民权利扩大至战争。当然，他们对此给出了论据。拓宽他的议程安排不仅迎合了金的道德信念，也可能迎合了他对自我重要感及英雄主义的感知，他的这种感知已经随着公民权利运动的快速发展得到合理的提升。北方的民权斗争如南方一样艰难，一些很困难的问题尚未得到解决，如北方的种族歧视问题。把金的注意力转移到越南战争上可以产生双重效果：既能让北方的自由主义者更加团结——他们已经感受到道德上愤怒的反战需求，又不用挑战他们的个人立场。如果金能把民权运动拓展到他们的社区、学校、律师事务所和企业，便能紧紧把握住这些关系。他们的生活将被打乱，他们的价值观将受到质疑，他们的行为和做法将经受审查。他们会出现在电视上，当着朋友和邻居的面，对自己的生活方式进行捍卫或谴责。

金把注意力转向了反对越南战争，这样做的后果十分严重。他的核心支持者，即南方黑人，不再与他站在一起。他们知道，无论是北方还是南方都还有太多的工作要做。金不仅在反对越南战争问题上收效甚微，而且失去了工作重点，他没有那么多的时间和精力来领导构建平等基础的各种运动，如投票权运动等。北方城市及贫民区面临复杂的问题，民权运动陷入困境。

有些实施领导的人会获得晋升或被赋予新的、诱人的职责，而这正是一种转移他们议程安排的方式。当你获得意想不到的晋升，当有一些有趣、重要的任务添加到你当前的职责角色时，你得停下来，问问自己：我是不是代表了某个令人不安的问题？单位是不是要转移我以及组织本身对该问题的关注？我们认识一位脾气古怪的报纸专栏作家，她被提拔担任编辑职位，但她发现，单位的用意不仅仅是要她发挥编辑才能，而且更多的是要促使她停止挑衅性的写作。我们还认识一位小学校长，她在密苏里州学区最贫困的学校工作，业绩非常好，深受学生与家长的好评，但这让一些教师深感不安，因为她对他们要求甚严。为此，学校管理者提拔她到区总部担任顾问。这位管理者对这一巧妙手段自鸣得意，他终于找到一个方式把这位校长调走，让学校恢复了"井然有序的平静生活"——她在这里工作的 20 年间，一直尝试对学校进行改革。企业管理者有时为了平息事态，会把工会里的煽动者提拔到闲职上，寄希望于下一任工会领导者比较合作。

身处高位的领导者很容易迷失在他人的各种要求和程序性细节中。我们的朋友伊丽莎白即将担任一个国家公共事业机构的负责人，这是她争取已久的职位。该机构预算达数十亿美元，有数千名员工，负责成千上万人的福利。她渴望得到这个职位，因为她看着这个机构运作多年，有一长串的改革举措想在此实施，她相信这些举措将有所作为。她明白，这会让一些在单位扎根很深的人感到不快，但她充满了勇气和力量，相信能够将改革贯彻下去。然而，她并没有观察到两个重要的动态。

首先，虽然她了解到，机构内外各类人士对各种卫生、福利项目的规模、范围及交付系统颇有异议，但并没有意识到，他们在有一点上意见是一致的，即伊丽莎白应该专注于他们共同关注的问题——不管是什么问题，而不应该聚焦她自己或其他单个人的提议。其次，她并不明白，他们可以用各种要求和细节压制她的改革议程，这比正面反对她要容易得多。

在她即将接任这一职位之前，马蒂建议他们 6 个月后一起吃午饭，对照清单上她想要完成的事情，看看进展如何。然后，她踌躇满志地投入工作。午餐约定时间很快到了，但伊丽莎白神情沮丧。

"怎么回事?"马蒂问。"真是令人惊讶!"她回答说,"我从来没这么忙过。我的预约日程排得满满当当,而且每个会议都很重要。有很多是颇具争议的问题。我比以前工作更长的时间,到一天结束时,总是筋疲力尽。周末还得在家工作。即便如此,我几乎没有时间开展我计划议程上的工作。我终于意识到,自我就任这个职位以来,我只见过100人左右,而他们之间不管有什么分歧,都联合在一起,让我忙于处理他们清单上的事情,这样我便永远都不能开展我计划清单上的任何事情!"

伊丽莎白是个有名的工作狂,工作起来非常认真。她亲自接听电话,与单位里的各类人员保持联系,甚至包括那些对她有异议的人,她对此深感自豪。她喜欢激烈的政策辩论。而公共事业圈子里的人都了解她的这些特点。

她说的没错,虽然从表面上来看并非如此,但那些人已经联合起来了。沃伦·本尼斯把这种情况称为"无意识的阴谋",目的就是要让你无法实施你的预定计划。[3] 他们通过"填塞收件箱"的方式转移伊丽莎白的关注点,让她忙于处理各种观点、问题以及困扰他人多年的组织暗斗。这一方式奏效了,而且比尝试直接冲撞她所关注的问题有效得多。

攻击

个人攻击是另一种促使你的想法中立化的可靠方式,屡试不爽。无论是何种形式的攻击,如果攻击者可以把谈话主题从被关注的问题转移到你的性格或风格,甚至攻击本身的话,攻击便成功地淹没了所关注的问题。注意，领导力中的"沟通能力"就这样被浪费了。你如果不能吸引人们关注重要的问题，那么如何能带领他们向正确的方向前进或推动事情发展呢？

你可能遭受过这种或那种形式的攻击。也许你的沟通风格遭到批判：太伤感情或太温柔，太冷淡或太热情，过于激进或过于安静，过于矛盾或过于调和……不管怎样，我们觉得，当你告诉人们好消息或者给他们带来"巨额支票"时，他们不会批评你的性格或风格。大多数情况下，只有在人们不喜欢你带来的消息时，他们才会指责你。他们不会关注你给出的消息或其中的可取之处，他们往往会发现，诋毁你是更有效的方式。当然，你可能正给了他们这样的机会；毋庸置疑，每个人都必须不断提升自身的风格和自律能力。关键点不是你是否无可指责，而是这种错位的指责在很大程度上是为了转移注意力，使人不去关注消息本身。

转移性攻击最明显的形式是身体攻击。你可能还记得1999年秋天在华盛顿州西雅图世界贸易组织（WTO）会议上的抗议。抗议者关注的议题包括世贸组织的政策及其对贫困人口的影响、美国的雇用问题以及环境问题。地方执法官员关注的是代表的安全和会议的顺利开展。世界贸易组织的代表们关注的是如何让辩论集中于他们所关注的问题，而非抗议者提出的议程。无论是有意还是无意，警察和抗议者的肢体冲突，让他们之间的争执而非抗议者提出的议题，成为公众关注的焦点。抗议者与警察之间的争吵使得前者提出的议题走出新闻视线。

人们很容易被肢体攻击转移注意力。肢体攻击富有戏剧性，并造成伤害。有些人因此而退却,有些人却以一种可怕的方式被引入其中。不管是什么反应,暴力景象能够有效地转移人们的关注点,使其不再注意潜在的、令人深感不安的问题。例如,随着家庭中爆发的怒气转变成肢体冲突,暴力本身便取代了最初引发冲突的主要问题。诉诸暴力的人看问题往往缺乏理性,无意识中便与被冒犯方一起破坏了有关自身观点的探讨。

在2000年的总统大选中,一次出人意料的人身攻击引出一段转移注意的新闻。乔治·W.布什在与他的竞选搭档迪克·切尼私语时用了一个粗俗的词来形容长期担任《纽约时报》政治记者的亚当·克莱默。他当时没有意识到麦克风开着,当发现有人听到他的话时,他觉得很尴尬。就此,媒体开始攻击布什,利用该事件批判他性格上的问题。没有人费心去分析布什是否将有所作为,以及克莱默的文章是否公平、负责任或曾偏向于民主党候选人,但由于布什把这个问题个人化了,他便无意识中分散了人们的注意力,削弱了自身提出新闻偏见问题的能力。

暗杀是无声攻击中最极端的例子,以极端的方式封杀针砭艰难现实的声音,就像伊扎克·拉宾和安瓦尔·萨达特经历的一样。这两起暗杀事件只是将人们失去土地、违背祖先意志的痛苦经历推迟了——这是在当今相互依存的世界里获得发展必须经历的事情,阻碍了中东和平事业的进程。

幸运的是，你的对手们，也就是那些对你的消息深感不安的人，使用口头攻击的可能性比使用肢体攻击的可能性大得多。那些攻击可能指向你的性格、你的能力、你的家庭，或者可能就是简单地扭曲、误传你的看法，并且会以你的对手们认为奏效的方式出现。经过反复试错，他们将找到你的"阿喀琉斯之踵"，指向你最脆弱的地方。

在政治上，人们经常会指点他人的性格，以此转移对问题的关注。克林顿在白官执政8年，很多时候他那些思想观念上的对手不会指向问题本身，而是质疑他的性格，这正是他们在克林顿身上发现的弱点。如你所知，克林顿为他们提供了"弹药"。针对他的人身攻击十分成功地转移了他对政策议程的关注。非常有趣的是，保守派并没有受到克林顿议程的威胁，恰恰相反，克林顿议程上的某些问题正是他们想要讨论的问题，这一点倒对他们构成威胁。克林顿"窃走"了他们的议题，如社会福利改革和平衡预算等，如果他在这些方面成功了，杠杆作用将大大推动其议程中各种"闹心"问题的进程。

就作用而言，对克林顿的性格攻击与美国最高法院大法官听证会期间对克拉伦斯·托马斯的性格攻击无异。对手们对他进行人身攻击，是因为他们很难在提名问题上打败他。托马斯不适合"容易遭受反对"的保守司法提名模式。作为非裔美国人，没有多少书面文件记录了他的司法理念或政治意识形态。他不像G.哈罗德·卡斯威尔那样容易受到攻击，理查德·尼克松于1970年提名卡斯威尔担任最高法院大法官，但无论从学识、专业还是司法经历上来看，他都是一个平庸的南方保守派。托马斯也不像罗伯特·伯克那般脆弱不堪，罗纳德·里根于1987年提名伯克担任大法官，但并未成功任命，他写过很多东西，而他发表的观点是许多美国参议院成员的眼中钉肉中刺。托马斯和克林顿相似，他的所作所为，尤其是安妮塔·希尔等人的性骚扰指控，使得他在性格攻击面前脆弱不堪。攻击可能会以曲解观点的形式出现。

比尔·克林顿总统在任早期曾提名拉尼·吉尼尔担任民权总检察长助理。她是一位享有盛誉的杰出法学教授，是比尔·克林顿和希拉里·克林顿值得信赖的好友，也是一位创造性思想家。她坚信政府应该采取措施确保个人的权利，她希望把民权部建设成为一个突出、积极的激进分子机构。然而，有人在搜索她的著作时发现，她在一篇法律评论文章中分析了政治代表性问题。[4]事实上，她提出的比例代表制概念并不是一个全新的或疯狂的想法。在政治学理论中，她的观点颇受认可，并且由来已久，与有关投票区划线原则的探讨类似。此外，这个引来攻击的观点只是该篇文章中诸多观点中的一个，只出现在她所写的几篇法律评论文章中的一篇里。但是，这却让她的对手们有机可乘，给她贴上了"配额女王"(Quota Queen)的标签。

这次曲解使得克林顿处于一个艰难的位置。他本可以挑起重担，试着向公众解释说，这个独特、难忘、在政治上不被接受的

"配额女王"标签是对吉尼尔观点的曲解,从而把焦点拉回到实质性问题上来——她确实可以推动积极分子权利或公民权利难题的解决;或者,克林顿可以首先认同对该观点的曲解,之后要么挺下来为吉尼尔辩护,要么把她抛入水深火热中。然而,他选择了最容易的方式,直接取消对她的提名。他的对手们完全知道他会这么选择,因为当该事件的关注热度变得令人不安时,他便已经开始后退,回避其他被提名者及相关问题。他这么做,又一次使得他的对手们有理由相信,继续进行曲解和性格攻击确实可以帮助他们达到目的。

人们不去回应曲解和人身攻击是很难的。当别人说你的坏话时,我们不想低估你保持镇定的艰辛。它令人痛心,又具有破坏力。所有受到曲解和人身攻击的人都明白那种痛苦。领导者经常要冒着承受这些伤痕的危险。

在本书的第二部分中,我们将探讨多种应对曲解和攻击的方式。但首先,你必须识别曲解和攻击的目的,这往往是为了转移你的注意力,不再关注某个让人们更加不安的问题。无论这种动态状况是出现在一个家庭中,还是发生在国家层面,从根本上说是一样的。当你的孩子在爆发怒气直呼你的姓名时,你应该知道,最好是停下来问问:"这到底是为什么呢?"也许你的儿子不能忍受又要再次依赖你开车送他,或者他可能只是测试你是否真的很关心他、是否会坚持执行你发出的宵禁令。你可能得与他试着讨论责任和依赖的问题,而不是进入另一轮人身攻击,尽管后者会更具挑战性,但前者效果会好很多。然而,前者做起来并不容易。

1972年的总统竞选中，新罕布什尔州曼彻斯特市的工会领袖用消极和贬低的语言攻击埃德蒙·马斯基参议员的妻子。马斯基个人感情用事，对此做出相应的反击，并且在为她辩护中落泪。他在这件事情上犯了同样的诊断性错误。他的对手试图破坏他的竞选活动，削弱他在各种问题上的立场和势力。他们根本就不在意他的妻子。一旦马斯基退出竞选后，她就成了完全不成问题的问题。马斯基以个人感情用事的方式回应失实陈述，无异于与攻击者联合起来分散公众对实质性问题的关注。

诱惑

很多击败你的形式都带有诱惑性因素。我们使用"诱惑"这个带有政治色彩的词来描述这一过程，是因为该过程会使你完全丧失目标感，从而放弃很有可能成功的举措，而之前，那个举措对你具有特殊的吸引力。一般说来，人们容易在放松防卫时受到诱惑，而这种方式的特性会让他们下调自身的防御机制。

我们这里所说的不只是神经质需求。即便是那些满足一般人类利益诉求的举措，也能让人转移注意力。比如，诱惑最常见的形式之一，便是渴望得到所在团队及支持者们的认可。

已故的美国众议院议长奥尼尔很久以前曾说过这样一句话："要坚持和带你来舞会的舞伴跳舞。"这意味着对自己人的忠诚；然而，这句话虽然很有吸引力，却包含重大的风险。

当你试着通过提出有意义的变革来影响一个社群时，该社群中与你同处一个派系的人不得不随之妥协。通常，最艰难的工作是如何管理他们落空的预期。他们很可能会支持变革，但他们也希望你能确保尽可能减少他们在变革中做出的牺牲。你所在派系的人会暗示或者明示你在实施变革中应该让其他派系的人去应对艰难的取舍问题。

如果你因手头的问题让你的核心支持者以及最亲近的盟友们失望的话，那么你和他们的处境都会变得艰难。然而，如果你渴望得到他们持续的认同，不想让他们失望，因而一再屈服的话——这种渴望是可以理解的，你会让自身变得脆弱不堪。我们一再看到，有的人承担起处理艰难问题的重任，却被自己所在的派系置于孤立无援的位置，从而在更大的社群范围内失去信誉。

在《贝尔法斯特协议》签订之前的几年，马蒂在爱尔兰协调组织过一次集会，参会者是北爱尔兰各政党及派系中最激进的代表。当时房间里充斥着迟疑和紧张的气氛。许多参会者从未这样与他们最讨厌的对手共处一室过，而有的参会者不愿意跟他人交谈。他们甚至拒绝拍集会合照。

他们开始讨论一个解决冲突的案例，那个案例的背景设定在一个非常不同的时间和地点。他们缓慢地交谈，小心而谨慎。随着讨论继续，他们探讨案例的主人公如何管理其雇员的问题，主人公在促进雇员团结方面遇到了困难。这时，房间里的交谈突然热烈起来。北爱尔兰的对抗者开始在没有马蒂干预的情况下互相交谈，他们发现彼此在管理团队方面遇到的困难有共同之处。

他们共同面临着一个进退两难的困境：他们都明白，实现和平意味着要放弃一些东西，但是每个群体的人都希望领导者能够承诺不做出任何退让。如果他们必须承担一定损失的话，就会有潜在的接任者站出来挑战，答应守住底线不退让。除了在职权上面临这样的策略性挑战外，他们在与不同的敌对方进行对话时，都寻求并渴望得到自己群体的认可和支持。来自团队的喝彩能够带给他们勇气，让他们感受到自身的重要性和价值，也能让他们相信所承担的风险是值得的。然而，这种对喝彩的需求以及期待喝彩声能一直萦绕耳边的渴望会让他们谋划更大变革的能力大打折扣。

谈判员们描述过一种与此相关的情况，被称为"支持者问题"。每个工会谈判者都对此很熟悉：主要谈判者常常连续多个漫漫长夜都要忍受谈判过程带来的煎熬，但是那些没有经历过这一"妥协退让"与"积极学习"并行过程的工人会猛地把领导者打回原位。这些工人没有准备好放弃任何一个谈判目标，他们只会对着被他们称为"妥协者"的谈判者喝倒彩，发出种种嘘声，并为其贴上"不忠"的标签。

1992年，马蒂自身也经历了这一状况。当时他加入马萨诸塞州州长威廉·威尔德的管理团队，担任首席秘书，负责人事和政治方面的工作。与州长办公室大多数高级人员相比，他是出了名的言论自由者，对此他没有感觉任何不妥。相反，他对自己的理念很满意，甚至认为威尔德之所以雇用他，在某种程度上是因为想常常听到更多的声音和观点。马蒂大多数在政府外工作的朋友比他言论更自由。他们很高兴马蒂找到一份好工作，但是也满心疑虑，因为马蒂就职的共和党政府在执政第一年便大幅削减预算。

那些代表自由主义利益的群体，如同性恋权益和妇女权益的倡导者们，都为马蒂的任命喝彩。他们把他看作与州长办公室对话的通道。马蒂享受这样的角色和他们给予的认同，但是可能有点过度享受了。那些倡导者不断告诉他说，如果他不在那里任职，他们根本不知道该做什么，也不知道如何才能把他们的声音传到州长办公室。

马蒂开始对这些恭维之词上瘾，开始享受那种"不可或缺"的感觉，他如此沉醉其中，以至于从未注意到身边正渐渐发生什么。倡导者们煽动他做更多更进一步的事情，在他看来，这是他得到持续认可的代价。马蒂本该拒绝他们的要求，减少他们对自己的依赖，让他们拓宽支持和影响基础，但他没有这么做，而是选择保留这一特殊位置，他需要在这一角色中感受自身的重要性。

结果，他在州长办公室会议上探讨的问题局限于此。当他反复强调这些问题时，语气听起来更加尖锐，而效果则日益减少。他渴望做正确的事情，更渴望得到价值观相同者的支持，这两点对他构成了诱惑。代价是沉重的。他越来越多地局限于处理这些不受欢迎的问题，难以避免的结果慢慢显现出来：他在推动这些问题方面越来越失败，同时也越来越多地被排除在其他议题之外。

尽管自由主义倡导者们肯定不想伤害马蒂，但是他们促使他越来越多地为自己的利益诉求说话，并以此作为他获得认可的条件。实际上，他们迫使他面临艰难的选择：要么失去他们的持续支持，要么失去在更大社群中将要获得的成功。

诱惑、边缘化、转移关注点以及攻击，这些方式都起到一个作用：减少将要产生的不均衡状况，迫使提出问题的人出局；维持熟悉的状况，恢复秩序，保护人们不受适应性改变带来的痛苦。如果适应性改变不需要人们的生活经历艰难的过渡、调整及损失的话，事情是再妙不过了，但是这些都是难以避免的，因而通常会引起人们的抵抗。了解某种反对行为可能出现的形式十分关键，这样才能在其来临时更好地应对它。那么就领导力而言，不仅必须接受变革过程中的痛苦，认清危险的表现形式，而且要掌握应对危险的技能。

02

LEADERSHIP ON THE LINE

|第二部分|

回 应

| 第 3 章 |
LEADERSHIP ON THE LINE

走上阳台

在众多实践理念中,最明显、最关键的一条便是要在行动中纵览全局。例如,任何军官都懂得保持沉思能力的重要性,即便在"战争迷雾"中也应如此。出色的运动员一进入比赛,便能通观全局,恰如沃尔特·惠特曼描述的那样,"置身其中,置身其外"。耶稣会称之为"在行动中沉思",印度教和佛教称之为"行动瑜伽"或"正觉"。我们把这种心理活动技巧称为"踏出舞池,走上阳台",指的是在行动中退一步问:"这里究竟在发生什么?"[1]

为什么世界上这么多宗教和组织推崇这种心理训练?这是因为,把想法付诸实践的行动,将对我们的能力形成最大的制约。我们全心投入到热火朝天的行动中,当情况变得紧张或个人化之后尤其如此,而这时我们最需要的是稍作停顿。自我反思的能力并非天然就存在。采纳一个已有的理念比自己创造一个理念要容易得多,因而大多数人有很强的群居心理,本能地追随组织或社群的主导趋势，并不会对这一趋势的可取之处做任何批判性评估。一哄而起的人群不仅踩踏那些跟不上的人，而且也使人很难在尘埃落定之前看到另一个方向。

例如，我们最近在一个商务会议中认识了一位名叫阿曼达的女士，她发表了一段颇具刺激性的评论，质疑与会者是否在这次极具挑战的公司重组中努力做好了分内的工作。当时没有什么人在意她的评论。后来有一位职位比她高的男士，布莱恩，发表了总体差不多的评论，与会者突然围绕这个话题讨论起来，对话有了进展，或者说，至少朝着阿曼达最初期望的方向蹒跚迈步了。布莱恩转身离去，感觉自己颇具影响力，而阿曼达则感觉自己人微言轻，颇有挫败感。

群体往往低估某人的能力，对其视而不见，使之感觉自己人微言轻，这也是边缘化的一种形式。这种事情肯定也在你身上发生过一两次，而很多女士告诉我们，这种事对她们来说是家常便饭。

阿曼达本该坚持"走上阳台"，观察状况。她不知道自己为什么被忽略了，但主要是感觉想法被践踏了，因而很是愤怒，这减弱了她置身情况之外的能力。她完全沉浸在舞池中：内心充满了对自己评论无效的恐慌，感觉被漠视，不能洞察全局，不知道究竟在发生什么。

通常情况下，只有少数人能看清这些正在发生的动态情况。

大多数人完全置身在会议中，从来没有注意到这些。他们只是扮演好自身的角色。而观测的挑战则在于看到通常从我们身边溜过的微妙之处。要看到全貌，就必须在你参与其中时退后一步观察。当你置身舞池，被其中发生的事情推来推去，甚至你自己也做着一些推来推去的事情时，要看到阳台上的景象是很难的。

最难的部分其实是如何做你自己，不管你扮演的是阿曼达还是布莱恩的角色。因此，你可能得想象透过全天照相机俯视房间的场景，你看到自己只不过是活动中的另一个参与者而已。

阳台的比喻抓住了这一想法。这么说吧，你正在大舞厅中跳舞，舞厅上方有一个阳台，乐队在演奏，而你周围的人伴着音乐翩翩起舞，这些占据了你的视线。你大多数的目光聚焦在舞伴身上，余光则用来保证你不会撞上近处跳舞的人。你沉浸在音乐、舞伴和这美好的时刻中。事后有人问你觉得这支舞怎么样，你大声回答："乐队演奏很好，舞厅满是跳舞的人。"

如果你走上阳台，从上面俯视舞厅，你可能会看到非常不一样的景象。你可以看到诸般形态。比如，你可能会观察到：当音乐节奏放慢时，只有一些人在跳舞；当节奏加快时，其他人一些人也会走入舞池；而有的人，好像从来都没加入过。确实，所有跳舞的人都聚集在舞厅的一端，尽可能远离乐队。那么回家后，你可能就会评价说，大家的参与不固定，乐队演奏声音太大了，而你只有在加快音乐节奏时才跳舞。

要看到阳台全景，你就得走出舞池，即便只是离开一小会儿，至少心里要这么设想。你若要清晰地看到现实状况，又要得到一些全局的概念，唯一的方式便是让自己远离争辩。否则，你很可能会对情况形成误解，做出错误的诊断，从而误导自己做出"是否以及如何参与其中"的决策。

如果你要对正在发生的事情施加影响，那么你又必须回到舞池。待在阳台上扮演安全的观察员角色不会产生任何效果，就像起初没有去看全局景象一样。这个过程不是静止的，而是反复迭代的，其中的挑战在于来回于舞池和阳台之间，采取一些干预措施，然后观察他们的实时反应，之后又采取行动。你这样做的目的是要同时尽可能靠近两个地点，就好比你一只眼盯着舞池，另一只眼从阳台俯视所有的、包括你自身在内的举动。关键点在于当你在阳台上观察时，你除了看到其他参与者外，也要看到你自己。客观地看待自己，这可能是最难的任务。

要从外部观察自己，又要把自己看作众多舞者之一，你就必须观察整个系统和诸般形态，并把自己看作整体形态的一部分。你必须把自己特殊的意图以及内心感受置于一旁，关注自己在舞池中的角色，那正是他人走上阳台时便能俯视观察到的角色。

参与者与观察者之间反复进行角色交替，这是你可以掌握的技能。你坐着参加一个会议时，便可以练习角色的替换，一边观察正在发生的事情，一边参与其中。当做出一定的干预时，你本能地会按捺不住要站起来为自己的发言辩解，但你要抵制住这种本能反应。一些简单的技巧可以让你与会议保持表面上的或暗示性的距离，从而帮助你置身其外充当观察者的角色。比如，发言结束后把自己的椅子往远离会议桌的方向移动几英寸⊖。你不要

⊖ 1英寸=0.0254米。

妄下结论,应该开放地寻求其他可能;看看都有谁说了什么,并观察他们的肢体语言;观察参与者之间的关系,看他们对不同人的关注有何不同:支持,阻挠,还是倾听?

当然,观察者的位置不仅可以用来分析小组会议,也可以用来分析政治或组织进程。

> 20世纪60年代早期,现代新加坡的开国者李光耀曾经对他的反殖民同盟者们所提出的一些观点困惑不解,比如,印度的开国总理贾瓦哈拉尔·尼赫鲁认为,西方帝国主义和资本主义是一回事。于是,李光耀走出国门,周游各国,直接观察其他开国者在领导新国家方面的进展,但是他所看到的让他深感不安。很多开国元勋把反资本主义与反殖民主义挂钩,这阻碍了各国经济发展的进程,也妨碍了人们把生活提高到更高的水平。他退后一步,对其他新兴国家开国者的传统观点进行了分析检测,不仅不再受他们观点的约束,而且对现实状况有了更清晰、完整的了解,这随后构成了他的领导基础。和其他寻求独立的开国者不同,他选择实行市场经济。1965~2000年,新加坡从一个种族分裂严重的贫穷城市发展成为一个统一的国家,成为全世界最具竞争力的经济体之一。他的那些同辈开国者却深陷殖民主义创伤带来的意识形态斗争中,将出口导向的自由市场经济妖魔化。[2]

李光耀通过走出国门成功走上了阳台。他摆脱了新加坡舞池中的狭窄视角，从地区及国际的阳台上看到了更全面的景观。

一系列的问题可以帮助你走出自身的盲点，而最先开始着手的地方总是最基本的那个问题：这里正在发生什么？除了这个问题之外，我们在此建议你完成以下四个诊断性任务，以避免掉入迷惑人心的常见陷阱。

1. 辨别技术性与适应性挑战。
2. 探寻人们的关注点。
3. 聆听话外音。
4. 品读当权领导的言行以获取线索。

辨别技术性与适应性挑战

对于阿曼达/布莱恩事件，可能会有很多种解释。为什么阿曼达表现得人微言轻？

风格　可能阿曼达说话的方式和与会群体偏好的说话风格不同。例如，她可能说话时语气出人意料地肯定、强势，以至于别人都不愿意听。在十分重视谦虚品质的人面前表现出咄咄逼人的自信可能会降低她说话的可信度。

以往表现记录　阿曼达和布莱恩在组织中的身份角色以及声誉可能会影响他们说话的认可度。布莱恩可能长期表现得更有洞见、能力更强，他可能之前就在这个问题上有过被认可的判断记录。

问题成熟度 当阿曼达把这个问题提上台面时,该问题可能尚未酝酿"成熟"。她可能比群组里的其他人想得更快一些,因而当她提及时,他们对该问题还不熟悉,难以进行探讨和处理。对于其他人来说,可能要花一些时间才能理解一个新的想法。等到布莱恩发表大体相同的评论时,阿曼达所提出的问题才"成熟",人们已经准备好探讨这个问题。

地位 布莱恩可能在组织中的正式职位比阿曼达稍高,也可能是这个社群中的重要人物,因此人们趋于在许多问题上听取他的观点。在很多文化中,人们会对等级职位高的人更关注,不管这种关注是不是有价值。不管是正式级别,还是非正式级别,其影响力都非常大。

偏见 还有一些关于阿曼达/布莱恩事件的解释,与群组中根深蒂固的价值观及规范直接相关。该群组可能看待女士的观点不如男士的观点认真。如果偏见是一种群组现象,你可能只需站在阳台上整体看待这一现象,不用观察个体的偏见。与此类似,如果阿曼达比布莱恩年轻很多,该群组可能有意识或无意识地对年轻人存在偏见。又或者,她的政治倾向可能让人们感到不安,而布莱恩却与群组中主流政治观点相一致。再或者,阿曼达可能会让人们想起某个现存的社会问题,因而他们会无意识地忽略她的业务建议,并以此作为忽略该社会问题的一部分。这些解释都指向群组对"其他人"的容忍度问题,也就是说,难以容忍阿曼达可能代表的任何非主流文化特征。

在上述解释中,风格、以往表现记录、问题成熟度,是阿曼达自身可以纠正解决的问题。把参与风格调整得更谦虚,选择更合适的时机发言,或者为她的观点奠定更好的基础,都能让她抢占先机。从这些解释的角度来看,她在组织中人微言轻,这只是一个技术性问题,对此她可以在不干扰他人的情况下采取改进性措施。

最后两个解释,即地位和偏见,直指群组以及其中的个体成员如何看待自己这一核心问题,因而谈及这些问题将对群组的稳定性和文明度构成威胁,破坏组织的议程。如果阿曼达的经历表明,该群组不是平等地根据是非曲直来看待每个人的观点,而是有意贬损地位较低人员的观点,又或者表明该群组的行为中含有种族、性别、年龄以及任何方面的歧视因素,该群组很可能会对此进行抵制。

通常,群组会极为偏好技术性解释,当这个解释表明问题在于个人而非整个群组时,尤其如此。这就使得问题有一个简单、直接的解决方案,而不需要通过任何困难的举措来调整群组的角色。

阿曼达可以观察与会者对地位较低者或少数群体的发言做何反应,以此判断哪种解释更为准确。她也可以先对自己的发言风格、时机以及以往业绩做出技术性修正,之后观察大家是否继续以同样的模式对待她所做出的贡献。如果阿曼达走上阳台、收集信息、仔细聆听并对自己的惯性理念提出质疑的话,她可能会发现,她在组织中人微言轻的角色引出来的,不是一个个体问题,而是一个组织性问题。她还会发现,自己在这一适应性挑战中担当"持球前突"的重任,并因此在场上被四处追逐。[3]

当然,持球球员在场上被追逐时往往还伴有粉丝的欢呼,而人微言轻的感觉完全不是这样。相反,你会感觉被忽略、贬损,更有甚者,感觉自己像个傻瓜。这就是关键点!在调查出导致中立化的个人及技术性原因并做出修正之后,你很可能还会发现自己继续被忽略,因为你要表达的东西太多了。在阿曼达的例子中,她可能得承担起适应性挑战的重任,促使整个团队能够重视多元化视角,而且还得在没有被要求或授权的情况下这么做。该团队忽略了这一挑战,他们也就失去了一个对保证后续成功十分关键的声音,在某些情境下,他们需要阿曼达这样的特殊视角。

大多数问题是由技术性和适应性方面捆绑而成的。在进行干预之前,你必须对二者进行区分,从而决定首先解决哪一方面,以及采用什么策略。

我们的朋友肯恩曾经在美国电话电报公司(AT&T)工作,他在那工作时曾对一个部门重组计划可能带来的影响深感担忧。他具有工程背景,很容易就看出这个计划中存在一些技术性缺陷。他认为,这个计划没有让相应的人员彼此联系起来,相当于只是用一套新的"筒仓"取代了原来的老"筒仓",换汤不换药。但是,肯恩意识到,"筒仓"实际上代表了一个适应性问题:公司里的人都想加强自己所在的"筒仓",不愿意在更广的范围内承担责任。

肯恩就此在公司里积极开展相应的工作,终于得到副总裁15分钟的约见,这对他这样职位的人来说是非同寻常的事情,他的职位比副总裁足足低了两个层级。他对这次约见下足了功夫，他明白，如果他提出这个更深层次的系统性问题，他便超越了他现有的职责权限，他担心副总裁会对此做出不好的反应。因此，他必须做出选择：是应该先提出技术性问题还是适应性问题，还是二者兼顾？如果二者兼顾，先后顺序如何？等到15分钟约见时间来临时，他从评论问题的技术性方面入手，副总裁很有礼貌地听他说完，没有发表任何评论。于是他继续说下去，15分钟很快就用完了。肯恩很快认识到他犯的错误，但为时晚矣。副总裁希望肯恩的下属们能够解决这些技术性问题。在这次约见中，肯恩迫于压力而选择了沉默，选择向这位副总裁汇报两类问题中较为容易的一个。

一旦肯恩区分出这个问题的技术性方面和适应性方面，他便开始感觉到内外部的压力，从而紧抓住技术性问题，以避免涉及更棘手的适应性方面。组织会更加偏向容易的、不具破坏性的方面。通常，很多组织会试着把适应性问题当作技术性问题来看，以至于对二者混淆不清。对肯恩来说，该问题的技术性方面令人踏实，很熟悉，而且正好在他的职权范围之内。

如果这些压力能够让你不带傲气地提出这些挑战的话，是很有益处的。沉默本身便是一种提示。倘若肯恩能在那次约见之前走上阳台看看，他可能会观察到自己的犹豫，而这种犹豫表明，他实际上正意识到问题是颇具挑战性的。之后，当他接触到组织高层管理者时，他本可以采取行动，为应对这一挑战奠定基础——我们之后会讨论如何做到这一点。如果你根本不准备提及值得副总裁注意的问题,那么约见他究竟又有何意义呢?

压力迫使人趋于解决技术性问题,预算危机能够为这一点提供很好的、普适性解释。通常,公共部门或者私有部门的预算危机会促使人们努力寻找更多的资金。领导层可能会缩减这项花费,推迟那项开支,或者进行短期借贷。这些方案把这个问题当作技术性问题来解决。危机的根源通常在于价值观冲突,在于开支优先级上的分歧。临时筹到更多的资金能够缓解这一冲突,但并不能根除问题。解决这一潜在问题要求在开支优先级上意见不同的派系承认他们之间存在差异,并一起解决这些分歧。这便要求进行战略性的权衡取舍,接受损失。解决问题的结果可能会让某些人甚至是很多人深感失望。"平衡预算"事实上可能意味着重新设计组织的议程,意味着改变其业务运营的方式。因此,领导者的任务是要动员人们去适应新环境中超出他们想象的挑战与机会。

那么,你怎么知道所面临的挑战主要是技术性的还是适应性的呢?你可能对此很难有完全的把握,但有一些有效的诊断性建议可供借鉴。

第一,当人们必须改变的是他们的核心价值观和理念,而不仅仅是偏好或常规行为时,你应该知道,你正在处理的不只是技术性问题。在适应性挑战中,人们必须学习新的办事方式,必须在看起来相互矛盾的价值观中做出选择,必须在奋力前行的同时辨别在现有的文化因素中,哪些是根本性的,哪些是可以牺牲的。

20世纪90年代,马蒂在南非见证了教师们所经历的挣扎。当时,教师们面临一个显而易见的现实,即学生们在心智理念上必须经历大转型。在南非政府实施民主转型的那几年间,马蒂和来自南非多所大学的教授们一起开发新的课程、新的项目,而最重要的是要开发出新的教学方法。教师们都知道,不管他们来自旧南非时期的哪一群体,都必须做出调整,适应新的情况。他们不得不勇敢地直面一项非常艰难的工作:为了与新南非时期的学生们保持紧密的联系,他们必须改变原有的理念。这些教师已经习惯了给满教室相近职业选择的学生上课,即这些学生有事先清晰设定好了少数职业选择,但是现在,他们要面对的是不同职业选择的学生,即这些学生未来的职业选择是开放式的,随之进入教室的还有不同的甚至是相互冲突的价值观念、视角观点以及各种经历,这些学生经历过种族隔离的日子,也经历过为结束隔离状态而进行的斗争。与旧时期相比,新南非对个人素质的要求也截然不同。学生们未来的职业道路不再根据种族、等级及民族事先清晰划定,因而干巴巴的技术性课程或专制式的问题解决和探讨难以满足培养学生的需求。这些都给南非以及教授们提出了适应性挑战。

第二,你可以通过排除的过程区分技术性和适应性挑战。如果你针对该问题采取了所有能想到的各种技术性修正措施,但问题依然存在，那么很显然，其中有潜在的、需要解决的适应性挑战。

第三，冲突的持续发生通常表明，人们尚未准备做出调整或接受伴随适应性改变产生的损失。

第四，危机的产生清晰地表明，适应性问题已经恶化了。危机代表着危险，因为风险很高，时间显得很紧迫，而不确定性很大。如果危机能够刺激人们把注意力转向尚未解决的问题，那么危机也代表着机会。

就像所有的问题一样，突然而至的危机常常包括技术性方面和适应性方面。但是，危机中的失衡程度很高。因此，你会面临许多来自外部及内部的压力，会把危机看作一个技术性问题，会通过直截了当的方案迅速恢复平衡状态。确实，大多数领导者浪费了危机的大好机会，因为所有的眼睛都盯着他们，期望他们能够恢复秩序，即便这么做意味着只关注技术性的修正方案，忽略适应性问题。例如，面临预算危机时，许多组织不会选择面对艰难的战略性问题，而是会找一把"意大利腊肠切刀"，缩减开支，如每个部门都缩减10%的费用。

1991年，萨达姆·侯赛因率军侵略科威特时，美国前总统老布什召集一支庞大的联军队伍来解决技术性方面的问题，把伊拉克部队赶回他们自己的领土。但是，当呼声更进一步，要消灭萨达姆·侯赛因和他的军队，阻止他在世界各地开展破坏性行动时，老布什退却了。消灭侯赛因，而不仅仅是把他赶回老家，就是一个对整个联军造成威胁的适应性挑战。完成这一挑战将给伊拉克军队带来羞辱以及成千上万的死亡,这些场景将每天晚上都出现在阿拉伯联盟国家每个阿拉伯家庭的电视屏幕上。这些国家的领导人本可以承担起这一让人望而生畏的重任,帮助他们的国民适应一个令人不安的新现实:为了维护自身的利益,他们必须忍受并支持西方盟军杀戮成千上万的阿拉伯士兵。而继续保持联盟状态入侵伊拉克同样要求西方联盟军做出重大的调整。对他们来说,鉴于可以远远追溯到十字军东征时期的殖民和传教活动历史,继续与这些东方国家联盟的代价是进行沉重的自我反思,并相当于承认"西方人主导穆斯林"这种曾经让人担忧的局面确实存在。为那些陈旧的行为模式及其后果负责,对于联盟军来说本身就是一个让人却步的挑战,对于欧洲盟国来说尤其如此。

从短期来看,你可能想先处理技术性方面的问题,就像老布什在这次战争中所做的一样。但是,许多危机显示出溃烂已久的问题。萨达姆·侯赛因不仅只是代表着一个邪恶的个体,而且代表着基督教与伊斯兰教之间更为根深蒂固、悬而未解的冲突。老布什总统如果要参与这个问题的解决,将使得原本便有些脆弱的联盟面临风险,而由此释放出来的武装力量将超出他的控制能力。就短期而言,也许他看不到任何其他选择,只能解决技术性方面的问题,而"国际新秩序"的提出,只不过是一个抽象的概念。悬而未决的问题并不会因为淡出视野而消失，自那以后，恐怖主义事件仍提醒着我们该问题的存在。

探寻人们的关注点

让某个社群或组织的人处理一个能够深切感受到的问题不仅是艰难的，而且是极具风险的。如果人们长期避免涉及这个问题，那么当你迫使他们去面对该问题时，他们会想尽办法让你闭嘴，这应该不足为奇。你的生存和成功都有赖于深入了解各群体之间不同的观点，从中认识他们的利益和担忧。

正如社会工作者所说："首先应该弄明白人们的关注点在哪里。"这不仅仅需要聆听，而且也要求有好奇心，在你觉得你已经知道某人的问题以及应该怎么做时尤其要保持好奇心。他们的观点很可能跟你的不一样，如果你不从他们的观点出发的话，你很可能会被当作毫不相干、麻木不仁或自作主张的人，从而被排斥在外。

这可能是哈米尔·马瓦德在厄瓜多尔未能实施的关键步骤，从而失去民心。他过于聚焦短期解决方案，未能与普遍贫穷、脆弱的大众保持联系。人们对骤然下滑的经济状况深感恐惧，对无休止的不平等待遇则深感愤怒。不管马瓦德的政策有多好，但是他没有找到人们的关注点，从而把自己置于危险境地。

我们一位耶稣会的朋友为一群政府官员在他们工作的地方组织了一系列的有关"精神信仰"的讨论会。

他们将会探讨公共政策制定以及个人工作中的宗教问题，包括：如何在职业角色中管理自己的精神信仰？应当如何管理具有多种不同宗教观点的组织并协调这种状况与工作之间的关系？很多人深切感受到该问题的方方面面对他们构成威胁，但从来没有机会在公开对话中与同事们探讨他们的担忧，因此，他们带着渴望与焦虑的复杂心情期待讨论会的到来。

我们这位朋友以他惯有的风格开始了讨论会。他天衣无缝地列出一系列关于宗教和国家关系的观点和框架，然后进入问题环节。参与者提问，他做出回答。一切进展顺利，但房间里有明显的不安情绪。人们对教堂与国家之间的关系感兴趣，但真正困扰他们的问题是如何在工作中处理与他们自身精神信仰相关的问题，如何管理办公室里对待宗教的多样化情感。尽管我们这位朋友的表现令人钦佩，但他依然错失了人们关注的核心问题。

一个月之后，他有机会给相似的群体做同样系列的讨论会。这一次，他把十分熟练、感人至深的演讲放到一边。他以简单的提问开场，问与会者想探讨什么样的问题。他们提出要探讨的问题，并设定了讨论的议程。我们这位朋友让与会者清除了原有的观点，展开了长达数小时的激烈对话。这次的探讨影响很大。他让人们重新思考长期持有的观念，这样的对话让他们中间的部分人有勇气改变自己的行为方式，重新对待宗教取向不同的同事。他把曾失败过的事情做成功了，这是因为他退后了一步，从探讨与会者而非他自己的关注点入手。

李光耀成为新加坡总理之后，他煞费苦心地从日常安排中挤出宝贵的时间学习当地的方言——普通话，并提高自己的马来语水平。经过三年多的努力，他带领新加坡走到一个关键的十字路口。李光耀直接通过方言聆听民众声音并与他们交谈，这样的举动起到了决定性的作用，使得他获得足够的声誉，能够挑战后殖民主义意识形态，带领人们施行前英国殖民者推行的自由市场经济政策。[4] 既然李光耀能够花费数年的时间学习选民们的语言，那么我们在实施干预之前肯定也能花费时间去简单地聆听人们的声音。

聆听话外音

阳台上的观望是实施、捍卫领导的第一个关键步骤。尽管是分离式的视角，但观察本身必须足够密切、细致。一旦你找出人们所处的位置，你便可以与他们联系沟通，并促使他们做出改变。但要注意的是，倾听他们的故事并不是接受他们话语的表面意思。人们会很自然地、甚至在不知不觉中保护他们的习惯以及思维方式，从而试着避免谈及艰难的价值观选择。因此，在聆听完他们的故事之后，你需要主动分析阐释隐藏在表面之下的意思。也就是，你要聆听词句背后的弦外之音。其实，我们每天都在许多小的方面做这样的事情。比如，如果你问某人他过得怎样，他说"OK"，你能够听出发音明快的"K"与带有伤感强音的"O"之间的含义大不相同。

领导者很少会因为个人原因而被中立起来，即便攻击可能以个人的名义出现。导致这种反应的，是你扮演的角色或者你握在手头的问题。足球赛中，当运动员们在场上追赶你，他们并不是追赶你个人，他们之所以想抓住你，是因为你正掌控着球。尽管人们可能会高喊他的名字或者挡住他的去路，但优秀的足球运动员从来都不会把这个当作是针对个人的行为。他能通过"阳台"视角看到场上比赛的整体状况，迅速分析所看到的情况并调整自己的行为。任何领域的优秀运动员都能做到这一点。

当比赛高度结构化，目标十分清晰时，如何解释场地中发生的情况是一种专业技术。但是，在组织生活中，不同的运动员通过各自不同的规则竞争，对如何评分也持有不同的观点。社群或团体中的成功运动员需要理解比足球场上复杂得多的现实情况。那么，解释所发生的事情则变得至少和走上阳台鸟瞰全场一样具有挑战性。在政治和组织生活中，没有人会认为从行动中后退一步、质问现实情况是容易的事情。有的人可能做得比其他人好，但是没人有"剧本"可参照。

我们回过头再来分析阿曼达的故事。如果当时你在开会，观察到阿曼达被忽视而布莱恩获得认可的动态情况，你便可以决定是否以及如何进行干预。你要以理解边缘化的意义为基础决定行动方针。一旦观察到情况，你必须对其进行阐释，决定要做什么。

谨防立刻大声做出阐释,因为这么做会激起强烈的反应。要阐释他人的意图,最好是先在自己的脑子里过目,或者同值得信任的密友讨论。对行为进行阐释,意味着不只是看人们表现自己的方式。不难理解,如果你对人们的行为做出其他的阐释,而不是他们想要你接受的信息,他们可能会感到不安。进行阐释是必要的步骤,但是否以及如何把解释说出来,必须根据听众的文化背景和实用性来决定。

迈尔斯·马霍尼是一位经济开发专家,他接手领导马萨诸塞州一个以低效著称的大型国家机构。州长之所以任命马霍尼担任这一职位,是因为他对如何增强马萨诸塞州在大型住房、经济发展项目中的作用充满激情,积极投入其中,尽管州长并不认为这些是优先发展的项目,但很赏识他的激情和投入。

马霍尼的办公室负责审批申请资金的开发项目计划。他审批的第一个项目看起来非常好。这个计划预期大大推动波士顿市中心的开发,那块区域需要发展,但也不是那么差劲,因而被归为"衰退"(blighted)区域。波士顿市及其市长热烈支持该项目,当地的市级报纸、工会以及大多数商业圈同样如此。波士顿选择了一个开发商负责这个项目,这个开发商是由两位年轻的地产创业者联手组成,他们都和市长交好,但之前从未接受过规模和范围如此之大的项目。

根据法律要求,马霍尼还得对项目的合适度、开发商以及计划进行审查，对此他有相当大的裁量权，而审查结果取决于对现实情况的判定。马霍尼和他的下属们强烈认为这个项目在某几个方面没有达到法定要求，其中包括一点，即很多规划区域不符合"衰退"区域的标准。马霍尼认为这是一个机会，能够表明州政府想利用自身资源力量谋划公共利益的意愿。于是，他决定砍掉这个项目计划。

他走访了州长的主要顾问们，向他们解释自己的立场，希望能得到他们的支持。他们听取了他的建议并告诉他："迈尔斯，去吧，毙掉这个项目，但是一定要快，因为你无法知道那些将要扑到你身上的人到底有多重。"

马霍尼听到了他想听的话：州长支持他毙掉这个项目。但是，他没有听出话里的弦外之音。

他所得到的建议里有两个最为重要的线索：一个是"快"，另一个是"你"。要理解州长顾问们所说的话，必须听取清晰字面之外的含义。

马霍尼没有听出通过更微妙的方式传达出来的大相径庭甚至是前后矛盾的信息——州长会支持他毙掉这个项目，但是条件是动作必须快到不让这个事情有苟延残喘的机会，不会影响到州长更重要的举措。州长的议程比部门领导的议程要广泛很多，而且更具动态性。州长可以答应支持马霍尼，但只是很短时间的支持，因为他深知自己的注意力很快便会被转移到火线上的新危机和新举措上。如果这个事情办得不利索，引起持续性麻烦的话，那么马霍尼只能独自承担责任，州长不会无限制地利用自己的政治资本来保证马霍尼能够稳妥地毙掉这个项目。

由于马霍尼只是听到了字面意思，他便开始行动了。他高估了州长对砍掉这个项目的实际意愿，因而拒绝了这个项目，使得他的支持者们都进入"备战模式"。六个月后，马霍尼丢掉了这个工作，而他的继任者批准了该项目。

品读当权领导的言行以获取线索

迈尔斯·马霍尼未能听出州长的话外音，但是，即便他听懂了，也很可能会把它解释成州长的个人观点。在组织或社群内鼓动重大变革时，你要关注掌权领导的言行，他们会就你的行为对组织整体的影响发出关键信号。

高层领导会对你在社群中倡导的行动进行深入的思考。他会考虑组织中各个群体对此行动的反应并进行回应。透视当权领导就像通过窗户看风景，你得明白，真正要看的是玻璃后面的东西。其中的陷阱在于，你会认为当权领导是独立行事的，他只是在表达个人观点。事实上，他正在努力管理组织中各式各样的群体，而你观察到的是他对各种压力做出的反应。

品读当权领导的言行时，你不仅要看他在相关问题上观点的转换，而且要评估他在你制造的这场骚动中的立场。一般而言，组织系统中没有人会比负责人更能准确地把握不安的程度,因为其工作的一个基本职责便是控制失衡的状态并恢复秩序。换而言之,领导者处在社会体系的结点处,能够敏锐地感知任何干扰。他们不仅是社会稳定性的指示器,而且也会在变革开展得过于深入时重塑平衡状态。

保拉是一位智慧和雄心兼具的律师,她对政治及公众方面的服务很感兴趣。她刚开始是一名公诉员,之后担任所在州政府一个行政执行机构的高级经理,都很成功。在她休假一年攻读公共管理硕士学位期间,她继续培养自己的政治关联,尤其与州长保持联系。她完成了多个研究项目,组织选区活动,并代表州长筹措资金。

保拉完成研究生学业之后,州长任命她担任一个政府小型机构的领导。该机构麻烦重重,曾因为在某个州级福利项目中审查不当而遭到起诉,也曾被媒体公开批评,被描述成一个尽管尚未受到腐败控诉但处处运作失调的组织。

州长鼓励保拉"深入其中,把这个地方打扫干净"。在任命她的同时,州长也任命了一位局外人士做她的副手。他们一起分析,认为可以通过执行授权对该机构进行改革。

保拉一马当先,完全投入到工作当中,这是她一贯的风格。她不介意长时间工作,完全沉浸在任务当中。她也很喜欢担任机构领导这一职位，很享受这个职位的配套设施，其中包括一辆公车和一间宽敞的办公室。然而，当推行改革时，她开始感觉到阻力，同时来自上层和下级的阻力。保拉所在的机构和州警署以及其他执法相关机构一起同属于公共安全部。该部门的文化反映出大部门的价值理念：这是一个治安导向、层级分明、准军事化、不允许任何搅局行为的官僚机构。保拉被视为"平民改革代理人"，迫使人们以超过其习惯的工作节奏更努力地工作，并采取了新的工作程序和工作条件。该机构中的部分人以及同级机构中的很多人开始憎恶她，尤其在她的成功事迹被媒体报道之后。

在感受到来自部门上下的压力之后，她与代表她部门下属利益的工会领导联合起来。她对副手信赖有加，这位副手与她一起实施工作议程，并且通过创造性的设计和管理帮助她在项目与媒体方面获得前期成功。但是，对组织里的其他人她却难以信任。

慢慢地，同时也是显而易见地，她变成了各种疏漏和内部批评的目标。她与工会领导之间是朋友关系，但她却听到流言，说他们之间还涉及性关系。

尽管保拉依然能从州长办公室得到支持和保障，却不那么容易见到州长本人。她知道他很忙，因此没有把这一点放在心上，把州长办公室职员的支持当作示意她继续推行改革的信号。

她继续在不稳定、压力重重的状况下坚持了一段时间。之后,媒体报道了工会领导无故旷工的事件,并暗示说保拉即便不同意他旷工,也必然了解这一状况。没过多久,州长办公室提示保拉考虑更换工作岗位。不久以后她便换岗了,到一个职责模糊的州政府机构担任法律顾问;又没过多久,她便完全不在政府里工作了。

就像所有处于权威位置的人一样,州长必须应对州政府内外多方面的事宜。他疏远保拉,实际上是对她在系统中制造不安的一个反应。他不想反对她改革,但他同时也感到压力很大,必须缓和该部门的动荡。如果保拉能够把他的行为当作暗示她制造了诸多混乱的信号,而不仅只是看作两人之间的关系,她便可以撤回行动,让事情平息下来,重新部署之后再往前推动改革。组织政治除了影响政府行为之外,也影响商业行为。

例如,丹尼尔在某金融集团领导一个培训项目,该集团在中大西洋地区各州快速发展的金融服务业中占主导地位。公司内部有这样一种感觉:尽管自身很成功,却危机重重,可能会被更大的公司抛入泥沼之中,而那些经营较少业务、能够提供更多定制化和个人服务的精品小公司也有可能占据其市场利基。公司CEO鼓励丹尼尔开发一些具有挑战性的培训项目,促使高管人员为未来的模式转变和动荡做好准备。

他按照CEO的吩咐，设计出培训项目，而这一项目远远不是人们轻松舒服就能完成的。他要求他们检查自身的习惯，对之前有关自身领导能力的各种光鲜假设提出质疑。培训过程中，他不仅从心智上，也从体力和情感上考验他们。为了对他们提出挑战，他告诉他们，要是不改变那些依据经验自认为靠得住的习惯，便有可能在公司急剧扩张、提升到新水平的过程中被淘汰。他得到一些负面反馈，但公司CEO继续支持他。

然而，丹尼尔没有注意到的是，与之前相比，CEO较少在公共场合称赞他，也不在年度报告里提及他的培训项目。显然，面对部分第一批受训者对他提出的批评，CEO情不自禁地做出了反应。丹尼尔终于注意到，他下一年的培训预算被砍掉了不少。他向CEO提出这个问题，她回答说这只是广泛压缩开支的一部分，目标是要控制"非营业收入活动"的成本。就这样，她再一次在个人层面表示支持。丹尼尔最后发现，她的行为其实反映出自己的工作在公司内部引发了不安，他意识到自己用力过快、过猛，引发了太严重的紧张气氛，以至于CEO不得不限制他的行动以恢复稳定。

丹尼尔再也没有机会实施更大的培训项目。他的举措之所以失败，部分是因为他和保拉一样，没有敏感、系统地品读领导者的言行，而要想正确评估组织整体能否容忍他们的工作所带来的不安感，品读领导者言行是他们必须做的事情。

在处理适应性问题期间，相关群体会对当权者施加压力，希望他们能够解决看起来引发了该适应性问题的其他问题。因此，掌权者的行为能够反映出组织内部的不安程度及其恢复平衡状态的惯用手段。

例如，在我们熟知的一个快速发展20年的公司里，新任CEO杰拉尔德·派崔上任后开始迅速地聚焦预算问题，把它当作公司面临的中心问题。尽管预算问题真实存在，但从更深层次来看，这实际反映出，该公司不愿意或者没有能力解决与自身定位、目标以及业务优先顺序相关的根本性问题或冲突。公司里的人主要分为两派，各派都认为自己代表着公司的核心价值观以及实现未来发展的潜力。其中一派希望公司继续加强对主要产品线的投入。该产品在市场上占据主导地位，促使公司获得早期成功。另一派则希望将产品多样化，在前期成功的基础上把新产品介绍给现有的满意顾客群。然而，公司没有致力于解决这些深层次的根本性问题，而是在做任何事情的时候都尽量不激怒任何一方，就这样，公司成长速度开始变缓。

派崔在成本控制中把预算问题当作技术性问题来解决，这正说明了该公司继续避免涉及其内部矛盾。高管人员会将麻烦摆脱得干干净净，而低层管理者以及一线员工则会受到排挤。

派崔把预算问题当作技术性问题来解决的热情越高，越明显地说明潜在问题出在别的地方上。观察处于领导位置的人，如派崔，不仅可以了解组织系统中整体的焦虑程度，也能发现有关焦虑原因的线索。

当一个组织、社区甚至如国家一样的大型社群的领导者以不同寻常的方式行事，人们总是很容易对他的行为做出个人化的阐释。例如，你可能会觉得老板只不过是个死板的人，或者你可能会觉得是老板个人生活中发生了某些事从而导致他如此行事。但是，我们认为，你所观察到的行为，很可能（如果不是一定的话）是领导者在回应关键支持者施加的压力，具体到派崔的例子，即为高管团队施加的压力。要在某个组织中尝试执行领导力时，你得密切地观察当权领导。在社会系统将如何回应你的行动以及其他的适应性压力上，他的行为给你提供了什么线索？

像派崔、丹尼尔的上司以及州长等掌权者想把自己当作创新的支持者，像现代管理者一样"授权"给下属，却不愿意受到组织内各抵抗团体的限制，那些团体往往根植于旧秩序之中。因此，即便他们很久之前便开始迫于压力限制相关行动，他们通常会继续口头表示支持在一线解决棘手问题的人。

你得密切观察他们，阐释他们的行为，以了解系统中正在发生的事情。你可能会撤退、交战，或尝试对反对之声进行迂回反击。不管怎样，当权领导变冷的态度表明组织中对你的举措抵抗较大，这能够为你后续的领导和顽强存活下来提供必不可少的线索。

领导是一种即兴的艺术。你可能具有支配一切的远见、清晰的价值定位,甚至制订了战略计划,但是实际上,你何时何地该采取何种行动并不能事先编排好。要想达到效果,你必须对正在发生的事情做出回应。回到我们打的比喻,你必须在阳台和舞池之间来回走动,整天、整周、整月甚至整年反复如此。你采取行动,然后退后一步,评估行动的结果,重新评估计划,之后再回到舞池实施下一步行动。你必须对不断变化的现实保持诊断性心态。

正如德怀特·D. 艾森豪威尔在成功领导了诺曼底登陆之后所描述的,当军队攻打海滩时,他做的第一件事情就是把整个计划彻底抛弃。另外,他又说,如果没有一个计划,他们可能永远都到不了那片海滩。但计划只不过是今天的最佳猜测,而明天,你会发现今天的行动产生了意想不到的效果,必须做出调整以适应意料之外的事情。

要维系你的领导,最首要的是查看的能力,针对你自身及你的举措发生了哪些事情,必须在发生的时刻便观察到。这是需要训练和灵活处理的,很难做到。你沉浸在行动中,只能应对正摆在你面前的事情。即便你能保持一些距离来观察,你依然面临挑战,即如何准确品读、阐释你的所见所闻。你必须聆听人们所说的话,但不能只接受话语的字面意思。各群体希望你能接受他们的观点,人们希望你能以他们的方式理解他们的动机和他们对自身行为的解释。找出其他的解释,聆听话外音,这具有内在挑衅性,但如果你想要了解人们真正关心的利益、担忧及冲突,这么做是十分必要的。

要密切关注高级当权领导,品味他们的言行,并通过这些信号了解你在整体组织里产生的影响。通过他们的言行,你能透视支持者们如何把他们拽拉至各个方向。不要把你看到的东西个人化。通过品读当权领导的言行,你来估测自己继续前进的节奏和方式。

第 4 章
LEADERSHIP ON THE LINE

政治思维

　　重视人际关系，这是任何领域成功领导者具备的突出素质之一。当然，选举产生的领导者尤其如此，对他们而言，人际关系如空气般不可或缺。在具有政治思维的人看来，一项事业的业绩与推动其发展的战略密切相关，但依然难以掌控。关键的资源是渠道，因而他们会尤为关注人际网络的建立和维护，召集相应的人才与之共事，共同解决将至的难题。出色能干的政治家们深谙此道，他们深知，在个人生活或职业生涯中，人际关系的特点和质量比任何其他因素更为关键，更能决定事态的发展。

　　在领导力的实施中，政治思维包括六个必要的方面：一是如何与支持者合作；二是如何应对反对者；其他四个方面都是关于如何与那些谨小慎微的摇摆不定者共事，他们是需要动员、争取的人。

寻找合作伙伴

寻找合作者是说起来容易做起来难的事。你的小派系和其他阵营都会很开心地看着你单打独斗——你所在的派系很想在决定是否追随之前借机看看你的路线是否坚实可靠。他们何苦要把自己的脖子架在刀刃上呢？如果你对现状的冲击太大，其他派系则可以更容易地把单打独斗的你推到一边去。

确实，你的内心很可能要承受阻碍你寻找盟军的内在压力。合作者可能会将自己的想法强加其中，促使你做出让步；与他们联系往往耗时较多，会延缓你的进程；而与一个团队合作则可能削弱你自身的领导力——如果博得认可至关重要，或者你想向自己及其他人证明你的能力，这就是不利之处。

我们的朋友杰克正在做一个尝试，他想以一系列管理上的想法为基础创办一家研究和培训公司。他有足够的资金启动该项目并支持前几年的核心业务。这个消息已经传开了，杰克不得不花大量的时间处理各种合作邀约或项目建议。每天，合作伙伴与同事的电子邮件、信件、电话纷至沓来，他们都想成为新企业的一分子。这让杰克心力交瘁。他深知自己不能单干，但他也很清楚，有的人会让他的创业远景受损，延缓进程，分散他对核心目标的专注。他想创办一家灵活、开放的企业，但并不想削弱自身的想法，因为多年来，他一直在酝酿、规划这些想法。

M. 道格拉斯·伊维斯特也曾迫于这样的内在压力，决定单打独斗。他生于1948年，父亲是佐治亚州小市镇工厂的一个领班。伊维斯特成为一名会计师，一开始是做可口可乐公司的外聘审计师，随后于1979年全职加入。他是一名出色的员工，每天早上7点准时到达办公室开始工作，周日也是如此。他在公司财务部门迅速获得晋升，因为不管如何复杂，他总能魔术师般地解决抛给他的任何财务问题。1985年，也就是在他37岁的时候，他被任命为公司的财务总监。他在职业上的光辉丝毫未减，总能提出各种颇具创意的财会手段，增加可口可乐公司的盈利和市场份额。他还开始涉足公司运营方面的事情，并为此学习相关管理知识，甚至专门请了导师，以弥补专业训练方面的不足，这让他在公司里的经验和地位稳步上升。但是他的习惯从未改变：坚持长时间的工作，事无巨细全部亲自处理（《时代周刊》将此称为"每周八日工作精神"[1]）。1997年10月，可口可乐颇具传奇色彩的前任CEO郭思达因肺癌去世，董事会只考虑了15分钟便决定委任当时的运营总监伊维斯特继任CEO之位。

伊维斯特担任CEO以后依然保持着先前的事业激情和工作投入。在他看来，任何事情都不是小事。可口可乐的董事会成员沃伦·巴菲特曾说过这样一个故事：一次，他告诉伊维斯特自己孙子最喜欢的一家比萨店提供的是百事可乐，原本只是随口提及，但再次造访时，却发现可口可乐已经取而代之。

伊维斯特将单干精神发挥到了极致。他坚持拒绝董事会的要求，不愿找人填补他曾在郭思达手下担任的职位。他将直接下属从16位减少到6位，其中还让公司里职位最高的非裔美国人降职，这个人之前曾是可口可乐总部所在地亚特兰大的一名市议会主席。他始终坚持单独决策的战略，就投资、人事及媒体关系等各方面的事宜亲自决策，以保证企业不断发展，市场份额持续增加。但是他的战略没有考虑公司"大家庭"中有时相互抵触的利益，这些被忽略的"大家庭"成员包括饮料瓶供应商、公司市场拓展对象国的官员等，甚至还包括顾客。譬如有一次，他与媒体讨论研发一种新的自动售货机，该设备可以通过程序控制调整价格，即可以在天热需求增加的时候提高价格。他的提议完全没有考虑这可能在顾客中产生如何糟糕的影响。还有一次，比利时的小学生在喝了可口可乐产品之后开始生病，伊维斯特却决定等有了进一步消息之后再飞往事发地道歉，显然，当他抵达时，已经为时晚矣。可口可乐的声誉因此严重受损，而当时，公司正在竭力劝说欧洲官员同意百事可乐及其他饮料公司极力反对的兼并活动。

在伊维斯特继任两年之后，公司的关键支持者一个个疏远他，包括他所领导的董事会。虽然他殚精竭虑地单打独斗，但可口可乐的盈利却毫无改善。而他继续坚持向董事会表示，只要不干涉他，他就能够做出正确的决策，包括所有的决策，而完成的方式一如既往，即通过长时间的工作，以一己之力处理每个问题。董事会不再同意他的做法，于1999年12月迫使他辞职，而当时他任期的第三年才刚刚开始。

在现代社会，这种无意识的状况确实是一个常见的事实。对杰克和道格拉斯·伊维斯特来说，单打独斗是不可能卓有成效的，因为在他们内心以及周围有着各种真实而可怕的力量导致他们以失败告终。

单打独斗并不是一个高招。合作伙伴可以提供保护，为你带来你所在派系之外的联盟关系。因此，合作能够让你和你的事业都变得更强大。有了合作伙伴，你就不用单单依靠观点和证据中的逻辑力度，你也在培养自己的政治力量。如果你能考虑他们观点中的有效部分，尤其是若能尝试将那些与你的观点迥异的部分纳入其中，你的想法将得到改善。这在解决棘手问题或面对价值观冲突时尤为关键。

寻找合适的合作者远非易事。为什么这么说呢？就某个事情开展合作，意味着要放弃部分自主权，这会让你和你的潜在合作者在某种程度上不情愿合作。信任的建立耗费时日，但还得坚持在冲突中一边高效地磨合，一边前行。然而，若不寻求合作，你的付出将承受更大的风险。

莎拉住在美国中西部，在报纸和杂志设计方面非常成功。后来，东北部有一家成功的大型日报社聘请她对其产品进行完全的再设计，并且要让"设计"成为影响该报社决策的重要因素,因此,这项任务不仅仅是改变报社的形象,而且是从深层次上改变其文化。招聘并决定聘请她的是报社的主编。他明白,视觉时代已经到来,如果他不只是想成功地推动报社的发展和繁荣,而且是要把它建设成为一家在全国范围内备受尊重的新闻机构的话,他必须将报纸的面目现代化。

深度再设计的想法与公司的文化相冲突,这也对记者和编辑们构成威胁。在他们看来,设计师们虽然会让报纸变得"漂亮",但转而会让它变得空洞无力。他们担心,报纸的版面会被照片、插图占去,而最糟糕的,甚至会留下平淡无奇的空白空间,而这么做只是为了照顾那些追求审美的填鸭式读者的利益。再设计将制定规章,约束页面布局、标题字号、字体选择、题注的使用等,而不同版面的头版必须比以前更早规划好。编辑人员感觉新的设计方案会妨碍该报纸随心所欲、直觉导向的传统风格,而这正是日报的核心特征。同时,作者和编辑们相对不受约束的自主权将一直大打折扣。

莎拉和主编对此并非抱有幻想。他们深知,这将是一趟艰难的旅程。主编明白,自己必须支持她,充当避雷针的角色,把指向她的批评引开。没有他的帮助,她永远不可能深层次地、真正有价值地改变报社工作人员理解自身工作的方式。

莎拉也知道,即便有他的支持,那些不相信她的人照样会攻击她展现出来的任何弱点。尽管她并不想在同一家报纸一直干下去，但她确实想给它留下影响长久的改进。如果她不精心计划，报社的人便能很轻易地瓦解她取得的任何进展。她必须想办法保证，她所做的工作不会在她离开之后化为乌有。

莎拉明白，主编的合作是必要条件，但并非充分条件。在公司里的反对热度上升到要让他丧失自身职权的水平之前，他会给予支持。她知道，在这次任务的执行中，她能从他那里得到的额外支持将部分取决于他所能容忍的反对程度。因此，她开始寻找更多的伙伴，寻找那些和她一样认为设计很重要的资深人士，这样的人数量极少，但她必须恳求得到他们的支持。她向他们介绍了自己的想法，其中有几个人成为她可靠的合作者。

此外，也可能是更重要的一点，她本可以把现有员工培训成设计师，但她抵制住这一捷径的诱惑，从外部招聘了专业设计师，尤其是版面布局团队。她在主编允许的条件下，尽可能快地招聘到尽可能多的新人，寻找到她能找到的最好、最优秀的平面设计师。最后，她召集了一支扎实的基础设计团队，设计师们不必克服报纸先前文化的束缚，全心投入到设计工作中。

莎拉在那里平安无事地坚持了几年，获得不容置疑的成功。在离开之前，她设计的理念已经深深地嵌入该组织的基本构架之中。现在，几乎报社所有的人都认为，日常出版的部分挑战在于如何把报纸设计得美观。尽管设计师与记者、编辑们不一定时刻友善相待，但他们之间的合作已经变成例行常规。即便在莎拉离开之后，她的反对者也不会抛弃她带来的改变，拨回到她来之前的状况。她不仅给报社留下了一份看起来很不一样的报纸，也改变了该组织的文化：一群年轻的设计师彻底融入组织，并坚定地保持精于设计的势头。

她的合作伙伴们，有的同在设计部门工作，有少数几个在新闻部门，他们帮助她顺利渡过部分难关，长时间内帮她保持稳定，以保证她所取得的成就不会随她离开。她如果单打独斗，可能难以取得这样的成就。

莎拉担任的职位正式职权很小，自然难以实现她想要实现的文化变革。她的合作伙伴，那些支持设计的同盟者，给了她更多的运作空间，也给了她涉足新领域的非正式职权。但是，即便是拥有强大职权和远见的人，在尝试给社群带来深层次变革的时候，也需要合作伙伴。

罗伯特·摩西有时候被称为"最伟大的公共工程建筑师"。他在20世纪30年代接受了一个颇具挑战性的任务——改变纽约市容。他期望建立一个包括大型公园、公园大道、沙滩和桥梁等在内的系统，里面所有的设施均协调发展、相互连通、精心设计，以满足纽约市日益增加的中产阶级的需求。他自身的正式职权非常大。在他的职业生涯中，他积累了庞大的权力基础，手中同时持有几个州级、市级任命。他通过雄辩的演讲技巧和说服能力推广自身的想法，促使他的政治监督者们赋予他越来越多的权力。州立法机构赋予他土地征用权，并允许他支配一大笔稳定的过桥税费资金。

摩西深知，即便坐拥如此多的权力和资源，没有关键的合作伙伴，他便不可能带来持续性的革命性变革。他有很多反对者：其他人或利益群体想把手伸向他控制的大笔资金；在公园建设方面，有多个竞争性提议；此外，部分人的住宅或商铺正处在他规划的地段，他们处处与他作对。

摩西的第一个大工程是在纽约长岛建造公共沙滩，也就是琼斯沙滩。这片沙滩用地原属于几个背景雄厚、财大气粗并持有部分大地产的家族。私有领地将会成为成千上万"平民"自由进出的公共场所，这一想法让他们深感恐惧，大多数人反对他的工程。但是反对最终并未成功。摩西通过土地征用权来征地，很多人直接失去了财产的所有权。

在曼哈顿和布朗克斯，摩西遇到了更强硬的抵抗。他想征用一些人的住宅和商业用地，受到他们狠狠的打击。他们是比纽约长岛的地产乡绅更为精明的反对者，人数也更多。受到破坏的邻近社区自发组织起来反抗他。而倡导教育、社会服务或其他类似利益诉求的群体有更加完善的组织对他的项目进行抨击。尽管这些人或群体单独看来都不如纽约长岛的大地产所有者富有、强大，但他们联合起来对摩西的愿景构成了巨大的威胁。

摩西在所处社群里的正式职权比莎拉要大得多。但是，他也深知，即便坐拥所有的法定权力和资金，他凭一己之力难以实现自身的想法，而支持他这些想法的只有他自己的团队，即他的员工、承包商以及那些分享他愿景的人。

他很努力地寻找其他的合作伙伴。他向报社说明自己的愿景，采用一切能够支配的方式与关键的政治人物建立联盟。他与其他部门中支持他愿景的中层领导建立关系，而他们会给他提供内部消息，这样他能更好地应对那些破坏其项目的行动。他知道，各种攻击即将到来，那些持有不同观点但出于好意的人也想阻止他。他没有奢望过能成为受欢迎的人，甚至部分合作伙伴在个人层面也不喜欢他，但他们却相信他正在努力做的事情。

和莎拉一样，摩西知道，不管他拥有怎样的正式权力，他需要获得位高权重者的支持才能生存下来并取得成功。对于莎拉来说，位高权重者是那位主编；对于摩西来说，位高权重者是纽约州州长和纽约市市长。没有这些合作伙伴，他们俩谁也不能完成影响持久的事业。

他们都懂得另一个至关重要的点：那些来自变革最困难派系的合作伙伴能够产生非常重要的影响。从一开始，报社里便有几个人重视设计，他们是莎拉的合作伙伴；而摩西则与市政府及州政府的其他机构形成联盟。这些合作伙伴不仅提供了关键的信息，使得他们能够监控每股反抗势力的动向，而且，与莎拉和摩西相比，他们在各自阵营里是更加高效的倡导者及更加有用的"避雷针"。

要在组织内外寻找志同道合者并发展为合作伙伴，必须花费很多的时间和精力。但是，这方面的努力是值得的。成功的CEO，如通用电气公司前CEO杰克·韦尔奇以及The Limited公司前CEO莱斯利·维克斯纳，他们都称自己是公司的人事总监，把为团队找到合适的人选当作第一重要的任务和责任。但是他们都懂得，合作伙伴关系并不是无限制、无条件或无边界的。

天造地设的好盟友会同意你的观点和做法，并愿意为之奋斗，但是并不意味着他们会放弃其他的联盟关系。毫无疑问，你的盟友维持着很多关系，同样是其他群组忠诚的一员。你应该把这一点看作好消息。毕竟，他们与组织内外的其他团队联盟，你便可以在那些团队里就你关注的问题开展相应的工作，这将对你大有帮助。创造变革要求你突破自有的队伍，突破自有的支持者，突破你那些"忠实的信徒"，寻找尽可能多的支持。为了更加高效地利用你的联盟关系，你必须对盟友们的其他联盟关系有所了解。如果你忽视他们对你的合作伙伴的影响，那么你便面临降低联盟效果甚至破坏联盟关系的风险。

汤姆·爱德华兹和比尔·莫纳汉在美国西北部一家制造企业的不同部门工作。汤姆在信息技术部工作,而比尔在销售部。汤姆想带领公司进军高速发展的IT界,并把比尔当作可靠的盟友。他不仅在自己所在的团队进行信息技术改进,并且相信比尔会在整家公司支持他的计划。

他俩也是好朋友,他们两家来往密切。一天傍晚,汤姆在晚餐之后告诉比尔,他会想办法让高管团队的人在第二天的会议上同意购买一套新的信息管理系统。从长远来看,这个新系统会给公司节省数百万美元;但从短期来看,运用该系统的事实会让公司经历艰难而痛苦的过渡期,有的员工,包括部分销售部的员工可能会失业。

说完这个计划之后,汤姆感觉到比尔兴致不高,于是问他是不是有什么难处。"我真希望你没有告诉我,"比尔说,"在这件事情上,我得护着我们部门的人,而关于明天开会之前我该怎么做,你刚刚说了一些很重要的信息。"

最后,汤姆并没有失去这个盟友,因为比尔开诚布公地向他说明自己效忠于相互冲突的两方。他们之间的关系很好,谁也没有任何保留,在遇到困难的时候,能够通过长久的对话把事情说清楚。在更多情况下,处在比尔这样位置的盟友听完后便回家了,之后会整晚辗转反侧不知道该怎么办。他应该背弃哪一方呢？最后，他很可能会忍不住做出相对容易的选择，保持对销售团队的忠诚，而为了他们的利益，则必须背弃汤姆。处在汤姆角色的人可能始终会认为自己已经打好了基础，到会上才发现，原来他的盟友也有所准备，不过却是采取措施破坏他的计划。

这种事情时有发生。你有没有过这样的经历：去开会时才发现还有一个并没有让你参加的"预备会"？预备会是让参加者尽可能减少在正式会议上的内部冲突，形成统一战线，而目的则是孤立你。

单刀赴会本身便是一个错误。如果你能做一点类似的功课，便可以增加搭救自己及自身想法的概率。因此下次开会之前，你也得预先打打电话，探探水深水浅，改善你的计划，并让支持者一起做好准备。在这个过程中，你得明白要请求潜在伙伴做什么，并且了解他们现有的其他联盟关系，这样你便知道，如果他们和你合作的话，你能要求他们做到什么程度。

贴近反对派

皮特是当地一家非营利组织的执行主管，他在康涅狄格州南部的一个上层中产阶级郊区为无家可归者及残疾人建立了避难所，取得了非同凡响的成功。他精心地策划每个项目，从土地征用到工程实施，并在运作过程中保持政治敏感性。因此，他获得了当地当选或任命的政府官员的广泛支持。

现在，他的行动稍微转向。他想为当地的精神病患者组织创办护理所，这样他们就不用去偏远的医院机构接受护理或露宿街头。这些潜在的居民属于稳定人群，但他们没有钱租住或购买高收入社区的房子。皮特所在的组织已经拿到了他看中的那块地皮，是麦当劳餐馆旁边公路干线旁的一块地，那条公路往后直通住宅区。但是，一家平安经营了15年之久的感化院占了该地块的一部分。

皮特想向美国住房和城市发展部申请资金，在这个地块上建造8栋永久性住宅楼。他与该城镇当选的行政主管进行沟通，获得了支持。对他来说，只剩下一个需要跳过去的行政障碍，那就是征得当地城镇规划委员会的同意。

皮特做了大部分基础性准备工作。他寻求并得到公路附近当地高档服装店的强烈支持，并且与市政厅相关部门合作。城镇规划委员会的主席告诉她的朋友们，说她支持这个项目。同时，建筑比赛推出了一套颇具创意的设计方案，展示如何在这个地块上建造实惠、优质的经济适用房。根据法律要求，皮特给邻里居民寄了一封信，告知他们这件事情。

城镇规划委员会每月都有例会。皮特准备参加他们2月的例会，那时该项目会被提上日程。但是，委员会不得不重新把讨论安排到3月，因为听证公告出来晚了，社区没有按照要求提前两周通知。

只有两个附近的居民参加了2月的会议,而他们显然对这个计划不满。皮特不愿意组织邻里会议,因为他知道那只可能是一场不愉快的经历。他说他讨厌这样的"愤怒邻居"会议。但是二三月之间,他极不情愿地与参加过2月会议的那两个人见面商谈。他记得他们离开时"很不满,感觉我们破坏了他们的财产,并且给他们的孩子带来危险",而3月他们还会来参加会议。

到3月会议时,反对者从2人发展到40人,他们异常愤怒。当轮到他们发言时,他们强烈地吵闹,反对这个项目。皮特回忆说:"他们说他们的孩子去麦当劳时会再无安全可言,说我们使他们的财产贬值了,毁掉了他们的投资,说我们这是不负责的行为。还有一个人提到了他一位精神分裂的叔叔曾当众脱下衣服,让整个家庭蒙羞。"

城镇规划委员会以5∶2否决了这个项目。而此时的皮特,开始亡羊补牢地去与邻里们商谈。委员会的决议让参会的居民们底气倍增,他们用与会议上一样尖酸的言辞抨击这个项目,也给皮特带来同样深的痛苦。与此同时,项目本身的逻辑性、外部专家意见以及当地的政治、公众支持在这些会谈中没起到什么作用。最后,在经历几次不愉快事件之后,皮特收回了项目提议,他所在的组织转而寻找其他的地块。

回过头看这一事件,皮特发现自己犯了一个很大的错误:他在早期忽略了邻里居民的作用。皮特犯这种错误实属人之常情。他认为已经获得足够的权力和支持来渡过难关,而要与那些不支持他愿景的人会谈将困难重重、争议重重并且耗费时日,他对此充满恐惧。

用他自己的话来说,所获取的所有支持让他沉迷于"一种坚不可摧的错觉"。他说:"我所听到的声音告诉我,这些就是在正确的地点做正确的事情。"他不仅忽略了2月会议上的警示信号,而且也未能听取自己团队几个保留意见者的观点。

要想在实施领导的过程中存活并获得成功,你必须贴近反对者,就像你贴近支持者一样。我们大多数人会在同不理解我们愿景和热情的人相处时感到难堪,在受到他们责难虐待时尤其如此。因此,我们通常会选择走"捷径",忽略反对者,致力于建立支持者联盟阵营。我们不能像皮特一样,只是简单地看到自身的焦虑,一味奋力前行。你应该认识到,这种焦虑对你来说是一个弱点,而对你的反对阵营来说,却是一个威胁的信号。从这些你可以了解到自己将要面临的抵抗,而如果你不处理与反对者相关的事宜,情况只会更加糟糕。

> 迈克尔·柏查科原本在国会山担任一个倡导者职位,后来被任命为美国联邦贸易委员会主席,成为政策制定者和监管者,而当时他便没有意识到我们讨论的这一点。
>
> 柏查科在美国联邦贸易委员会任职之初,被消费

者积极分子视为英雄，这是因为他在担任美国参议院商务委员会首席顾问时政绩十分出色。在国会山工作期间，他持续推动创新，很快便提出一些新的政策和项目，并目睹它们被制定成法律。这些颇受欢迎的消费者倡议让委员会主席沃伦·马格努森参议员获得了广泛的政治支持、公众影响力以及声望，他对柏查科的表现充满信心。

到任美国联邦贸易委员会之后，柏查科继续把自己放在倡导者角色上，这正是他的消费者支持群体预期并希望他扮演的角色。于是他四处搜寻可以倡导的新问题，并且很快找到一个，被称为"KidVid"，即对儿童电视节目中插播的广告进行控制。

当时较新的研究表明，周六上午卡通秀节目中插播的大量广告对敏感者影响很大，提议就此颁布新的规章。柏查科看中了一个问题，便对其进行攻击，用的还是他在国会山工作时采用的方式。

在国会任职时，柏查科所要做的不过是"数选票"，而且无论他把什么问题放上议程，通常都能得到足够的支持票。当时温和民主党和自由民主党控制了国会，他们对受欢迎的、以消费者为导向的法律表示热烈支持。柏查科只要拿到足够的选票通过立法，便能继续前行，这让他忽视了站在对立面的群体。他的时间都用来提出新想法，无暇顾及如何获得更多支持。

这一策略在立法部门效果很好，因此被他全盘搬到新的工作中。他避免与工商业界接触,知道他们肯定会反对他的想法,因为广告中播的正是他们的产品。他甚至绕开了电视业,但电视业不仅与他的政策直接相关,而且还会对该项政策进行报道和评论。他当时肯定这样辩解:"除了找一大堆麻烦,他们还能做什么呢?"

没错,他们的反应中很可能充满了敌意,忽略也好,关注也罢,这一点都不会改变。但是,柏查科忽略他们,亲手加速了KidVid项目的失败,因为他与至关重要、息息相关的反对者失去了联系。他所提议的政策将让制造商们丧失了与初级客户——儿童接触的主要渠道,而广告业则将遭受广告收入损失。当然,还有网络电视和有线电视公司的利益也将受损,它们依靠广告收入获得利润。在KidVid项目中,柏查科与所有这些群体站在同一个舞台上,不管他是否直面他们。

他单刀直入,提议完全禁止在儿童电视节目中插播广告。消费者们很喜欢这个主意,为他高声喝彩,就这样,在柏查科自身的配合下,这些核心支持者们把他推向了本不该涉足的、更危险的地方。

正如他所料,媒体和工商业界反应尤为激烈。德高望重者站出来说话,认为立法涉足太深,远超出了解决问题本身所需的程度。在很多观察者看来,法律明令禁止广告既无视言论自由权利,也忽视了对未来儿童项目获得资金支持的后果性影响。柏查科依然表现得像是马格努森的想法助推者一样,而非监管部门的负责人。甚至曾经对他钦佩有加的国会成员都希望他在新工作中能够表现得更为不偏不倚。于是，国会没有认真审查，便大张旗鼓地摒弃了柏查科的提议。美国联邦贸易委员会在立法者、律师及工商业界人士面前信誉受损，他们原本可能还会赞同其他的提议，但现在只顾得上反对这件事情，因为柏查科的计划做得太过火。不到一年，这个儿童电视项目便以失败告终。柏查科发现自己不再像以前那样颇受认可，现有职位上的事业也逐渐下滑。

那些对你正在努力达成的事情提出异议的人，往往是将在你的成功中受损最多的人；相反，你的支持者则是受损最小的人。反对者如果要改变立场，必须背弃他们自身的根基及支持者，代价高昂；而对于你的支持者来说，他们可能不用付出任何代价。正因为如此，反对者更值得你去关注，既是一种同情和怜悯，也是一种策略和生存战术。

贴近反对派也能让你更好地完成诊断性工作。如果说了解人们的关注点所在十分关键，那么最应该了解的关键人群就是那些因你的议程可能受挫最深的人。

尽管支持者与反对者至关重要，但有一点也是正确的：那些能够决定你成功与否的人，往往是中间派人士，他们对你的举措提出异议，仅仅是因为这将干扰他们的生活或者给他们的未来带来不确定性。除了想要维持熟悉感之外，他们对现状没有什么实质性的利益瓜葛，你可千万不要低估熟悉感对他们的诱惑力。因此，当你顾全支持者和反对者，努力推动事业进展时，不要忘记不受约束、小心谨慎的中间派，他们正是你应该动员的人群。你得确保他们对变革的一般性抵抗不会转化成让你靠边站的力量。接下来我们将介绍针对中间派应该采取的四个步骤。

为自己制造的混乱负责

如果你也属于你正试图领导的组织或社群，那么你本身便是问题的一分子。如果你作为这个群体的成员已经有些时日的话，情况尤其如此，就像在一个家庭中一样。采取措施解决手头的问题并不能让你推卸责任，置身事外。如果你在这个群体中担任过一段时间的高级职位，那么毋庸置疑，你肯定部分导致了问题的产生，同时也得为问题迄今未能解决担负部分责任。即便你是新人，或者干脆是组织外成员，你也必须识别出自身持有的那些阻碍该项变革的行为及价值观。简而言之，即便你正在努力带领人们前往一个不一样的、更好的地方，你也必须识别出并承担起你对问题现状应负的责任。

我们在授课、培训和咨询过程中经常让人们写下或口述一小段他们在工作、个人或公民生活中面临的某一领导力挑战。多年来，我们读过或听过成千上万个这样的挑战性故事。很多时候，在故事的第一轮迭代中，讲故事的人便开始推卸责任，不知所终。他们会含蓄地表示："我别无选择。如果其他人能表现得好一些，我便可以有所进展。"

当你迫不及待地把责任推给社群内外的其他人时，你便给自己创造了风险。显然，你对情况做出了错误的诊断。一旦你否定自己是问题中的一分子或你自身也需要改变，你便让自己成为众矢之的。毕竟，如果你指责他人，逼迫他们做他们不想做的事情，那么对他们来说最容易的选择就是甩掉你，动态局势便变成了你与他们之间的较量。如果你能跟他们站在一起，共同面对问题，并各自承担一些责任的话，便不那么容易受到攻击。

20世纪90年代早期，The Limited 公司的CEO莱斯利·维克斯纳便面临这样的挑战。据他回忆，当时他的公司正"原地转圈"，徘徊不前。他说："我们都很努力地工作，却毫无效果。"在那之前，他带领公司获得快速的发展，从4名雇员发展到175 000名雇员，但是，他的战略再也无法带动公司获得进一步的发展。[2] 1992年第四季度，公司境况惨淡，而之后两年都发展欠佳。

之后，维克斯纳请哈佛商学院的莱恩·施莱辛格教授担任顾问，深度观察公司的问题，并评估怎样做才能扭转局面。这位顾问给他反馈了三条信息。第一是要加强品牌建设，维克斯纳对这一条深表理解和赞同。第二是要求他裁掉公司大量员工，可能多达1/3的人。但是，自1963年起家以来，他便把公司当家一样经营，从来没有裁人的习惯，因此他认为这一条很难接受。

而第三条下手更重。施莱辛格告诉维克斯纳，他本身便是现有问题的一分子，有他或者没他，公司都能实现过渡。如果有他的话，他必须承担责任，必须对自己的理念和行为做出实质性的改变；而如果没有他的话，剩下的员工、股东以及公司董事会便能成功地抵制住所需的转型。

维克斯纳发现这一条很难入耳。1963年，他一手创办了这家公司，资金是从姑妈那里借来的5000美元，只够在俄亥俄州哥伦布市的郊区商场里开一家女装店。他那时的目标是希望每年能挣到15 000美元，这样没过几年剩下来的钱便可以让他换一辆新车。结果第一年的营业额便达到165 000美元。此后近30年里，公司收入每年都能有很大的增长，他的小店快速发展为零售巨头。他习惯于接受成功的掌声，无法接受这样的要求，这是要求他抛弃自我形象中几乎最核心的价值理念与行为习惯。此外，他当时已经58岁了，十分怀疑自己是否还具备承认错误并改变行事方式的能力。

维克斯纳用了一个比喻来描述自己的感受。"我已经被培训成一名棒球运动员，但是有一天，有人拍拍我的肩膀说：'来打橄榄球吧。'我回答说：'不行，我是棒球手。'然后他又说：'来打打试试。'我说：'我不知道怎么打橄榄球，我没有1.93米的个头，也没有136千克的块头。'但是，如果不再有人看重棒球，棒球运动员就得失业。所以，我照了照镜子，对自己说：

'倒霉鬼，没有人想看棒球了，改打橄榄球吧。'"

他相信施莱辛格的建议，因此，开始痛苦地收拾他的烂摊子。他全身心地投入到对自己个人及公司的大改造中。他请了一名高管教练帮助他学习新的办事方式，并坚持到底。公司里的员工、股东以及债权人都注意到了，他们看到了他正在努力实现的改变，开始相信他是和他们站在一起的，共同直面难题，承担责任和风险，面对不确定的未来。他以这样的方式表达了要传达的信息，从而避免了在漫长转变期频频成为攻击目标。他个人的投入有助于他影响到广大未能投入其中的人。

维克斯纳个人做出了改变，获得快速提升，他的 The Limited 公司也一样。1996～2001年，公司砍掉了 1000 家分店，裁掉了 124 000 名员工，但营业额却增长了 50%，运营边际利润率增长了 4%。

认可他们的损失

记住，当你要求人们做出适应性改变时，你的要求委实很高。你可能在要求他们在两种价值理念中做出选择，而二者对于他们理解自身的方式都至关重要。任何有孩子的离异者都能理解这有多难。当在我们自己的幸福与对孩子最好的做法中必须做出选择时，大多数人会不寒而栗。我们可能会让自己相信，结束一段不和谐的、不满意的婚姻，正是为了孩子们的幸福，但是，通常孩子们不会同意这一点，许多专家也不会。

你可能会要求人们拉近他们信奉的价值理念与实际行为之间的距离。民权运动期间，马丁·路德·金便以这样的方式向美国人民发起了挑战。他和同盟者们在游行和示威中的悲惨遭遇戏剧般地突出了美国自由、平等、包容的传统价值观与非裔美国人的现实生活之间的鸿沟。我们很多人自鸣得意、自诩高尚，自认为生活在美好中度过，而他迫使我们大多数人开始直面自身价值观与行为之间的巨大分歧。一旦看到了这样的分歧，我们就不得不采取行动。与放弃现状相比，忽视我们自身的伪善是更加痛苦的事情。因此，整个国家都做出了改变。

当然，这需要时间。价值理念与行为之间的差异是存在于我们生活与社群之中的内部矛盾，面对这些差异必须经历一段受损期。适应性工作经常会要求我们部分背弃自身的根源所在。告诉某人停止以偏见待人，这无异于告诉他，他心爱的祖父传授给他的东西是错误的；告诉一名基督教传教士，从爱的名义来看，她可能正在危害当地社群，这无异于质疑传教本身；或者告诉她，在全球相互依存的时代，我们再也不能让宗教社群为了神圣的真理和灵魂而相互对抗，这无异于质疑她的家人师长在拳拳慈爱中对她做出的有关圣经手稿的阐释。

要求人们甩掉相随多年甚至祖祖辈辈相随的东西，实际上是要求他们甩掉你。有时候，领导者被赶出局，仅仅是因为他们不懂得认可要求他人做出的牺牲。在他们看来，改变并不像牺牲，因此也就难以理解他人做出的牺牲。然而，对于那些沉浸其中的人来说，现状看起来并没有那么糟糕，与不可知的未来相比，可能看起来还相当不错。执行领导力是要帮助组织和社群弄明白，他们愿意对哪些人、事、物放手。在社群信奉的所有价值理念中，哪一个可以成为推动事情进展的牺牲品？

如果人们能够看清楚牺牲的原因，他们便愿意做出牺牲。诚然，那些带着父母的祝愿走上战场的男孩，愿意保护比自身生命更重要的价值理念。因此，十分关键的一点是，要以任何可能的方式去解释牺牲的原因，解释为什么人们必须承受损失并调整自身的效忠对象。人们必须认可其中的利害关系值得做出牺牲，才会接受损失。

除了澄清利害攸关的价值理念以及值得经历痛苦的远大目标外，你还必须明确地认可损失本身。单纯指向一个充满希望的前程是不够的；人们得知道，你清楚在创造更好前程的路上要求他们放弃过什么。明确告诉他们，你要求他们做出的改变十分艰难，你要求他们放弃的东西具有真正的价值。分享他们的悲伤，并纪念他们做出的牺牲。你可能通过一系列简单的声明便能完成这一工作，但这通常需要以更加可见、公开的方式让人们确信你真正明白他们所做的牺牲。

2001年9月11日的恐怖袭击对美国整体造成巨大的破坏和损失，对纽约市尤甚。纽约市市民不仅沉浸在悲伤中，也被迫面对一个崭新的现实，即他们自身的脆弱不堪。鲁道夫·朱利安尼市长似乎立刻理解到当时人们为适应新状况所做的挣扎。他发表激情澎湃的讲话，明确、反复地吐露人们的痛苦之情。尽管每个人的自然反应都是蜷缩着躲避伤害，但是他再三地要求人们恢复"9·11"之前的各项正常活动，去上班，去公园走走，或去餐馆和剧院放松。当大家开始注意到他的建议时，他也让他们知道，他明白自己在要求他们做什么。他要求他们放下突然骤增的、维持个人安全感的需求，这代表着更具意义的价值理念：不要向恐怖分子屈服，重建纽约市。朱利安尼做的还不止这些。为了更好地理解自己对他们的要求，他以模拟的方式亲自置身险境，反复进入爆心投影点，感受"9·11"事件中双子塔坍塌时勉强逃离伤害的场景。有时候，模拟你要求他人做出的行为比以言辞认可他们的损失更具感染力。

做出行为示范

艾弗拉姆是以色列一家非常成功的化工企业的CEO。一天，生产线上发生了爆炸，两名员工不幸遇难。他迅速采取行动，照顾好死者的家人，并调查灾难发生的原因。他很快找到了问题的源头，并采取措施确保不会再发生这样的事故。

他所做的看起来并不够。许多很优秀的员工害怕回到工作岗位；即便是那些回来工作的，很多人效率低下，因为他们的内心充满了恐惧，只是试探性地行事。他们对工厂的安全失去了信心，无论艾弗拉姆说什么,都不足以说服他们回到同事死去的地方工作,更达不到之前的生产效率。他们所受的创伤显而易见,生产力下滑,而公司看起来前景堪忧。

艾弗拉姆无奈做出一个决定:他辞掉 CEO 的职位到一线去工作,并且就在爆炸发生的地点工作。慢慢地,工人们开始回来,生产效率缓慢回升。公司最终成功摆脱困境。10 年后,它成为以色列最大的企业,盈利能力比发生事故之前强得多。

这位 CEO 意识到,他要求员工们做的事情,在他自己看来是安全的,但在他们看来却是危险的。由于他和他们看待事情的角度不同,开始的时候他很难理解自己的要求有多高。作为一位训练有素的科学家,一位在公司持股的股东,他对工厂的安全深信不疑。但是,没有什么逻辑或证据能够缓解员工们的恐惧。即便他了解他们的担心是无根据的,他也必须让他们知道,他理解自己要求他们承担的风险有多大。他必须承认自己要求他们接受的损失,在这个例子中,损失指的是个人安全感的丧失。由于他们的恐惧很深,口头认可是不够的,他必须做出行为示范。

1972 年,年轻的吉恩·帕特森刚从《华盛顿邮报》执行编辑的位置上退下来,不确定自己在新闻界是否有前途。这时,垂头丧气的他接到《圣彼得堡时报》[3]老板尼尔森·波因特的电话,请他担任编辑,并且表示他有可能继承波因特的位置成为整家公司的负责人,该公司还在其他几家媒体持股。帕特森与波因特相识多年,他们见面时会就报业行规展开探讨,尊重彼此所做的工作。帕特森有兴趣运营一家报社,并且长久以来便是《圣彼得堡时报》的读者和粉丝。波因特希望找到一个人,能把他本来便颇受敬重的报纸带向另一个发展层面。他希望这份报纸不仅仅在本地区享有盛誉,而且要成为新闻界的指路明灯,并且要如他所述,成为城市建设的重要力量,为促使佛罗里达州圣彼得堡市成为"世界上最佳居住地"做出贡献。两位总编都希望报纸能够增强在文笔方面的良好声誉,形成无所畏惧、强硬有力、独立于城市名流的文风,更多地代表弱势群体而非权力阶级的声音。

　　波因特和帕特森明白,要实现这些目标,必须在报社内进行深刻的价值理念变革,改变记者及其他时报员工看待自身及自身角色的方式,也要改变读者看待这份报纸的方式。然而,没有人或事是神圣不可侵犯的。有关当地社区的坏消息不会轻易得到缓和;广告商会像其他权势机构一样严苛地审查报纸内容;调查是报纸发行必不可少的部分,而那些显赫的机构或个人一旦遭受批判便不会善罢甘休。而新闻和编辑工作人员只要看到推动进步的机会,便不会吝啬手中的新闻权力,这也意味着记者和报社的其他工作人员将面临巨大的压力和争议。

　　1976年7月4日,此时帕特森到该报社已经4

年了,他到好朋友《圣彼得堡时报》的国际编辑威尔伯·朗觉家里参加派对。帕特森在回家的路上遇到红灯急停车,剐蹭到旁边的一辆车。一位警察闻讯赶到现场,指控他酒驾。帕特森给《圣彼得堡时报》经验丰富的、刚刚被晋升为执行主编的新闻记者鲍勃·海曼打电话,坚持让他报道自己被捕的事情。

后来,海曼回忆当时的对话,他试着劝帕特森不要惹火上身,[4] 但是帕特森态度很坚决。"我们得找个故事说说,"帕特森说,"派一名记者到警察局去问事情的细节。我希望你能把这件事放在头版。"海曼和他争辩道:"大多数没有伤亡的酒驾事故压根都不报道。即便驾车的是市长,我们也不会大幅报道,很可能只放到当地版面里。"帕特森随便海曼怎么说,但他不打算就此改变主意。

帕特森深知,如果他期望报社的下属们能够最大限度地仿效并适应新闻职业标准和精神,他和波因特必须就这些标准做出示范,哪怕这么做会让他受到伤害。他们俩都知道会有人反对变革后的标准,也认识到帕特森作为新任主编和一个局外人,会比逐渐脱离日常运作的波因特更容易受到员工负面应对行为的攻击及当地领导者的抵抗。酒驾事情让帕特森有机会示范他期待别人做的行为。他知道,这是他践行、检验自身承诺的特殊机会。不管这件事情有多尴尬、多令人不安,帕特森得保证报纸会用对待其他身份显赫者的方式对待他。否则，他和波因特若要带领这个组织和社群融入不同的新闻精神，便毫无希望，因为这种新闻精神会让这个习惯了"报喜不报忧"的城市经历不安与争议。就这样，帕特森被捕的消息被放到头版。

这个"英雄事迹"很快成为《圣彼得堡时报》及整个圣彼得堡广为传颂的故事，甚至到今天还是如此。大家都说，帕特森坚持报道这个事件，使得报社的工作人员以及整个城市相对轻松地朝着更为诚实、更为重要的关系发展，尽管这种关系也更具争议。

这些案例中的示范不仅仅是象征性的，因为主人公们承担风险做他们要求别人做的事情。即便只是象征性的示范，也能产生巨大的影响。当克莱斯勒公司陷入困境时，李·艾柯卡把自己的薪水减少到 1 美元。没有人担心他会没饭可吃，但是，他愿意承担个人经济损失的事实激励了员工。他们做出类似的举动，为企业的重整计划做出自己的贡献。

接受伤亡

让组织整体受益的适应性变革可能会清晰、明显地伤及那些受益于落后世界的人。维克斯纳在 The Limited 公司实施的变革过程让部分人鼻青脸肿，他们曾经有保障的"铁饭碗"现在变得难以保障。很少有人愿意伤害老朋友或老同事，也不会愿意让他们的生活变得艰难。

如果人们不能适应变革的话,现实就是,他们将成为被落下的人,成为"伤亡人员"。事实上,当组织经历巨大的变革时,这样的情况在所难免。有人不能或不愿意接受这一事实。你必须在保住他们与保住进展之间做出选择。那些面对"伤亡"便极其痛苦的人几乎难以忍受这样的伤痛,因而这部分的领导过程代表着特殊的两难处境,但这样的经历在领导过程中常常发生。

接受伤亡代表着你的投入程度。如果你表现出不愿意接受伤亡现实,就相当于把大好机会送给了那些不愿意投入、想把你的想法撇到一边的人。没有现实的压力,他们为何要做出牺牲、为何要改变自己的行事方式?你接受残酷现实损失的举动,清晰地展现了你决心要实现适应性变革的勇气与承诺。

几年前,马蒂给一家为国防工业提供技术性服务的公司做咨询。长期以来,这家公司的运营都很成功。然而1989年,柏林墙的倒塌开启了一个新的纪元,冷战结束了。新任CEO意识到,要竞争到订单将越来越难,他们不能一味地依赖公司的声誉,不能再等着工作来找他们。他开始考虑调整公司业务,表现更加积极主动,并且计划增加产品线。对于许多长期在此工作、备受尊敬的员工来说,这是难以接受的。

按照CEO的指示,高管人员各自有两天的静思期,规划他们未来的发展方向。大多数人觉悟过来,为了生存下去,决定接受残酷的现实,放弃一些他们熟知甚至挚爱的东西。在静思期结束的时候,CEO召开了一次会议,掀起高潮。他想让高管们在新计划上背书,问每个参会者是否同意这个项目。他们依次说"同意",但有的人很不情愿。公司的三号人物静坐在这排座椅的末尾。与会人员中,他在公司工作的时间最长。会议室静悄悄的,每个人都在等待他的反应。他什么也没说。慢慢地,他站了起来,离开了会议室。他整理了自己的物品,清空了办公室,并把辞职信扔在 CEO 的桌子上。他成为"阵亡者",而 CEO 接受他辞职的行为,向其余的人表明了他变革的决心和投入。

实施领导的人会由于不愿意接受伤亡而遭受挫败,因为这样是给了人们混淆不清的信号。毫无疑问,我们希望能带上所有人,坚守这一理想也是令人钦佩的举动。然而不幸的是,伤亡通常是适应性工作必需的副产品。

孤军奋战的领导传奇与英雄主义自杀之路无异。尽管有时候你可能会在想到好的创意或担负最终决策重担时感到孤立无援,但真正让你陷入麻烦的是独自作战的心理束缚。当面临适应性压力必须做出反应时,任何机灵、敏捷的人都不能独自面对组织或社群的复杂政治状况。

与人们保持联系,这是实施领导并存活下来的核心。如果你天生并不善政治，那么，你必须寻找具备这种能力的同伴，以深刻认识到人际关系的重要性，从而完成挑战性工作。让他们帮助你发展联盟关系。然后，除了发展支持阵营外，请他们帮助你与那些认为自身将从你的举措中受损最多的反对者保持联系。你得与反对者保持近距离，这样才能明白他们的所想所感，才能向他们表明，你了解他们的难处。更进一步，你博取信任的工作必须超越你的支持者和反对者阵营，指向那些不反对、不投入的中间人群。你要找到合适的方式来收拾自己造成的混乱局面，认可人们可能为此承担的风险和损失。有时候，你可以通过亲身经历风险或损失来表明你的认可，但是你的投入和承诺将在你能否对部分人放手的意愿中得到考验。还有时候，即使没有投身旋涡之心，你便已失去整个组织。

| 第 5 章 |

LEADERSHIP ON THE LINE

调和冲突

毫无疑问，无论你在哪个群组处理棘手的问题，都会有明显或潜在的冲突存在。这正是棘手问题的棘手之处。大多数人有充分的理由对他们所在家庭、社群或组织中的冲突产生自然厌恶之感。有时你可能需要忍耐，但你默认的心态和我们一样，可能会尽可能多地限制冲突的发生。确实，很多组织极其讨厌冲突，基本上视之为危险之源。当然，冲突确实可以导致危险，甚至造成伤亡。但是，从根本上来讲，深层次的冲突是根深蒂固的理念差异所致的，而观念上的差异正是人类进步的引擎。

没有人能够只盯着镜子里的自己便学到东西。我们会遇见各种挑战自身经历和假设的差异性因素，这正是我们学习的方式，有时甚至会因此而实现转型。从生物学到人类文化，任何适应性工作都要求我们与环境中那些置身局外的人事接触。然而，人们都对自身的价值理念和观点充满了激情，这也就意味着他们通常会把局外人视为对这些价值理念的威胁。在这样的情况下，接触的性质可以很快地从礼貌的交流变为激烈的争吵甚至破坏性冲突。

因此，适应性变革中的领导力挑战，在于如何以合适的方式处理这些差异、激情以及冲突，尽可能减少潜在冲突，并建设性地利用他们的力量。

当你处在掌权地位时，调和冲突可能会比较容易，因为人们期望当权者管理这一过程。本章将要介绍的四种方式，是供那些并非身处高位却想实施变革的人选择：第一，为所要开展的工作创造扶持性环境；第二，控制事态的温度；第三，设定工作节奏；第四，让他们看到未来。

为所要开展的工作创造扶持性环境

实施领导的过程中，你在提出艰难的问题或巨大的价值观差异时，需要有一个扶持性环境来牵制、调节由此产生的激烈气氛。扶持性环境指的是由关系网络组成的空间，网络内部的人们能够处理棘手，有时甚至是分裂性的问题，并且不会分道扬镳。创造扶持性环境能够使你把创造性能量导向冲突解决，并牵制容易转化为怒火的激情。[1]

扶持性环境在不同的情境下看起来十分不同，给人的感觉也很不一样。有的情境中，你聘请外部推动者或组织场外工作组来解决非常动荡、敏感的冲突，便可能产生了扶持性环境；有的情境中，扶持性环境可能是在艰难时期促使人们团结一致的共同语言和社群历史；有的情境中，扶持性环境可能以组织中的深度信任或职权结构为特点，如军队或天主教堂；有的情境中，扶持性环境的特点可能是一套清晰的规则和流程，能够让少数群体相信，有人能听到他们的声音，无须破坏整体进程来获得关注。扶持性环境中有足够的凝聚力来抵消适应性工作中产生的离心力。这样的环境具有结构性、程序性和实质性的边界，使得人们倍感安全，能够着手解决各种难题，这不仅是因为他们能够尽情发挥自身的聪明才智，而且是因为可以尽力维持彼此间的关系。

然而，无论信任纽带有多强劲，无论协作历史有多长，没有哪个扶持性环境能够在不受损的情况下承受无限的压力。所有的社会关系都有限度，因此，如何把压力控制在积极的水平，是任何社群或组织领导过程中都要面临的巨大挑战之一。对冲突或自身的安全感进行管理，要求你必须监控所在群体对争议热度（taking heat）的容忍度。

那么，如何设计扶持性环境便成为一个主要的战略挑战。这个环境必须坚实可靠，否则你便会让变革的成功或自身的职权置于危险境地。

> 1994年，荷兰毕马威（KPMG）公司的董事长鲁德·科迪克开发了一系列的结构，推动公司就其商业经营方式进行重大变革。尽管这家从事审计、咨询及税务业务的合作制企业是行业的领头羊，盈利丰厚，但在细分市场上却增长有限。随着市场的饱和，审计业务的边际利润被压缩，而咨询市场中的竞争也变得

更为激烈。科迪克知道公司必须打入盈利性和增长性更强的领域,却不知道到底什么是机会,也不知道 KPMG 如何抓住这些机会。他和董事会聘请了唐纳德·劳里领导的咨询公司,帮助他们分析趋势和运营中的间断点,了解企业的核心竞争力,评估竞争定位,并寻找潜在的机会。

尽管科迪克和董事会都相信他们已经掌握了制定战略的工具,但是他们却十分不确定自己和组织能否对战略进行贯彻实施。KPMG 之前也尝试过变革,却发现进展艰难,这很可能是因为合伙人结构从两方面限制了变革的开展:一是合伙人对待彼此的方式,二是合作制为非合伙人企业成员提供的动态环境。一份企业文化调查显示,主管们一般不会给下属发挥创造力的空间,也不会让他们执行日常活动以外的任务。那么,他们能否具备新战略所要求的推动变革的理念、价值观和行为?

与其说 KPMG 是合伙人制,不如说它是多块小封地的集合,而每个合伙人正是各自封地上的诸侯。公司以可收费的客户工作时间以及单个部门的盈利能力界定成功,成功与创新、员工发展等因素无关。正如一位合伙人所述:"只要守住利润底线,你就是好样的!"因此,合伙人不会涉足其他合伙人的领地,也很少互相学习。各种冲突都戴上伪装的面具:如果合伙人想抵制公司的变革,他们不会直接毙掉变革,而是以不作为的方式默默进行。为了描述这种行为,他们甚至编出一个专用词组——"口头答应,手头不动"。对较为年轻的员工来说,这样的气氛有时会很压抑。他们向负责的合伙人汇报,但是却发现,成功之路在于保证不出任何错误。因此,他们很少表现出好奇之心,只是做了大量的查错工作。

科迪克意识到,如果 KPMG 要改变方向开展新业务的话,必须在全公司贯彻实施适应性变革。他首先召集合伙人开了一次大规模会议,为变革提供统一的情境,包括 KPMG 的历史、当前的现实业务状况以及他们在未来将要面临的业务问题等。然后,他问合伙人们将如何从公司整体着手变革,询问他们对这些问题的看法。这样,他便以诚恳的对话而非公告指令的形式启动了战略变革,在合伙人阵营里建立起信任。基于这份信任以及自身的个人信誉,科迪克促使合伙人同意从日常工作中抽调出 100 名合伙人和专业人才来应对公司面临的战略挑战。他们把近四个月内 60%的时间放在这个项目上。

科迪克和他的同事们成立了由 12 位高级合伙人组成的战略集成团队,与近百名专业人士从不同层次和方面展开工作。允许合伙人级别以下的员工参与关键的战略项目,这在公司里是闻所未闻的事情。公司里的领导层以往从未向大多数员工询问过意见,事实上他们的意见也从未被看重过。因此,从一开始,变革便开启了一种新的工作方式。参与变革项目的人被分为14个任务组,分别从事三个方面的工作:评测未来发展趋势和间断点,定义核心竞争力,把握企业所面临的价值转换及适应性挑战。营销与沟通总监亨尼·博斯受命担任项目经理。

随着学习过程的启动,战略集成团队和参与者开始明显地显示出企业文化中种种好的或坏的因素。没过多久,任务组的每位成员便认识到,这种文化对个体的高度尊重是以高效的团队工作为代价的。例如,每个人把自己根深蒂固的理念以及工作方式带到了每次讨论中:与倾听竞争性观点相比,他们明显更倾向于支持自己最喜欢的问题解决方案。他们难以和来自其他部门的成员开展良好的合作。有几个工作组开始机能失调,不能继续开展战略工作。

为了控制这种机能失调的状况,亨尼·博斯组织了一次探讨会,要求每个任务组讨论分析他们的团队工作效果。亨尼要求他们描述各自期望的文化并对比目前团队的情况,帮助他们发现其中的不同之处。他们所期待的企业文化具备三大特征:自我实现的机会、充满人文关怀的环境以及同事之间相互信任的关系。而对于目前的文化,他们主要的描述包括:我们提出反对观点,我们都是完美主义者,我们尽力避免冲突。二者之间的差异清晰地定义了一个适应性挑战,认识到这个挑战,便往前走了一步。

亨尼要求每位成员确认他们能为战略工作及各自适应性挑战增加哪些价值。他们需要改变哪些态度、行为及习惯，他们需要采取哪些具体措施，与谁一起完成这些措施？之后，他们自动组成三人一组，互相提建议和意见。这要求他们信任彼此，并通过聆听达到更深的相互理解。

在参与者解决适应性问题的过程中管理扶持性环境，这是科迪克、董事会以及亨尼一直不变的当务之急。他们安排了一个单独的楼层，这样，这个百人项目组便有了自己的后勤支持人员，并且不受传统规章制度的影响。那年夏天，一些客户很惊讶地发现，有的经理人竟然穿着百慕大短裤和T恤在KPMG的办公室里穿行。他们制定了一个规范，任何组的任何人都能走进其他组的任何讨论会，并做出自己的贡献。同时，大家也一致同意，想法比等级重要得多，初级员工可以挑战高级员工的想法。很快，那些最具有好奇心、提出最有趣的问题的人，成为团队里最受尊重的人。这便为不同的运营文化创造了条件。

亨尼·博斯和鲁德·科迪克促使任务组在扶持性环境中保持充沛的精力。他们给各组布置内容宽泛的任务，只做有限的说明，而之前员工们只习惯于完成固定的、定义明确的任务。员工们自以为已经习惯了在团队中工作，但事实上却只具备与本部门同事共同完成常规工作的经验，而那些同事的办事方式与他们一样。当他们意识到这一点时，项目的热度开始上升。

为了保护变革项目的扶持性环境，科迪克与博斯创造出与企业分离的任务组文化。之前在部门内备受压抑的员工在任务组中可以犯错误，可以在冲突中共事。例如，有一次，项目组的紧张气氛大幅升温，董事会便把所有人召集到一起，举行了一次像奥普拉·温弗瑞主持的脱口秀式的会议，让大家倾诉各自的问题。董事会成员坐在礼堂中间，参会者则围坐在外圈提出种种问题。

每当要对部分工作进行集体总结的时候，他们便会密集组织为期两三天的户外活动，其中往往包括增强同事间联系的社交活动，这是产生凝聚力的主要来源。从长途自行车旅行到当地娱乐中心十分有趣的激光枪比赛，"游戏时光"被安排得丰富多彩。一次，大家在KPMG的办公室里开展即兴讨论，探讨的话题是：当人们被鼓励朝着共同的目标努力时，将产生怎样的力量？讨论后，大家一起到外面散步。在外面，他们竟然共同想办法搬动了一块看起来无法搬动的混凝土砖。

大家的态度和行为发生了变化。例如，好奇心被认为是比顺从更具价值的品质。员工不再一味地听从办公室里高级主管的命令；在观点"激战"中，诚恳的对话中和了等级权力。人们不再强调自己最喜欢的解决方案，而是开始理解他人的观点。来自不同部门的人开始相信彼此，可以一起工作，寻找解决问题的方案。

如果没有设计精准的导航船，上述这些改变都不可能发生。强有力的引导促使项目的领导者让每个人都保持恰当的"热度"，在迈进更具创造力的组织的进程中，相互影响。最终，荷兰 KPMG 公司开始从审计业务转向保险业务，从运作资讯转向战略咨询，帮助客户塑造愿景与目标，从教授客户传统技能转向帮助他们建立适应性组织。这些任务组寻找到了价值高达 5000 万～6000 万美元的新业务机会。[2]

控制事态的温度

改变现状的行动使隐藏的冲突浮上水面，挑战组织文化，从而会产生紧张气氛，造成争议热度。寻求秩序和平静，这是人类内心深处自然的冲动，组织和社群只能容忍有限的忧虑情绪，之后便会采取反抗举措。

如果你要在组织中激发深度变革，就必须控制好"温度"。事实上，这里涉及两个相关的任务。一方面，要激起足够的热度让人们抖擞精神，关注、处理他们所面对的威胁及挑战。如果没有任何危难，他们就不会有动力改变任何事情。另一方面，要在必要的时候降低温度，减少适得其反的紧张气氛。任何社群都只能承受有限的压力，否则就会固化或失去控制。因此，热度必须保持在可容忍的范围之内，既不能高到让人要求完全停止行动，又不能低到使人陷入麻痹不作为的状态。我们可以把这个范围称为"危险的积极作用范围"（见图 5-1）。

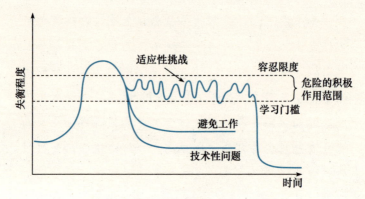

图 5-1　技术性问题还是适应性挑战

资料来源：Ronald A. Heifetz and Donald C. Laurie, "Mobilizing Adaptive Work: Beyond Visionary Leadership," in Jay A. Conger, Gretchen M. Spreitzer, and Edward E. Lawler III, eds., *The Leader's Change Handbook: An Essential Guide to Setting Direction and Taking Action* (New York: John Wiley & Sons, 1998).

当然，你不能指望群组能够比你自身承受更高的危险。你在提高自己的承压能力时，也就提高了组织和社群的容忍水平。但是，如果你丧失平衡，压低火苗，人们会以此为信号，认为产生的热度已经无法控制，面临的危险也看起来难以容忍。在政治运动中，人们通常指望参加竞选的候选人来设定容忍压力的标准。如果候选人怒气冲冲，竞选团队中的其他人也便不可能聚焦选举运动。当你处在任何领域的领导位置时，无论是作为项目经理、团队教练或队长，还是高风险企业的首席投资人，情况是一样的。在控制自己自然的情绪反应方面，你会有很大的压力，原本表达这些反应是完全正常、恰当的，但当你尝试扮演领导角色时则不然。

尽管人们期望上司能够控制温度，但没有正式职权的人也可以做部分工作。如果你的领导缺乏职权支持或超越了你本身的职权,你必须评估你比他人先行了多远,然后调整推动变革的力度和速度。如我们在第3章的建议,一种评估的方式是仔细观察当权领导如何对你的行为做出反应。如果领导突然出人意料地开始息事宁人,如解雇"滋事分子"、采取行动平息反常的观点等,很可能表明你的变革力度过大,导致了过高的社会失衡水平。

你可以通过两种方式建设性地提高温度和气氛紧张度。第一,促使人们关注难题,并把他们的关注点锁定在难题上;第二,让人们感受到处理这些难题责任重大。当有相反的观点产生时,冲突会从相关群组中浮现出来。

与此不同,降低热度的方式很多,这是因为与故意挑起事情相比,各类组织在息事宁人方面轻车熟路。降低热度的方式也可以间接地用来提高组织的容忍上限。要降低热度,你可以从技术性问题开始,推迟适应性工作,直到人们完成"热身"。在部分相对容易问题上的小进展便足以减少焦虑,使得之后较难的问题能得以解决。谈判员们经常用到的战术是,利用实现可以共享的成功来增强双方的关系,即改善扶持性环境。你可以将问题解决过程结构化,把问题分成不同的部分,成立角色分工明确的工作小组,设定时间参数,制定决策规则,并建立人员之间的汇报关系。你可以用威胁性较小的方式陈述问题或与人们分析他们的恐惧感,可以暂时自己承担更多的责任,也可以运用幽默,或找理由休息一下,甚至可以组织派对,暂时缓解气氛。之后,人们也许就可以回到棘手的问题上来。你可以把相互冲突的各方及问题分开,调整、管理人们彼此挑战的概率。最后,你可以提及各种内在的价值观，以此提醒他们所做出的努力和牺牲（见表5-1）。

表5-1 如何控制热度

提高热度
1. 让人们关注棘手的问题
2. 让人们承担更多的责任，超过他们感觉舒服的程度
3. 让冲突浮出水面
4. 保护令人讨厌的人和古怪的人

降低热度
1. 说出人们的愤怒、恐惧和迷茫
2. 采取行动，将问题解决过程结构化，把问题拆分成多个部分，设定时间框架、决策原则和明确的角色分配
3. 放缓这个过程，确定解决问题的进度和顺序，以及将谁推上台面
4. 让别人看到你，承担起责任，给别人以信心
5. 引导人们，重新将人们与他们共同的价值观联系起来，并将他们置于一个随时间变化的进程中
6. 设立可轻易实现的目标，通过优先考虑问题的技术方面获得短期收益

要留心的是，所在组织几乎总是会条件反射式地想要你降低热度。因此，你必须持续管理组群内的温度，要保持较高的温度来激发人们，但又不能温度过高使之麻痹。当有人向你描述你所带来的痛苦时，可能表明你碰到了他们的痛处，做的是正确的事情。

当热度达到最高程度，系统看起来处在熔化的边缘时，你必须平息事态。历史上有很多突出的例子与此相关，领导者认为社群里的混乱状况、紧张气氛或焦虑情绪升温太高，以至于难以建设性地调动人们对所面临的难题采取行动。因此，他们首先要把焦虑降低到可容忍的水平,然后又要确保能保留足够的紧张气氛,刺激人们参与到变革中。

1933年,富兰克林·罗斯福受命于严重的大萧条期间。经过三年多的经济崩溃,数百万人失业,银行近乎丧失偿债能力,整个国家处于高度焦虑状态,在许多地区,甚至呈现彻头彻尾的绝望。美国面临着规模庞大的适应性挑战,曾经爆满的信心和引以为傲的实力在这样的挑战面前相形见绌。

在这场全国性的危机中,危难已经达到了前所未有的程度。面对由此产生的冲突和方向迷失,各种各样扭曲的计划应运而生,诸如库格林神父的提议等。人们期望能够平息国家的事态,帮助公司重新站稳脚跟。作为国家卓越的领导者,罗斯福代表了这个国家想要恢复秩序却又不想歪曲其核心价值观和体制的期望。所有人都期望他能指明方向、提供保护。他的当务之急是降低失衡程度,减少痛苦,这样国家便不会在煽动者面前显得脆弱不堪,从而可以推动经济复苏的进程。

为了做到这一点,罗斯福必须在讲话中提及各种现实存在的情绪,通过言行让整个国家冷静下来。在言辞方面,他谈及人们的焦虑感("我们唯一应该惧怕的只有惧怕本身")、愤怒感(把银行称为"当铺")以及方向迷失感(与人们进行亲切的、让人安心的炉边谈话)。他的行动传达了同样的信息：带来希望，平息恐惧。罗斯福果敢权威地推出了著名的"一百天"行动，期间通过国会促成了多个特殊的提案，这一行动给美国人民带来了方向，让他们重新获得信心，相信政府依然有能力恢复秩序。罗斯福明白，自己根本不是什么救世主，人们最终要实现的是自我拯救。但是他通过言行把温度降低到足以让人们积极关注眼前工作的程度。

罗斯福也知道，要完成国家所面临的适应性工作，必须具备即兴创作的能力及创造力，反复试验，并寻找冲突，因此他四处培养或寻访这些要素。他找到很多富有创造性的人才为政府效力，并从中协调公共政策的优先顺序及项目方面的冲突。例如，他会给两个不同的人布置同样的任务（让他们抓狂的是，所给的任务缺乏清晰的角色界定），以此激发新颖的竞争性观点，这样他便可以有更多的备选项。这种即兴创作已经够难了，而他还必须让号手、鼓手、笛手共同把音乐演奏出来。

罗斯福既能十分敏锐地识别出过高的紧张气氛，又能通过很强的情绪力量容纳大量的焦虑感。他不得不抵制住寻找速效对策的强烈冲动。拖延、推迟，它们也和果敢的行动一样，是他计划节目单的一部分。正如阿瑟·施莱辛格指出的："必须允许情况发展、成形并得以澄清；竞争性势力必须在真实的冲突较量中辩白自身；公众舆论必须面对、考虑质疑，并就此发表意见。只有这样，在经历漫长、疲惫的努力后，总统的直觉判断才能最终巩固并沉淀出一个结果。"[3] 我们在一个与此不同且有失伦理的例子中看到同样的原则。

  智利的奥古斯托·皮诺切特将军受命于1973年的一场政变，那场政变发生的背景是阿连德政府统治末期的政治经济混乱。和罗斯福一样，他发现国家的混乱水平（蔓延肆虐的失业、工人罢工及通货膨胀）高到了难以忍受的程度。毫无疑问，他执政伊始的工作很明确，就是要恢复国家秩序，而当时智利处在超级大国的夹缝中，矛盾重重。他决定使用自己的职权，也就是军队力量和政治迫害来恢复秩序。高昂的代价是很多人因此丧失了生命或自由。

  皮诺切特明白，太多的秩序会让意义深远的变革难以进行。因此，他在残酷地迫害反对者的同时，利用由此产生的稳定状况在经济层面向传统的权力精英们提出了挑战。他继续在私有部门提高热度，取消了保护性税费和政府补贴，迫使企业要么适应国际环境，要么消亡。有的企业真的消亡了，但其他的企业选择适应，许多新企业和新产业在新环境中发展繁荣。

  皮诺切特应该以争议性人物载入史册。17年中，他强制带领社会经历适应性转型，各种压迫政策让他最初的光辉形象荡然无存，但政治民主得以恢复。他恢复国家秩序的方式是野蛮且罪恶的,但不容置疑的是,他理解,为了完成所需的经济变革,他必须控制所在国家的"温度"。智利成为比以往生产力更高的现代经济体,又回到经济增长的状态。

2000年的美国总统选举的情况不像这么极端。经过5个星期紧张而激烈的党派竞争,在选举日公布颇具争议的结果之后,胜选者乔治·W.布什和落选者阿尔·戈尔决定通过他们的竞选胜利演说和落选演说平息风波,而不是更进一步煽动已经熊熊燃烧的公众情绪。布什本可以利用这个机会推动他的议程,而戈尔原本可以利用这一时刻来倾诉他的苦楚。但他们都明白,面对这样的失衡状况,整个国家已经到达容忍的边界点,这根本不是推动争议、提出激进观点或问题的时机。

这些都是层次较高的例子,但可以确定的是,下述原则在任何层面都是不变的:你必须利用可支配的资源调节同事们的痛苦,这样他们便能创造性地处理引发痛苦的潜在挑战。根据我们的经验,大多数个人或组织会认为提高温度比降低温度更难。我们在工作中经常会遇到不愿意让所在社群经受不安的人,他们表示,不这么做是出于一些近乎道德反感的东西。这是非常自然的。我们在打算做某事时,经常要寻求道德合理性,但大多数人想要维持现状,避免棘手的问题。为了维持失衡状态,他们根本不把棘手问题提出来讨论,"以免让任何人感到不安"。

有人会假设，与引起的不安相比，所需的变革是不值得的，为了实施领导，你可能不得不挑战这样的假设。你得跟人们说他们不想听到的东西。这可能会将温度提升到某一点，在这一温度点上，要推动进展，问题的解决变得势在必行，或者至少看起来是恢复平静、回到持续回避状态的一种方式。

在1957年上映的精彩电影《十二怒汉》中，无论从字面上看还是从隐喻性内涵上看，温度的提升与降低都起到了关键的作用。这部132分钟的电影场景多发生在一个约4.88米×7.32米的陪审室里，造成很大的压力感。

电影开始几分钟里，我们看到12位男性白人陪审员鱼贯进入这个狭窄、几近幽闭的空间。他们已经耐着性子听审完一个长时间的一级谋杀审讯。一名18岁的少年被控在争吵后刺死了他的父亲。根据州法律，有罪判决将对被告处以电刑。那是纽约市夏末的一个下午，陪审员一开始都在谈论几乎令人窒息的湿热天气。他们撬开窗户，让陪审室里的人透口气。电风扇是坏的。

马丁·鲍尔萨姆扮演的陪审团主席要求进行初步投票表决。除了亨利·方达扮演的思想保守的建筑师之外，每个人都投了"有罪"票。没有任何的对话，11张有罪票对1张无罪票。人们显然已经很累了，有的人热得直冒汗。他们想要赶紧结束，但是必须一致通过才行。方达不一致的行为破坏了陪审室的平衡。有关天气、体育及股市的闲谈都停止了。方达说他不确定这个男孩是不是无辜的,但是他也不确定他是不是有罪。其他人开始喃喃抱怨。有一位陪审员买了晚上棒球比赛的票,而其他人着急赶回去做各自的事情。

方达坚持要挨个儿听房间里所有陪审员各自的观点和意见,看看大家的关注点在哪里。他对他们提出质疑,而他们则狠狠地反击他。有人对他进行人身攻击:"你是不是觉得自己是个十分聪明的家伙,是不是?"当方达温和、耐心地聆听他们的意见时,李·科布扮演的角色咆哮相对。方达受到了威胁,当科布拽着他证明凶手肯定把刀刺向了被害者时,他甚至看起来人身安全不保。当他们把矛头指向方达时,他奋力抵抗,防止不稳定状态继续升级。他知道他们已经快要拱手认输了,要宣布陪审团意见存在分歧。随着商议进入晚上,这是一个颇为诱人的商讨结果。

刚开始的时候,随着紧张气氛的上升,看起来大多数人都要冷酷无情地打击方达和他提出的质疑,他提出一个高风险的提议,以暂时缓解事态。他要求进行一次无记名投票。如果他仍然是唯一投无罪票的人,那么他就会退让投有罪票。但是,其他人必须一致同意才行,如果有另外一张无罪票,整个陪审团就要继续讨论下去。当然,另外那张无罪票出现了,紧张的氛围降下来,因为每个人都认识到,他们暂时哪也去不了了。不能很快定罪,也不能很快宣告陪审团存在分歧。

在接下来的一个小时里,方达大多数时候都在认真地控制管理陪审室的不安程度。为了提升"温度",他戏剧性地拿出一把和凶手武器看起来很像的刀子,佯装攻击科布,诱使后者暴怒,威胁要"杀了"方达,这正好证明了方达的观点:人们常常会使用这样的语言,但事实上却并不打算这么做。经过这番行为,大家很快决定休息一下,暂停商议。每次方达只要感觉到陪审团太累或太紧张,便会后退一点点,留出一些"降温"时间。但他在另一方面同样敏感,适时提高陪审室的"温度",让人们较为容易地回到他要探讨的问题上来,想要让他平静下来,而不是忽略他。

方达的技巧在于控制冲突的热度。他恰当地增加或降低失衡程度:要保持足够高的失衡程度来促使人们聚焦事实,而不是一味聚焦各自偏好的观点,但又不能让失衡程度过高,以免让他们分崩离析,拱手认输,以宣告僵局告终。

通常,就像电影中方达的遭遇一样,人们会对意见不同者进行狠狠的反击,努力恢复平静状态。方达受到批判和攻击,陪审团其他成员把对话指向他,避免处理他提出的问题。对他进行的攻击是一种分散注意力的方式。对于其中几位陪审员来说,方达坚持不懈的刺激促使他们发现自身存在一些偏见,影响他们得出有罪假设。最终,科布认识到一个可怕的事实:他的有罪表决票不只是出于证据,而更多是出于他因与儿子不和而产生的愤怒、挫败以及深深的悲伤。如果不能坚持不懈地认真调节陪审室的"温度",方达便不能战胜陪审团想要定罪或放手回家的强烈愿望。

当然,当你起先制造而后又收回"热度"时,你很有可能会陷入水深火热中,工作不会有丝毫进展。但是,如果你不把自己送上火线,不走出制造建设性摩擦这一步,那么你便剥夺了自己以及他人获得进展的可能性。

设定工作节奏

领导既包括情绪性工作,也包括概念性工作。当你领导人们经历艰难的变革时,便相当于带着他们坐上了"情绪过山车",因为你要求他们放弃他们自恃珍贵的理念、价值观或行为。人们一次能够承受的变化只能这么多。你操之过急,就会引起他人的反抗,并让自己处在风险中。

20世纪90年代早期,美国政府的两位高级领导者只相隔数月便都犯了这一错误。

> 1993年和1994年,比尔·克林顿总统建议进行广泛的医疗改革,要对医疗服务的财务管理和提供方式进行激进的变革。医疗产业占到美国经济的1/7,与每位美国公民的生活息息相关。要推动如此规模庞大的改革,克林顿必须经历长达数年的教育、解释及说服过程,并且要在该过程中进行各种小规模试验。人们一直希望能够得到更好、更实惠的医疗服务,但是那些购买

了医疗保险的人并没有在根本上对所接受的服务表示不满,他们不确定新的体系能否改善自己的生活。

作为新计划的执行者,许多医疗服务机构和大多数保险公司极力反对克林顿提出的各项改革,而公众也并不觉得这是一个可靠的计划。克林顿却相信,进行这样的改革,是1992年当选时接受的使命。但是,他把医疗改革当作一个技术性问题而非适应性挑战,他表现得就好像已经确定能够说服国会议员和公众相信他的计划是最好的政策,是应当采取的正确行动一样。然而,他们没有被说服,他的计划还没到投票便破产了。他的受欢迎度也随之迅速降低,制约了其他项目的成功。媒体在报道各种事件时质疑他能否"在其位谋其政",而政治对手则利用了他的弱点。他未能把握好医疗体系变革的节奏,这在很大程度上为共和党在1994年国会选举中的胜出做出了"贡献"。

那次共和党胜出的选举,其主要策划者及主要受益人是国会议员纽特·金里奇,他于1995年1月当选为美国国会众议院议长。但是他很快追随克林顿犯了同样的基本性错误,他确定要在全国范围内实施改革,却未能把握好适应性工作的节奏。金里奇设计了1994年的美国共和党国会运动,这一运动是围绕一系列的大改革展开,包括任职期限变革、税收和福利改革、加强国防、大大缩小联邦政府规模等。这些改革被打包组合在一起,被称为《美利坚契约》。几乎所有的美国众议院共和党候选人都在这份契约上背书。这个策略奏效了。金里奇获得了艾森豪威尔总统以来任何共和党人都未曾获得过的东西,即大多数共和党人的支持。选举上的巨大成功让他备受鼓舞,1995年国会伊始,他便开始迅速公布《美利坚契约》上所有的议程。他获得了选票,并且认为,实施整套具体的变革,是选举胜出授予他的使命。

然而,尽管得到选票和使命,金里奇却陷入极度的困境中。公众以及当选的众议院代表都没准备好如此迅速地开展如此多的改革。投票支持背书《美利坚契约》,与支持迅速实施所有这些深远的改革,完全是两码事。

金里奇未能理解的是,不管公众对仅仅作为一种想法的契约表现出多大的热情,事实上,他们都需要更多的时间来思考这么多深刻而重要的变革。金里奇似乎没有考虑过怎样的节奏才最适合这项任务。人们一次能接受多少重要的变革?把变革分成多个部分,把议程安排在较长的时间段里,这让人们能够在过程中每个步骤里,评估新事物的价值,并对比相应熟悉事物方面的损失。如果长时间挨个儿进行探讨,这些单个的变革会看起来更加可行,人们也能更为容易地从广义角度理解这份深受选民欢迎的契约。毕竟,最吸引人的地方正是契约整体上的想法,即构建更为精简、更具响应性的政府,而并非其中单个组成部分。

金里奇坚持立即实施整个议程，不仅没有让人们受到鼓舞，反而引起了他们的恐慌。1995年年末，美国政府部分停摆，金里奇被指应该对此负责，他个人的弱点更加凸显出来。截至1996年，《美利坚契约》几乎没有什么内容通过立法，契约背后的动量在促使国会及公众生吞整个议程的错误努力中消失殆尽。另外，克林顿却劫后重生，成功完成重组，在做出一些引人注目的中途修正后于1996年轻而易举地再次当选。金里奇却没有这么幸运，缺乏耐心让他付出了惨重的代价。1998年再选后，他落选众议院议长，离开了国会。

掌握工作节奏并不是一个新颖、复杂的想法。心理健康专家很长时间以来便指出，个体不能一次适应太多生活变革。如果你在短时间内遭遇家庭损失、工作变动、举家搬迁等一系列变故，你可能会失去自有的内心稳定性，或者表现出严重的压力。组织和社群也是如此。变革涉及损失，而人们一次能够承受的损失只有这么多。

然而，把握工作节奏通常很难，这是因为你积极投入，并且你的热情支持者也会积极投入，推着你往前大步迈进。对克林顿和金里奇来说，他们难以阻挡最热情的追随者带来的强大推动力，难以放慢进程。顺应最富激情的支持者的意愿，这会让人感觉走在存活及成功的道路上，而忠诚追随者的战略性耐心十分有限。

从伦理的角度来看，把握节奏是复杂的工作，因为即便不是完全的欺骗，也会涉及隐瞒信息。克林顿的医疗项目一旦设计出来，明智的工作排序要求他更加开放地对待各种备选方案。他应该以教育的名义进入说服流程。把握节奏通常要求当权领导者每次只透露一点点与他们的想法和项目相关的信息，这样人们能够慢慢吸收，有足够的时间检验、接受这些想法和项目。耐心隐瞒信息的工作必须认真做好，同时要开放地检验并修改自身的想法，以免被理解为欺骗或误导。

如果你有一些职权，你可以把职位上的部分基本职能当作把握节奏时可利用的资源。你要决定应该在何时混用哪些资源。例如，在设定议程时，延迟最具威胁性和挑衅性的问题，可以在早期把这些问题排除在议程之外，或不让这些问题的倡导者参与其中。这将有助于变革节奏的调整。同样，在制定决策原则时，要战略性地思考如何决策，拉长这一过程，这样群组便不会感觉内容过多或步伐过急。

这些把握节奏的技巧可能会被理解为简单地延迟最棘手的问题，理解为一种工作避免机制。但是，如果你在促使人们为前方的工作做好准备的话，这并不是避免工作。相反，你是在控制节奏，让变革成为一个深思熟虑的战略性过程。

如何控制工作节奏取决于问题的难度、社群的容忍度和你自身的职权关系及扶持性环境的强弱。评估局势，计算风险，然后决定如何控制工作节奏，要知道这是一个即兴任务。你不仅要在中途开放地修改航向，而且要在观察人们的反应之后，重新评估你的想法，并持续采取修正行动。

让他们看到未来

要在艰难变革的过程中保持动力，你必须找方式提醒人们，变革的价值定向，即正面愿景值得目前暂时的焦虑。对于罗斯福来说，正面愿景意味着制定美国新政，拯救自由市场体系，并在希特勒时代保护民主制度。尽管在他华丽的词句里，他的愿景显得十分抽象，却打动了人们。

当你促进变革时，你要让变革愿景清晰可见，提醒人们他们正为之奋斗的价值观，向他们展示未来看起来是怎样的，这样能够确保你不会变成冲突的避雷针。你要千方百计地回答"为什么"的问题，促使人们更愿意承担重任，而在通往美好未来的旅程中，困难总是应运而生。

这便是马丁·路德·金在他 1963 年《我有一个梦想》的演讲中想要实现的目标。在这场著名演讲描述的未来里，"黑人男孩和女孩将能与白人男孩和女孩情同骨肉，携手并进"。[4] 有时候，可以把未来描述得比金在演讲中所描述的更为具体。

> 1983 年，西班牙政府任命里卡多·桑切斯担任西班牙安达卢西亚地区工业促进局 IPIA 的总干事。[5] 政府交给他的工作任务是逆转当地经济停滞的状况。当地产业运用陈旧的生产办法和落后的营销方式进行运营，而民众们则认为，当地的经济停滞是不可避免、长久不变的情况。那里不仅没有创新，而且好像人们对创新根本不感兴趣，也没有任何创新精神。

桑切斯把目光聚焦于马克尔地区的大理石产业。马克尔地处东安达卢西亚的沙漠山地区，尽管那里有世界上储量最大的白色大理石，但其生产和利润却远低于其竞争者。马克尔的大理石产业专门从事初级大理石生产，与利润丰厚的成品加工相比，这是大理石产业中利润很低的细分板块。该地区有150多家大理石企业，平均每家有7名员工。这些企业几乎不做市场营销，没有任何品牌标志，它们在与较大公司的竞争中，或面对供应商、客户的市场势力时，显得脆弱不堪。这些小企业的所有者兼管理者把自身的独立运营放在至上的位置，甚至高于企业利润与成长。桑切斯到马克尔来推动该地区的发展，但是实际上他手头没有任何可支配的资源。他发现自己既没有可分配的资金，也没有调动人员的职权，面对的是一个艰巨的适应性挑战。

桑切斯意识到，要让当地人认识到必须放弃自己喜欢的生活方式，就必须用强有力的方式让他们看到更好的未来。他了解到，企业主协会的成员难以想象出任何不同于现状的组织模式，因为他们的祖祖辈辈已深嵌其中。因此，他带领他们进行了一次汽车旅行，到意大利卡拉拉大理石产区参观。他们大多数人从来没有走出过西班牙。他们参观了当地的采石、制造厂家，惊讶于那些自动化设备，并与当地同行们交谈。这些意大利同行们已经习惯了最先进的技术，利用规模经济增加利润。西班牙企业主们开始倾慕市场营销与品牌运作带来的益处。之后,他们带着截然不同的态度回来,变得更为愿意容纳可能的变化:他们的生活可以变得不同且更好,可能有另外一些东西值得他们放弃喜欢的东西。他们亲眼看到了一个可能属于他们的未来。

然而,你并不是总能让人们看到未来,因为未来可能根本就不存在,甚至连你自己都无法想象。但是,如果可以做到的话,展示未来是一种极为有效的方式,能够激发适应性工作,并避免自身成为抵抗力量的攻击目标。如果人们能够瞥见未来,他们便不会一直盯着他们可能要放弃的东西。如果有人先于他们实现了这种愿景,更会增加他们的信心,让他们相信不仅未来是可能的,而且你便是那个能帮助他们实现未来的人。你应该代表希望,而不是恐惧。有些人会顽固地对现状紧握不放,对他们而言,你正是带来不必要骚乱的源头,在面对这些人不可避免的反压力时,对未来的信心尤为关键。

要成功地领导他人,我们建议你构建关系结构来解决棘手的问题,制定一定的规范,让激烈的反对变为应允和支持,但是,一定要亲自控制过程中的温度,不要一次性激怒他们太多。记住,你的工作是协调冲突,而不是成为冲突本身。你得让他人只做他们能够做到的事情。

| 第 6 章 |

LEADERSHIP ON THE LINE

把工作放回原位

接过他人的问题并提供解决方案,你总是通过证明自己具备这种能力来获得事业上的信誉和职权。这种模式上学时期便已形成,孩子们总是在找到答案时得到正面强化,这种模式在你的生活中继续,使你变成一个责任感越来越强的成年人。这些都是优点,直到有一天,你发现自己面临适应性压力,却无法给出解决方案。在这样的时刻,你所有的习惯、骄傲和成就感都被抛入失常状态,因为这样的情况要求的不是自己知道如何工作,而是要动员他人来工作。如果代替人们去解决他们的适应性问题,你最多能够把问题当作技术性问题进行重新配置,得到短期的缓解。但是问题本身并不会消失,而是会再次浮出水面。

亲自肩挑适应性工作是颇具风险的行为。如我们在上一章所见,当你接手某个问题时,在很多人眼里,你便变成了那个问题,紧接着,人们摆脱问题的方式便是摆脱你。无论结果如何,你都要为过程中产生的失衡状态、人们必须承受的损失以及落后者的强烈反对负责。

把工作从你的肩头卸下来

马蒂在马萨诸塞州州长威廉·威尔德的办公室负责处理人事工作时,常常要试着解决两名高级政府雇员之间的冲突,以免见报或上晚间新闻。通常,他会把事件主角叫到他的办公室,探讨、解决他们的分歧。马蒂从这段经历中学到一些有用的生存之道。

第一,涉事人员通常会给冲突加上非常错误的条条框框,把问题归结为个性或风格上的差异。马蒂与他们面谈,听他们讲各自版本的故事原委。大多数时候,他能看到更多的情况:他们描述的分歧不仅仅是表面或技术层面的,相反,代表着个人或组织潜在的价值选择。通常,"个性冲突"原来只是为了掩饰责任分配冲突。涉事主角回避解决影响他们工作关系的更深层、更难的问题,这一点毫不奇怪。第二,他们都指望马蒂来解决问题。有时候,他们唯一能达成一致的事情就是把问题交给他,他们说:"这样吧,我们会做州长办公室想让我们做的任何事情。你只要告诉我们应该怎么做就行了。"多么诱人的提议!他可以缩短这次紧张、令人不安的会面,把冲突放到一边,从而避免发生让大家尴尬的事情。他也可以选择另一个备选方案,试着解决更深层次、更难的问题,这会花费超过他们任何一个人愿意花费的时间和精力。有时候,他选择走捷径。

马蒂发现,走捷径通常会有两种结果,但均不能实现他和州长的目标:第一,潜在问题会不可避免地再次出现,有时会以更加难以控制的形式出现,因为问题从来都没有真正得到解决。相反,它在恶化,当涉事主角代表着组织中的重要派系时尤其如此。第二,马蒂承担了解决问题的责任,也就把问题变成了自己的或州长的或者他们二人的问题。无论何时组织中的某个高级官员决定要解决某个热点问题,他的立场便决定了故事的结果。简单凭借当权领导者来界定胜者和败者,便没有任何可学的东西。同时,由于当权者在解决问题时必须选择站在某一边,那么,如果在该问题上"取胜"的那一方日后在组织中失去支持,他便可能陷入危险的境地。马蒂就是在这样的事情上自找麻烦、信誉尽失,他着手处理完问题,而之后他选择的支持者或支持方在组织中失宠。

回到1994年美国职业篮球联赛(NBA)的东区决赛。[1] 纽约尼克斯队与芝加哥公牛队面临7场决胜负的系列比赛。公牛队当时要努力地证明自身不是一支只有一个人的球队,证明没有迈克尔·乔丹,他们同样能赢——乔丹在上一个赛季退役了(他的第一次退役)。纽约尼克斯队赢得了在麦迪逊广场花园举行的前两场比赛。这一场,他们来到了芝加哥。当时场上比分102战平,比赛只剩下1.8秒。公牛队再也输不起了,否则,便使得这一系列比赛形成0∶3的格局。现在球到了他们一方,于是他们叫了暂停,计划最后一击。队员们挤在菲尔·杰克逊教练周围。杰克逊是当时最优秀的职业教练之一,无论是在芝加哥还是其他地区都是如此。讨论很热烈,甚至可以说激烈。杰克逊的策略是叫乔丹退役后公牛队的头号球星斯科蒂·皮蓬夺球传给托尼·库科奇,让后者做最后一击。库科奇是队里唯一可以挑战皮蓬"后乔丹时代新任头号球星"称号的人。没有被选中做最后关键一击,皮蓬很生气,有人听到他在大家散开时嘟囔了一句"胡扯"。杰克逊对皮蓬说了几句话,然后便低头看地上。随后,他便看到皮蓬远远地坐到了替补席的另一端。杰克逊问他到底上不上场。"我不上了。"皮蓬回答。拒绝教练上场比赛的指令,这是体育比赛中严重且少见的反抗行为。只有4位队员在场上,杰克逊不得不很快又叫一次暂停,以免被罚球。他启用了一名候补队员,优秀的传球手皮特·迈尔斯。迈尔斯完美地把球传给库科奇,库科奇转体,命中了奇迹般的一球,赢得了比赛。公牛队复活了,但是想起皮蓬的行为,胜利的狂喜很快就消散了。

公牛队队员们回到更衣室。杰克逊走了进来,空气变得凝重。他会做什么？惩罚皮蓬？假装什么事情都没发生？让皮蓬道歉？所有人都注视着他。

就在杰克逊努力决定要做什么时，他听到老中锋比尔·卡特莱特倒吸一口气，缓解了当时的气氛。最后，队里所有的人都被召集到这个黑暗、潮湿的房间（杰克逊描述说房间闻起来像一个"被遗忘的陈旧训练包"），教练环顾四周，与队员们进行眼神交流。然后，他说："刚刚发生的事情让我们很受伤。现在，你们得解决这个问题。"

沉默和惊讶在衣帽间弥漫。而后，卡特莱特与皮蓬进行了一次异乎寻常的感性对话。"斯科蒂，你看，"杰克逊援引他说的话，"我们在队里一起经历了那么多事情之后，你那么做才是胡扯。这是我们自己独立成功的机会，不用依靠迈克尔，但你的自私把事情搞砸了。我一辈子都没有这样失望过。"一向以恬淡寡欲、刀枪不入著称的卡特莱特哭了。杰克逊离开了房间，任由队员们交谈。

杰克逊知道，如果他采取措施解决这个问题，他会把皮蓬的行为变成不服从指令的问题，也就是教练与队员之间的问题。但是他明白，这个事件的核心是更深层次的问题。这个时刻能够反映出队员关系里的一些东西。他们欠彼此什么？他们对彼此的责任是什么？信任何在？这个问题取决于他们，而不是教练，只有他们能够真正把问题抛在脑后。

杰克逊没有把冲突揽在自己肩上，而是把冲突内部化，并推回给队员们，这样他便把问题放回到唯一能够得到解决的地方，即球队本身。他们在那一刻决定怎么做并不重要，重要的是由他们自己而非杰克逊做出决定。后来，有人称赞杰克逊处理这一情况的方式，他说："我所做的，只是退后一步，让球队想出自己的解决方案。"当所有人都注视他的时候，他走上阳台，看到自己所做的任何干预都只能解决一时的危机，只会让潜在的问题继续得不到解决。

我们从自己犯的错误中可以知道，把问题内部化，抵制住诱惑，不事必躬亲，是多难做到的事情。人们期望你能站在那里，做好准备，表明立场并解决问题。毕竟，这是人们花钱聘请当权领导做的事情。当你满足他们的期望时，他们会称赞你令人钦佩、勇气可嘉，这只是谄媚之言。挑战他们对你的期望，则需要更大的勇气。

把问题放回原位

为了迎接适应性挑战，人们必须改变他们的内心想法和行为。菲尔·杰克逊的故事说明，当"有问题的人"共同经历一定的事情，变成"有解决方案的人"时，问题便解决了。问题必须经由内部化变成相关方手上的问题，并最终由他们来解决，才能实现持久的发展。杰克逊必须对冲突进行定位，把问题放回原来的地方。

职权界限把队员与教练分开，而个体界限则把每位队员分开。但是，与划分职权的界限以及分歧性派系、团队或相关方之间的界限相比，关系紧密的队员之间的界限更容易跨越。与局外人相比，球队里的某个角色能够更令人信服地解决皮蓬行为的影响问题。杰克逊对问题进行了定位，把它放回群组中——不是群组之间，也不是某个外部仲裁人手中。他没有触及自己与队员之间的关键分界线，他知道最有效的工作应该在公牛队"家庭"内部完成。

因此，把工作从你的肩上卸下来是必须做的事情，但还不够。你还必须把问题放在正确的地方，由相关各方来解决。有时候，正确的地方在派系内部，而其他时候，便意味着要让组织内不同的派系一起来解决问题。当那些高级官员努力把他们的适应性问题强加在马蒂身上时，他的反应本应该是推回给他们。一旦接手了他们的问题，他也就接手了所有的风险。更好的方案是答应并认可争议双方选择的任何解决方案。当马蒂确实把问题放回去时，他发现他们找出的解决方案通常可以持续产生作用，问题更有可能真正消失，不再重新出现。即便解决办法与他设想的不同，或者即便他想出来的才是最佳的解决办法，但当他让相关人员自己决定时，结果会更好（对他来说，也更为安全）。

把冲突放在正确的位置并不是当权者独有的能力或机会。里卡多·桑切斯明白这一点，我们在第 5 章讲到了他的故事。当他在市长的带领下第一次走进马克尔地区，他花了两天时间参观大理石生产企业，聆听小企业代表们诉说他们的问题。之后，他请市长召集当地企业主协会与工会的高级领导开会。他告诉他们自己了解问题所在，但解决方案却不容易找到。如何促使他们考虑通过协作而不是单干来解决问题，并且不把他拒之门外？面对这一难题，他决定进行一次重大的过程干预。他告诉他们说需要有一个行动计划，并且需要他们自己来制订。IPIA 会在计划中扮演协调员，而不是起草者的角色，会帮助他们调动实施计划所需的资源。这样他就把问题放入群组之中。即便他们拒绝合作，他也不会成为具体制订计划的人。

之后便到了该策略的重要部分。他说，如果他们不能马上按照他的建议，一致投票决定继续制订计划的话，他随后便会离开马克尔。相反，如果他们能同样地以全体一致的方式同意计划里所有的内容，他便保证自己和 IPIA 会鼎力相助。他为自己继续参与其中设置了门槛，从而促使相关者集中解决潜在的难题：他们是否愿意以放弃自恃珍贵的自主权为代价进行合作？一旦他们通过了艰难的第一次表决，他们便已经开始思考如何合作了。

> 凯丽在科罗拉多州从事学术管理工作，并且积极参与丹佛市市民及政治社群的活动。她离开以职员身份工作了 18 年之久的丹佛市议会。议会的朋友们请她接受议会的任命，作为丹佛公务员委员会的主席候选人。她热情地同意了。但是，当即将退休的现任主席决定再继续任职两年时，她撤回了任命申请。现任者建议说，两年之后，她会成为这一职位的理想继任者。两年之后，有人再次接洽她，看她对这一任命是否感

兴趣，她同意把自己的名字提交上去。但是，那位现任又一次决定连任。这一次，凯丽决定不退出，让议会决定怎么办。

就在任命悬而未决的时候，出现了一则详细的新闻报道：公务员委员会同意聘用一名有过长时间吸毒史、家庭暴力及行窃雇主经历的新警员。接踵而至的危机把委员会推向风口浪尖。媒体和一些自称改革家的人要求进行变革。尽管仍然不确定现任主席是否曾批准过那名警员的聘用，但这场风波把凯丽悬而未决的任命视为委员会改革的标志。

整整一个星期，报纸和广播谈话节目的话题都聚焦于这个事件的某个方面。凯丽成为所有故事里的突出人物，不过仅仅是以别人评论她的形式出现。记者们给她打电话，他们想让她说出自身对委员会的设想，以及她对同意任命警员这一事件的看法。虽然她想要进行自我界定，对被视为改革力量倍感荣幸，并且，她很难抑制自己不对那些个人批判做出回应，那些为聘用警员辩护以及那些希望现任主席继续连任的人对她进行了强烈的批判。但是，凯丽始终保持沉默。她拒绝接受采访，不愿意参加广播谈话节目中的讨论。

最终，委员会以7票对4票任命凯丽任职。她在风波中存活下来，因为她抵制住诱惑，没有与那些想把她视为改革标志的人合作。否则，她会对现任主席造成负面影响，这会让议会成员对他充满同情，毕竟他们与他一起工作多年，并且视他为朋友和同事。凯丽甚至做出退让，没有对公众批评做任何回应，因为这会让她个人成为风波中更大的组成部分。尽管她在警员聘用问题上有很清晰的观点，但是她拒绝就这个问题公开发表任何立场，并很努力地把自己与问题区分开来。她通过置身事外来尽可能保持冲突的外部性，把它定位在委员会内部，这也正是问题原本的位置所在。这不仅增加了她获得任命的概率，而且也使得她在到任后有更大的灵活性来处理问题。

很常见的一个策略是把有关问题的讨论个人化，以此促使你停止行动。当你受到攻击时，或者如凯丽一样被他人设计成为攻击者时，你会很想做出回应。当有人错误地描述、评价你或把你任意归类为他人问题的代表时，你很想跳过去与其理论争辩。但是，抵制住试图把问题个人化的行为，这也可能是与想为自己辩白的冲动做斗争，你便可以提高自己的生存概率，便可以阻止人们把你当作问题本身，把问题的责任保留在应该在的地方。

把问题放在正确位置上，关于这一点，马蒂在职业生涯早期受到了第一次，也是影响最深、最痛苦的一次教训。他刚从法学院毕业。他的朋友兼导师艾略特·理查森在被选为副州长之后，聘用他担任其5人小团队的法律研究助理。大约工作了3个月后的一天，理查森让马蒂对一个遗忘已久的案子进行调查。马蒂做了调查，并在那个星期晚些时候提交了一份备忘录。两三个小时后，这份备忘录便被退了回来。理查森没有在上面写任何东西，甚至连铅笔印记都没留下一个，没有什么能够说明他看过这份备忘录了。马蒂认为它是被错误地退了回来，因此又还给理查森的秘书，请她再次交给他。他还没来得走回自己不远处的办公桌，对讲机便响了。"你到这儿来一下。"理查森说。这位上司听起来不大高兴。

在马蒂看来，即便是心情好的时候，理查森也令他敬畏，而生气时的理查森会完全吓着他。马蒂走进内设办公室时，他看到理查森下巴紧收着。他知道自己要挨训了。

"这是你能做出的最好的东西吗？"理查森问道。

"我不大知道。"马蒂含糊地回答。

"那么，我认为不是的。在你写得最好的东西上，我只要加大概5%的内容。如果要加得更多，就是浪费我的时间。在你写出你能写出的最好备忘录之前，不要发回给我。"

理查森恰如其分地把问题放回了原本的地方，正是马蒂的肩上。尽管他修改那份备忘录并不需要多少时间或精力，但他没有亲自这么做。如果那么做了，便是以技术性方案来解决适应性问题：如何把这位年轻的新员工的工作带到更高的水平？马蒂的内心有两股关键的力量在斗争：一股力量是想做出最好的东西，而另一股力量（这是经常获胜的一方）满足于很好地完成任务，却不能做出最好的东西。

承担他人的冲突和适应性问题最糟糕的情况出现在你把自己置身火线时。这是马克·威尔斯在时代镜报公司遇到的情况。

马克·威尔斯曾在食品和粮食巨头公司通用磨坊担任副总裁，他在任期的工作很成功。之后，他于1995年6月1日开始担任时代镜报公司的CEO。他的目标是减少亏损，提升盈利能力，提高公司的股票价格。在很短的时间里，他先后负责关掉了《巴尔的摩太阳晚报》和《纽约新闻日报》，卖掉了公司法律和医学出版方面的业务，去除了部分光缆电视业务，并且在这个过程中裁掉了2000多名时代镜报公司的员工。所有这些事情为他赢得了"麦片杀手"的绰号。但是，有了新收入的现金，他可以回购股票，提升股价，并且也从董事会以及华尔街赢得一些时间。

威尔斯的长期战略主要关注《洛杉矶时报》的发展，这是公司的旗舰业务。1997年10月，他亲自担任该报的发行人。他制订了雄心勃勃、一反常规且颇具挑衅性的计划，并且一有机会便在报社内或向全国性媒体宣告他的计划。当时全国多家主要的都市报都在减少发行量，因为从印刷和发行的成本来看，新增读者量的成本超过了新增的广告费用。而这时，威尔斯打算大幅提高读者人数。为了吸引新读者群，他创办了单独的拉美办公室,并与总部在洛杉矶的拉美、亚洲报纸合作。威尔斯设计了以提高小学生读写能力为目的的版面,这样他们长大后更可能成为报纸的读者。他甚至说,要根据编辑在所负责文章中提到女性和少数民族的次数对他们给予奖励,但这一点并未实行。

这些举措都挑战了编辑作品神圣不可侵犯、远离商业因素的传统新闻价值观。但是,他呼声最大的、最激进的想法是要炸开厚厚的、把公司内新闻部门与商业部门分离的传统壁垒。他为跨越这一壁垒做出了巨大的努力。从一开始,他便为每位高级编辑配备了一名商业部门的员工,目的是要共同提高报纸的盈利能力。他努力促成新闻部门与商业部门之间的合作,而在传统上,二者之间如果不是完全敌视的话,也彼此怀疑,保持距离。

在这个目标上,威尔斯得到董事会、销售和营销部门,甚至编辑部门部分人的支持。但是,威尔斯不是记者,也从来没有在新闻机构工作过。每个人都知道威尔斯是他们的上司,但是公司新闻部门的大多数人把他看成外人,一个想要改变新闻编辑室根深蒂固价值观的外人。在他们看来,与商业部门的合作将威胁他们的独立性与完整性。由于是威尔斯提出并领导这一变革,他们便把火力对准了他,而不是发行与广告部门的同事。

董事会为他的战略及成功提供了大量的资金支持。他们最初力挺威尔斯，他成功地在开始的几个小冲突中存活下来。他受到了来自《洛杉矶时报》编辑部内部及全国新闻观察人的猛烈批判。一些工业界人士认可他的工作，认为他提出了重要的问题，以合适的方式挑战了以前从未质疑的假设。但是，威尔斯显然是独自在陷阱中行动，而组织内外的人都在密切观察他的举动。

在熬过最初的攻击之后，1999年年中，威尔斯任命报社外的一名支持者接手发行人的工作。股票价格稳步上升，董事会给予他慷慨的奖励。之后，在同一年秋天，《洛杉矶时报》达成协议，把从其周日杂志一份专刊中获得的广告收入与斯台普斯中心分成，斯台普斯中心是新建的体育比赛及会议场地，也是那一期专刊的报道主题。这一协议十分有悖于常规惯例，内部新闻编辑室及外部新闻观察员爆发了强烈的反对风暴。主编派遣一名德高望重的记者撰写了冗长的调查来报道协议达成的始末。发行人不得不公开道歉以平息风波。批判者集中探讨的问题是，斯台普斯中心的协议是不是威尔斯强势破除新闻部门与广告部门分离状态的必然结果？公众批评家里也包括奥蒂斯·钱德勒，他既是《洛杉矶时报》创始家族的后代，也是威尔斯的前任CEO。

之后不到6个月，威尔斯便失业了。控制董事会的钱德勒家族在他毫不知情下把公司卖掉了，当时甚至都没让他知道谈判正在进行。尽管他们在股价上涨时奖励了他，但他并没有意识到他的战略，或者更准确而言，是他实施战略的方式，会让他在热潮扑来时成为牺牲品。威尔斯让自己成为问题本身。他从未把公司里商业部门与编辑部门的关系问题放进新闻编辑室。他从未让新闻部门的员工讨论过与商业部门员工合作的问题，没有让编辑和记者们认真对待现实问题，互相提出质疑，探讨他们自身相互冲突的假设。他甚至没有试着协调新闻部门与商业部门之间的冲突，促使他们之间相互理解。只要他乐意把所有的事情都揽在自己身上，这两方的大多数人都乐于袖手旁观，观察他与传统记者之间的斗争，看最后谁能幸存下来。

把干预变得简短

实施领导的过程必然会涉及干预工作。显然，干预必须根据特殊情境来设计，但通常而言，简短直接的干预更容易在不引起危险抵抗的条件下被听到、被接受。

四种干预方式构成领导的策略：观察、提问、解释、行动。实际上，这四种方式通常互相捆绑实行。选择哪种方式取决于你的技巧和特殊目的，也取决于你判断哪种干预最可能推动组织工作的进展并且让你免受伤害。你做出的干预当然会有不同的影响效果。有的是用来平息事态，而其他的则用来瓦解事态；有的是用来吸引注意力，而其他的则用来转移注意力。总会有非预期的效应产生。

富兰克林·罗斯福在水深火热的大萧条中发表了第一个就职演说，他说："我们唯一应该惧怕的只有惧怕本身。"他所阐释的是当时国家的情绪现状以及瘫痪的经济现状。他试着让整个国家平静下来，并且随后实施了为期百天的经济刺激方案，获得成功。另外，1979年石油危机最严重的时候，吉米·卡特在他著名的"隐忧演讲"中指出，美国当时正在经历一场信心危机。卡特要阐释的是，美国的问题在于人们本身的态度。起初，他很受欢迎，他的民意支持率上升了11%。但是两天后，他改组了政府。面对这两场危机，美国比其他任何时候都更需要有一位强有力的总统。如果人们要着手处理他提出的挑战，那么他们必须对他充满信心。卡特改组了政府，这表明他对自己的政府都缺乏信心。如果连他都没有信心，人们为什么要有呢？卡特的信誉和形象因此大打折扣。[2]

观察

简单而言，观察指的是真实反映人们行为或尝试描述现实状况的陈述。观察把相关群组暂时转移到阳台上，这样他们能够与现场保持一点距离，通过一定的视角看大家在做什么。例如，当会议中突然发生激烈的争辩，有人可能会说："稍等片刻。依我看,这里的气氛变得非常紧张了。在鲍勃发表评论之前,其实每件事情都进展得挺好。"

无论他们是作为观察者还是被观察对象,观察都只不过是对阳台上看到景象的大致印象。正因为如此,尽管简单地叫"暂停"、汇报你看到的东西可以起到刺激和促进的作用,但与其他干预方式相比,观察的威胁性较低,催化作用也较小。

提问

当进行观察时,你可以暂时置身事外,让参与其中的群组填补空白,发挥作用,或者也可以进一步提出问题或做一定的解释。

"这是怎么回事?""鲍勃的话里是不是有什么令人不安的东西?"这样的问题可能会把问题推回给参与的群组。之所以问一个问题,可能是因为你真的不知道答案,无法给出解释,也可能是因为你认为让人们自己解决问题很重要,还有可能是因为你想在探讨问题的同时,又想让自己尽可能远离火线。

当然,当你把自己的理解融入提问的方式中时,问题就变得别有用意。通常,这一策略会引起人们不必要的恼怒。你不直接说明你对讨论问题的观点,会让人们感觉你在试着操控他们,先促使他们同意你阐释的观点,然后回到你提出假设的地方,重新开始讨论。

解释

进行观察之后,解释的干预方式可以取代别有用意的问题,通常效果也更好。例如，你可能除了观察或询问有关争吵的情况外，会说："我觉得这个冲突其实与 X 问题无关，而是与 Y 问题有关。我们过去 4 个月的会议中，Y 作为一个单独的问题一直都处于酝酿状态。在我们解决 Y 问题之前，我觉得很难在这个问题上取得进展。"

如果你担心一个隐藏的问题已经有些时日，但想要等到有更多的信息或有相关情况浮出水面时才提出该问题，那么这个技巧可能会很有用。

在做解释时，你可能并不完全确定解释是否正确。你可以从人们即将做出的反应中得到相关的线索。做出解释，然后保持镇定，聆听人们如何看待你的观点。

解释生来就具有煽动性，能够提升讨论热度。总体来说，人们都不喜欢别人解释他们的言行（除非他们喜欢你的评价）。当你做出解释时，表明你已经花了一些时间在阳台上做观察，这会让人们怀疑你不是他们团队的一员。他们可能会觉得你凌驾于他们之上。

行动

每个行动都能产生即时效果，同时也能传递信息。行动也有交流的功能。例如，当有人在会议中途离开会议室，他便对你们没什么帮助了。他的离开也传递了一些他想要表达的信息，例如，"你们没有讨论我看到的关键问题"，或者"对我而言，讨论太激烈了"。行动干预会让事态变得复杂，因为行动通常容易受到一个以上的解释的影响。

例如，1991年1月，多国部队进攻伊拉克所控制的科威特，这一行动传递给萨达姆·侯赛因的信息十分清晰。但是，它传递给中东其他各国的信息是什么？它们能否同样依靠联合国的干预保护各自的边界？美国是否做出过更积极的承诺来保障该地区的和平？叙利亚联盟代表着暂时的便利性政治联姻，还是代表着与地区政治持续相关的关系转变？

1968年的反越战示威事件说明了行动交流的复杂性。1968年，芝加哥警察在美国民主党全国代表大会期间殴打男女示威者，这一事件对反越战示威者的事业没什么帮助，却无意中帮助更为强硬的总统候选人理查德·尼克松赢得了选举。这一事件让民主党看起来乱糟糟的，没有能力管理由暴徒和过火警察组成的追随者群体。当时负责该城市执法工作的理查德·戴利市长正是民主党的忠实拥护者，这让情况显得更加糟糕。

抗议示威者在尝试进行领导力干预时，没有清晰地突出问题，没有把问题放在原本该放的地方。在抗议发生的政治情境中，对战争负责的林登·约翰逊已经不再担任总统。芝加哥警察在毫无必要的情况下残暴地使用武力，尽管双方都行事挑衅，但都没有直接指向问题本身，变成了芝加哥警察与一群孩子之间的对抗，而这群孩子的领导者，是一些大多数已经超过征兵年龄的成年人。抗议者没有关注社会面临的棘手问题,而只是提出一个枝节性问题——法律与秩序。他们的行为很容易被错误地阐释,而问题则很容易被放在错误的地方,因为电视观众们看到的场景,只是代理者在就枝节问题奋力斗争。换言之,抗议者没能把对战争的责任感灌输给美国公众。

并不是所有的行动都会传递模糊不清的信息。马丁·路德·金和他的战略家从塞尔玛开始示威游行,他们发出的信息清晰地说明了美国种族主义的残酷。黑人不得不在被动顺从和主动抗议中做出选择,而白人则必须面对国家代表的价值观与真实存在的价值观之间的矛盾。在这个案例中,行动干预比其他交流模式有效得多。白人警察殴打爱好和平的黑人男女及孩子,这样的电视场景迫使画面进入深层次的国民意识。全国各地成千上万的公民在他们的起居室里收到了这一信息。

行动吸引注意力,但所传递的信息和情境必须十分清晰。如果不够清晰,则可能分散人们的注意力,使责任移位。

※ ※ ※

要在实施领导的过程中存活下来,就要尽量少成为人们发泄挫败感的目标。远离目标范围的最佳方式是不断思考如何把解决问题的工作还给需要承担责任的人。把工作放在面临挑战的派系内部或各派系之间,并精心设计清晰、具有合适情境的干预。在需要持续进行即兴而作的领导过程中,你必须采取行动、评估、采取纠正行为、再评估、再干预,如此反复。只有通过长时间的聆听,你才能知道所发出的干预信息是否收到。因此,必须像重视行动质量一样重视在余波中保持镇定的能力,这样才能估计好下一步该如何行动。

| 第 7 章 |

LEADERSHIP ON THE LINE

保持镇定

我们已经探讨了适应性工作会产生争议热度和抵抗的原因、抵抗出现时危险的表现形式以及如何应对这些危险。但是，采取行动管理政治关系、协调冲突以及把解决问题的工作交还给需要负责的人，这些都假设你可以应付一个更为基础的挑战，即你可以在处理事件过程中保持良好的平衡，为下一步做最好的计划。在行动热潮中保持镇定，这是自身存活并促使人们聚焦问题解决工作的基本功。你所承担的压力可能几乎难以承受，使得你同时质疑自己的能力和方向。如果你动摇或者行事不成熟，你的行动将在瞬间失败。

承受争议热度

以不破坏行动的方式承受争议热度、接纳人们的怒气，这是领导中最艰难的任务之一。当你要求人们做出改变甚至牺牲时，难以避免的是，你会令你最亲密的同事和支持者失望，更不用说团体之外的人了。你的同盟者希望你平息事态，至少能够为他们平息事态，不要捣乱滋事。他们给你施加压力让你逐渐后退，放弃问题，或改变让他们感到心烦的行为，这时，你会很不舒服地感受到滚滚热潮。从这层意义上说，执行领导可以理解为是让人们在可接纳的水平上失望的举动。

没有两个人感到不安的程度会完全一样，因此，对于环境，每个人都会有不同的反应。部分人对热度和压力的容忍度比其他人高；确实，有的人可以在巅峰压力下茁壮成长。但大多数人喜欢尽可能减少或完全避免反对之声；然而，实际上，我们很少能在领导某项重大变革时避免人们的怒气。因此，你能承受的争议热度越多，就越能让你的议题存活下来，越能让自己继续在"游戏"中待下去。恰如我们在第 5 章所见，《十二怒汉》中亨利·方达所扮演的角色便从其他陪审员那里承受了很高的热度。他们用言词攻击他，并对他进行肢体威胁，希望能够促使他让步。他心甘情愿地做"草地派对中的讨厌鬼臭鼬"，温文尔雅地承受攻击热度，这是他能够让自己以及自己的合法立场在陪审室存活下来的重要因素。提高自己承受热度的能力需要锻炼。你必须反复训练自己深思熟虑的能力，让自己在周边世界沸腾之时保持冷静。沉默，也是一种作为。

玛丽·塞丽姬曾经在华盛顿州东北乡村管理一个三县公共卫生项目 10 多年。[1] 她也曾几次成功地参加美国立法行动,在最前线发挥了积极的作用,包括要求地区卫生机构提供防治艾滋病相关服务的《艾滋病综合法案》以及建立国家卫生部的法律等。她的成功让她获得晋升,1998年10月1日,骆家辉州长任命她领导曾经由她协助建立的华盛顿州卫生局,担任华盛顿州的代理卫生秘书长。

从任命的那一刻起,她便发现自己面临一个持续存在激烈争议的问题,即被测出携带阳性HIV病毒的人是应该以实名还是唯一的数字代码在卫生局申报登记。艾滋病宣传员们强硬地认为,为了保护患者的隐私、鼓励更多的人接受HIV检测,应该以数字代码申报登记即可。公共卫生官员则坚持认为,为了公共卫生利益,必须实名登记。他们认为这是最简单、最准确的管理系统,可以更快、更容易地追踪病情的传播,可以更好地进行通知、提供心理咨询,也能更加有效地保护患者免受进一步感染。实名申报,这是该州申报疾病清单上其他54种疾病进行申报的标准程序。

2001年2月,主要由艾滋病工作者和宣传员组成的HIV及AIDS州长委员会就此进行了投票,以绝对压倒优势(14票对4票)支持采用数字身份代码申报。数字代码申报的支持者期望州长能接受建议,并且把他的同意意见转给对疾病申报管理立法负法定责任的州卫生局。州长得到同性恋群体的广泛支持,而他们是支持数字申报的核心群体。在他的政治生涯中,他一直强烈倡导保护个人隐私。但是,他无法摆脱在这件事情上的中立立场。他曾尝试成立专门委员会来解决这个问题,但未能组成一个让双方都接受的小组。

最后,他要求州卫生局解决这个问题,之后卫生局安排在10月的委员会议上进行初步投票。委员会由10名州长任命的官员组成,都是医疗专业人员。根据职位安排,塞丽姬是该委员会的默认成员,必须在任职两个星期后便就这个高度分歧的问题参与投票。尽管她不是委员会主席,但作为州卫生秘书长,她的言行将对会议产生巨大影响。

在之前的县级工作中,塞丽姬与公共卫生部门的同事站在一边,支持采用实名登记。但是现在,她发现自己处在一个不同的环境中。她有了新的角色职责、新的支持者群体,却几乎不能从任命机构得到任何的指导。她认为,骆家辉知道她早先对手头这个问题公开持有立场。

委员会议将就此进行讨论和投票,而塞丽姬必须表明态度。委员会的投票结果虽然不是最终结果,但会作为规章草案的基础,之后会有进一步讨论并进行公开听证。不管委员会站在什么立场,背后都将产生巨大的政治冲力。

会议日期将近,尽管下属们明显支持实名申报,但塞丽姬对她的计划只字不提。会议上,从广泛的预投票探讨可以清晰地看出,支持以名字为申报基础的公共卫生专业人员做了较多的准备工作。讨论对话中，塞丽姬一言不发。她一直等到部分但不是全部委员会成员完成投票。所有人都注视着她。她弃权了。最后，7票对0票，实名申报方式胜出，塞丽姬的部门负责起草一份反映投票结果的初步规章。

她的行为，实际上是不作为，让几乎所有人都失望了。两边都就她没有投票支持表达了失望，但是他们在一件事情上的观点是一致的：她未能履行自己的职责。州长办公室也对此表示关注。

会议过后，塞丽姬忍受了一段时期的煎熬。她遭受来自多个阵营的批判。义愤填膺的艾滋病积极分子以公开示威的方式表示抗议。但是塞丽姬承受了这样的热度，保持镇定，拒绝屈服，甚至拒绝回应压力，不表明任何立场。

之后，她开始慢慢地、犹豫踌躇地会见两边的代表，起先是分别会见，之后是一起会见。双方对她之前的行为都不满意，但是如果她选择支持任何一方的话，另一方的失望感都会大大增加。他们最终达成妥协：HIV感染者的名字将在登记后90天销毁，当地卫生部门会记录名字，但只会把数字身份编码上报到州里。

塞丽姬发现，这件事对她的考验，不是解决问题技术性方面的能力，即决定政策选择的对与错，而是承受争议热度的能力。她不得不心甘情愿地接纳每个人的怒气和失望，然后消化掉。她之前公共卫生部门的同事有足够的理由相信她对这个问题的观点与之前一致,而艾滋病积极分子则知道,她和州长会对他们的立场充满同情。

她发现那段时期很难熬。之前,她曾拥有并非常重视人们给予的友谊、合作及支持,而现在,却必须接受、消化他们的强烈批评。但是,通过保持镇定,她保留了与每个人接近的机会,最终找到方式让双方互相面对,并接受对方观点的合理部分。

承受来自朋友和同盟的批评是十分艰难的经历。从某种程度上说,容忍反对者的辱骂要容易得多。毕竟,如果邪恶势力追赶你、给你安上各种骂名,你知道自己肯定在做好的事情。那些在怒气冲冲的人群面前发言或接受充满敌意的电台谈话节目采访的人,可能看起来尤为勇敢,但处在那样角色的人了解其中缓解状况的秘密:当敌人朝你脸上扔西红柿的时候,你身上的某一部分会倍感尊重和认可。

恰如亨利·方达所扮演的角色和玛丽·塞丽姬的行动所示,实施领导的挑战经常要接受来自支持者的强烈指责,而他们的支持正是你需要和看重的东西。他们两个人如果没有得到那些沮丧者和失望者的支持,便无法实现他们的目标。要忍受这样的压力,则必须具备多方面额外的耐心、成熟、勇气、力量和温文态度。

向你提出挑战的人会考验你的镇定力,会根据你对他们怒气的反应来判断你是否值得他们支持,他们和年少的孩子没有两样,孩子们总是想知道,他们能不能在表现自己的喜怒无常之后，父母依然陪伴在旁。如果你能不设个人防卫，接受他人的怒气，便能获得他们的信任。如果你能在足够长的时间里保持镇定，尊重他们的痛苦，捍卫你的观点却不设法保护自己，你会发现，随着事态平息，你和他们的关系会得到改善。

历史青睐展现出这种能力的人。纳尔逊·曼德拉、马丁·路德·金、甘地、玛格丽特·桑格、伊丽莎白·凯迪·斯坦顿、圣女贞德、穆罕默德、耶稣、摩西，所有这些人都温文尔雅地忍受怒气，并因此获得特别的信誉与道德权威。这样看来，容忍愤怒，是一项庄严的任务，因为它会考验我们内心最敏感的部分。它要求我们超越自我，忠实于要实现的目标，同情地与人们站在一起，即便他们无理取闹、恶言相对。温文尔雅地包容非议，这表明，你尊重并认可变革的痛苦。

让解决问题的时机变成熟

在领导一个社群的过程中，你的思考和行为通常会走在他们的前面。但是如果你超出太远，在问题还不适合探讨之时就提出问题，便会给那些想要迫使你和问题一起退场的人创造机会。你必须等到解决问题的时机成熟，或者，自己想办法让时机变成熟。确实，那些热衷于自身行动的人通常很难有耐心。但是，一直把问题延迟到准备妥当，这对动员人们努力解决问题、促使他们聆听你的观点至关重要。

当然，大多数组织和社群在任何时候都面临一系列的问题。常识告诉我们，我们不能一次处理所有问题。通常，议程取决于资源的丰裕程度，我们只有在具备必要的资金时才能处理问题。但是，资源只是影响人们解决问题意愿的一个因素。主要因素包括是否做好衡量事情优先顺序、承受损失的心理准备。而政治问题则变成：组织或社群内是否有足够多的派系做好心理准备、能够构成决定性的大多数。

当很多人迫切地希望解决问题时，时机便成熟了。一些在你看来非常重要、必须立刻关注的事情，在组织中其他人看来可能并非如此，至少此刻不是。但对他们来说，事情会在恰当的时候变得重要。激进的个人，如想要为社群解决酗酒问题的玛姬·布鲁克，会长时间引导人们关注他们生活中的矛盾，让时机变成熟。或者会有一些突然发生的、引人注目的事件，如 2001 年 9 月 11 日的恐怖袭击，能够立即使得一整套问题快速发展。

这又是一个与视角相关的问题。回头看第 3 章阿曼达和布莱恩的案例，阿曼达的干预没起什么作用，但布莱恩在稍晚的时候发表了几乎相同的观点，却获得与会人员的关注。你可能会有类似的经历，在会议上提出一个问题，但与会者充耳不闻，等到稍后有人再次提出时，却成为讨论的焦点。尽管这个过程让你迷惑不解、灰心丧气，但请注意结果：问题的时机成熟了。

美国的民权运动史在国家层面有力地说明了一点。经过了长达 10 年的游行示威后，到 1965 年，民权运动终于成功地要求就公民权利进行国家立法。他们通过示威游行吸引人们关注曾被美国遗忘的价值观，使解决问题的时机成熟。然而，在南方的许多地区，黑人依然没有选举权。尽管1964年颁布了具有历史意义的《民权法案》，但解决投票权问题的时机并未成熟。1964年的立法有意地回避了这一问题。允许黑人坐白人坐的公交车、进白人餐馆和洗手间是一码事，而让他们获得权力又是另一码事。

1965年，在塞尔玛投票权游行中，部分男性和女性游行者甘愿接受亚拉巴马警察的殴打，促使解决问题的时机成熟，这不仅是因为他们之前便取得了进展，还因为他们清晰地、戏剧性地展现了种族不平等问题。他们坚持继续和平地进行示威游行，便没有人能够把这一事件转变成法律与秩序问题。游行组织者确保电视摄像机能够为美国观众捕捉到这些镜头，事件中，游行民众让问题中各司其职的核心利益相关者突显出来，即达到投票年龄的成年黑人和阻碍他们投票的白人官员。游行示威刺激了民众广泛的政治意愿，为林登·约翰逊总统扫清了障碍，他迅速抓住机会，赶在国会之前提交了议案，该议案很快通过立法，成为《1965年美国投票权法案》。

20世纪80年代末90年代初，美国的吸毒问题以成熟问题的形式浮出水面。但那时解决全球变暖、贫穷及医疗卫生问题的时机尚未成熟。1993～1994年，医疗卫生问题曾短暂地突显出来，但克林顿新政府制定的解决方案远远超出了当时看待该问题的主流观点，因而计划没有机会实施。然而，克林顿大范围的提议确实为未来的行动播下了种子。几年之后，该问题的零散部分，如无保险儿童的医疗困境以及老年处方药的高成本问题，开始获得解决的动力。

什么因素决定了问题时机是否以及何时成熟？为什么必须促使社群中多个派系而不只是一个派系迫切想要解决问题？尽管存在多种因素，我们在此仅指出 4 个关键问题：必须参与其中的人在考虑哪些其他问题？人们受这个问题影响有多深？人们需要了解多少东西？当权领导者如何看待这个问题？

第一，人们脑子里在考虑哪些其他事情？如果组织中大多数人都在应对某一危机，你可能更难把他们的注意力转移到你认为最重要的问题上来。有时候，你应该把问题推迟到晚一些的时候，以获得更认真的听众。

1991 年早期的海湾战争中，世界上许多国家的关注点在中东。在这些国家，其他问题很难获得像中东问题那么多的关注，也得不到严肃的探讨。同一时期，苏联的资本主义经济渐渐兴起，开始提升国民的期望。如果苏联不能按照公民的期望以合理的价格提供基本商品，日益增长的不满便会威胁新兴资本主义经济的生存。然而，由于海湾危机的存在，你会发现，要在北约各国就苏联的困境举办一场严肃的听证，是十分困难的事情。相反，由于苏联面临经济危机，你会发现，要让苏联人民关注中东和平，也是十分困难的事情。

有时候，你要保持镇定，等候时机。但是，如果你发现根本没有时机提出你的问题，那么，你可能需要通过催化紧迫感的策略创造机会。在通过了《1964 年美国民权法案》之后，林登·约翰逊总统告诉马丁·路德·金，可能要等很多年，人们才能准备好处理投票权的问题。金回答说黑人已经等待了太长的时间，他将于1965年1月在塞尔玛组织游行。约翰逊建议不要这么做，但他也告诉金说，如果金和组织者能够引起公众解决问题的紧迫感，他便会利用总统的职权抓住机会，后来他也确实这么做了。[2]

第二，人们受问题的影响有多深？如果人们感受不到现实的困境，他们不大可能感受到变革的需要。他们何必改革呢？有时，意料之外的事情会增加问题的严重性，从而使得问题时机成熟。如果运用恰当，危机能够带来意义深远的时刻。

例如，1969年，理查德·尼克松总统和邮政大臣温顿·布朗特尝试改变美国邮政局长达200年的政治恩庇，要把邮政局改为一家国有公司。几乎没有人对这一大规模改革予以足够的关注和支持。邮政局的政治恩庇近乎触及国会议员们的利益核心，而他们将对这个提议进行投票表决。但是，国会议员只听到本地区邮局雇员提高工资的要求，却很少听到有人要求进行组织重组。

纽约市的邮局员工自发组织了一次罢工，紧接着又发生了全国范围内要求提高薪资的罢工，这些改变了所有的情况。大多数人，尤其是商人，立即受到破坏性影响。他们损失了数百万美元，重要文件不知所踪，社会保障账单延迟发放。法院威胁说要就此发出法庭判令。1970年3月23日,尼克松甚至威胁说要派遣国民警卫队递送邮件。纳入军队的举措瓦解了罢工行动,大多数邮局员工于3月25日回到工作岗位。

邮局罢工成为全国上下的头号新闻,几乎每个人都受到影响。由于公众大部分支持邮局涨工资,政府官员担心罢工会阻碍改革工作。他们没有料想到的是,这次罢工让人们深刻地认识到他们对顺畅运作的邮政服务有多依赖。由于公众感受到邮件受损的影响,政府得以迫使工会把工资单与支持改革挂钩。1970年8月6日,国会把邮政局提高工资和重组的综合议案提交到白宫。尽管罢工与邮局重组无关,但罢工对人们生活造成的破坏使得邮局运作问题凸显出来。人们第一次感受到问题所在,想要采取一些行动保证由能干的专业人员负责邮件递送服务。[3]

1978年,三里岛核电站反应堆堆芯熔化事件使得探讨核安全问题的时机成熟。多年以来,只有一些边缘化的利益群体就核能工厂堆芯熔化问题提出危险警告,这些人被界定为核能反对者。没有人严肃地对待他们的主张,急需能源的公众迫不及待地接受了政府和产业界认为一切都安全可靠的保证。尽管没有人员伤亡,也几乎没造成什么大的长期影响,但经历了这个可怕的事件后,核动力工业关于核能工厂安全的问题听起来与从前大不相同了。无独有偶,灾难爆发的同时,电影《中国综合症》上映,该电影描述一次核

> 电站灾难中虚报账目的故事，使得探讨核安全问题的时机进一步成熟。核电站建设突然变得问题重重。是时候探讨安全与能源需求之间的矛盾了。人们开始面对二者之间的权衡。

第三，为了做出判断，人们要了解多少东西？对问题缺乏了解的程度常常直接影响问题解决时机的成熟程度。危机可以很快改变这一状况。

直到发生了三里岛和切尔诺贝利的事故，人们才较深入地理解核能源存在的风险。这些事故让公众立即对状况有所了解。2001年9月11日发生了更大规模的事故，事件的严重后果给美国上了一课，甚至在很大程度上给世界上了一课，凸显出恐怖主义的严重风险与潜在后果，要求形成新的国际规范与合作。与此不同，全球变暖问题是慢慢、逐渐地在公共意识中留下印象。随着气候模式的改变和新趋势的涌现影响人们的生活，相关教育增加，问题的解决有所进展。如果某个地方经历了一连串灾难性或怪异的天气，无疑会给当地带来颇具教育意义的一刻。

由于危机和悲剧会产生处理问题的紧迫感，因此，有时候要让人们关注某一问题、推动进展的唯一方式就是制造危机。制造出来的可以是小型危机，如预算危机，通常可以促使人们注意到，必须重新评估事情的优先顺序与发展方向；制造出的也可以是大型危机。马丁·路德·金自己每天都生活在不断的担忧中，但在塞尔玛，他故意制造出定然会导致暴力斗争的危险局势。他知道，那样做不仅是把自己，而且也会把许多人的性命置于危险中。示威游行者确切地了解其中的危险,但这并没有丝毫影响金的决策,尤其是当其中三个人被杀害时。

如果你不考虑、了解过程有多艰难,组织或社群便会把你当作受排斥者、不切实际的空想家甚至更糟糕的角色驱逐出局。你得一步一步小心翼翼地前进。可能要花费多年才能让组织中解决问题的时机成熟,让人们认识到什么正处在危险中、什么可以决定他们的命运。如第1章介绍的,IBM公司1994年时的文化并不认可互联网提出的新业务挑战。那时候,IBM议程全满,没有时间处理互联网的问题。人们都忙着做其他事情。只有格鲁斯曼、中层经理帕特里克以及其他没有什么职权的志愿者小心翼翼地迈步,经过5年的时间才让时机变成熟。

第四,当权领导说了什么、做了什么?尽管领导们的言辞甚至承诺本身通常都不足以让问题时机成熟,但往往会起到重要的作用。正式职权授予促使问题的解决得到许可,并且影响、引导人们关注问题。

请注意,美国邮政局重组与塞尔玛游行示威这两个事件存在一个重要的不同点。在邮局重组事件中,尼克松政府利用一个擦边而过的相关事件促使人们关注问题,使得采取政治举措的时机成熟。但是在塞尔玛事件中,金通过自身的主动行为促使问题时机变成熟。比缺乏职权更糟的是,金还不得不挑战全国各地的权威部门,首先是亚拉巴马警察局,之后是联邦法院,最后是国会。群组里的人越没准备好解决问题,你就得越多地向相关权威部门提出挑战。

当然,在国家当局者中,金也有一位重要的同盟者,那就是林登·约翰逊总统。那么，你可能就会问："难道总统不就应该自己带头，劝说国会不让黑人投票是不对的吗？"毕竟，人们总是期望领导者劝说相关人员做好应该做的事情。正式的社会规章程序便要求领导者负责此类事宜。只要组织开会的人准备一个议程，总统发出一份国情咨文，工会负责人为即将到来的谈判提出一系列目标，时机就成熟了。

如果你是当权者，人们不仅期望你设定议程，还期望你能选择保证有足够关注的问题。如果坚持组织反对的项目，那么你便难以保住你在组织中的职位。换言之，当权领导如果提出未成熟的议题，便是把职权置于危险之中。1993年，比尔·克林顿在入主白宫的第一个星期，便在凌晨慢跑的时候被记者们紧逼着就"部队同性恋"问题发表评论。由于在公众、国会和军队找到机会处理这个问题之前很长时间里便表明自身立场，克林顿在不经意间变成了该问题的避雷针和透视镜。之后，他被迫花费了大量的精力来澄清并捍卫自己的立场，这让他牺牲了很多处理其他重要问题、履行总统职责所必需的公信力和信誉。

与此不同，林登·约翰逊以战略性的方式接近民权问题。他没有站到前线表明立场。相反，他帮助其他人催熟问题的时机，这样他便有时间和精力协调即将来临的冲突。例如，为了得到足够多的共和党选票支持，结束南方民主党人对《1964年美国民权法案》的阻挠，他亲自督促罗伊·威尔金斯及其他民权领导者请求共和党领导人埃弗雷特·德克森给予支持，表示这样后者便可能在来年总统选举及其他活动中得到黑人的投票支持。担任民权运动的幕后战略家，指导积极分子运用合适的技巧赢得共和党支持，没有任何人授权约翰逊这么做。如果他暴露了，便会失去信誉。尽管超越了职权，但他是以尽可能减少其职权破坏风险的方式进行的。比如，他没有召开记者招待会公开宣布优先处理民权问题。他只是帮助其他人推动问题的成熟。

对于那些没有职权或超越职权实施领导的人来说，让时机变成熟是更难的工作，要求采取更引人注目因而也更具风险的行动。例如，会议主席已经设定好会议的议程，你认为要吸引人们关注某个重要问题的最佳机会便是自己往前一步改变会议安排。等到了讨论新业务的时间，你站起来，开始发言。在那一刻，你成为大家关注的中心，不仅是问题的避雷针，也是问题的个人代表。对问题持有不同观点的各方视你为让现状不安的威胁。有人会采取行动恢复平衡状态，可能是找方式让你闭嘴，或者是批评你的风格，或者是提醒说会议时间来不及了。但是，如果你保持镇定，承受当时出现的非议热度，简短、清晰地完成干预，那么，你成功的概率就会增加。人们会听到你的立场，会对你把自己送上火线表示尊重。如果你很快就撤退了，那就只是进一步加剧了信誉缺乏的状况。

让人们关注问题

让人们把目光聚焦在棘手问题上，这是一个复杂而艰难的任务，在大型组织或社群中尤其如此，因为在这些组织中，避免探讨痛苦问题的方式，即工作避免机制，已经发展多年。工作避免最明显的例子是否定，甚至我们的语言中都充满了提醒这一机制的俗语,如"眼不见,心不烦""灰尘扫到地毯下便看不见了""如果东西还没坏,就不用修理"等。其他典型的工作避免机制还包括找替罪羊、重新安排(再一次)、推卸责任(另外设立一个委员会)、寻找外部对手、责怪领导者、人身"暗杀"等。真正的人身"暗杀"通常代表着极端的工作避免行为。

这些机制把关注点从棘手的问题移开,把问题从需要改变的人身上转移,从而减少组织或社群经受的痛苦。作为领导者,面对这些干扰因素时应该保持镇定,进行阻止,然后把人们的关注点重新引到手头的问题上来。从某种意义上来说,本书探讨的问题便是:如何敏感地感知并阻碍可能危及你和你的立场的工作避免机制。

还是一样,与职位较低的人相比,处在领导职位的人能够更容易地引导人们的关注目光。通常,当权领导有业已成熟的关注点汇聚机制:召开会议,发送备忘录,举行记者招待会等。但是,这些方式并不一定总能成功。如果你用常规的方式吸引注意力,人们很可能会把该问题当作常规问题忽略掉。因此,即便手握职权,你也必须用创新性的方式发出信号,告诉人们新情况有所不同。

1981年,约翰·莱曼担任海军部长时,面临一个巨大的挑战,即重申美国海军对其主要承包商的控制,其中包括通用动力及其子公司电船公司,它们为美国海军制造潜水艇。[4]电船公司没有交付它们在1980年承诺的舰艇,该公司制造成本严重超支,希望美国海军能够支付超支部分。对于莱曼来说，这既是钱的问题，也是生产问题，他已经把为打造一支有600艘舰艇海军当作自己任期的主要目标。他要求通用动力降低其在财务上的要求，并且大大加快工程进度。他知道，如果不对公司施加点压力，这两点他们都做不到。

最初，莱曼试着使用传统的策略来让主要相关方关注这个问题。他派了一名海军中将去一次国会听证会上证实相关情况。他把时任通用动力的CEO大卫·刘易斯叫到五角大楼，告诉他说自己正在考虑取消新型攻击型潜水艇的招标，正在与刘易斯的唯一竞争者商讨签订唯一供方合同。通用动力下定决心要推卸延迟交货和成本超支方面的责任，采用了意料之中的惯用方式进行反击，它们迅速从其最亲近的参议院和众议院那里寻求支持，其中便包括已故的约翰·查菲。查菲之前曾担任海军部长，他所在的罗得岛州政府从电船公司康涅狄格州格罗顿市的项目中获得了丰厚的经济利益。格罗顿市靠近罗得岛边界。查菲把莱曼叫到格罗顿，他被迫以更安抚的口吻发言，以免疏远关键的参议院同盟。

如此反复的事情贯穿了春夏的大多数时间。会议、报告、威胁举动、反威胁举动，大多数在媒体处得到报道。莱曼看起来摇摆不定，言辞批判，却又伸出橄榄枝，之后又收回来。刘易斯和莱曼在下一盘精心布局的棋，而两个人落子的方式都十分遵循规则手册。

但是，8月初，刘易斯前往白宫与莱曼的上司总统顾问埃德文·米斯三世见面，想努力让莱曼退让。莱曼由此意识到，除非他能采取一点重要的举措，否则他将在该问题上面临失败的危险。开新闻招待会、组织会议、发送备忘录、做报告，莱曼不再继续这些在过去6个月中反反复复出现的方式，而是决定在华盛顿的新闻俱乐部发表一次演说。新闻俱乐部是一个能够保证演说得到广泛报道、促使所有相关方——通用动力、白宫以及国会都采取明确行动的地方。也正因为如此，这一举动极其危险，直截了当地把他的信誉送上了火线。如果他不能从白宫、国会以及相关利益群体获得足够的支持，他的策略会产生事与愿违的效果，由此产生的解决方案将让他的目标受挫，破坏他的任期工作。

新闻俱乐部的演说与常规方式很不一样。通常，处在莱曼那样位置的人从来都不会选择在那里发表演说。莱曼通过跟进《华盛顿邮报》的专栏摘要了解到，这次演说的相关报道促使所有相关方把这一问题放在他们议程的最前面。从他与通用动力公司周旋开始，这是第一次所有人都开始加强对问题的关注。演说后的一个星期，莱曼和刘易斯进行了一次紧张而艰难的会面，这次会面促使美国海军和通用动力在一个月后签订协议，规定了政府承担财务风险的上限，并在后续的项目中用清晰的绩效指标来约束电船公司。

20世纪90年代早期，施乐公司的高管团队用较为常规的方式提出非常规的问题，他们组织上层管理者进行了一系列为期三天的场外会议，促使他们关注公司面临的巨大挑战，即如何转变成顾客响应型组织。尽管处在成本控制期，他们依然重金聘请了一名顾问，帮助改进企业文化规范。那时，施乐的一线销售与服务人员根本不具备对客户需求做出快捷、创新性回应的能力。相反，公司要求他们遵循规章手册办事，即便这样做意味着会在不必要的情况下让客户生气。公司的下属员工在工作中得不到信任，而是被严格控制。

对于高管团队来说，把人们召集到公司总部，要求他们齐心协力解决问题，原本是件容易的事情。但是，如果那样做的话，只会发出信号，让他们觉得这就是一件平平常常的事情。然而，通过召开场外会议，并且邀请访问、评估公司数月的外部顾问协调会上的发言和探讨，管理者能够认识到问题的严肃性，能够重新关注公司的适应性挑战工作。

如果你不是处于当权领导的位置，吸引人们关注问题就必须承担更多的风险和挑战。你可能要与有更多职权的人形成联盟，他们能够引导人们关注你所看到的问题。例如，在IBM公司，格鲁斯曼幸运地找到帕特里克，后者有更大的职权和公信力，能够促使全公司都关注互联网挑战，并且这种吸引关注的方式不像单刀直闯阿蒙克总部那般充满挑衅性。

要得到上级的关注，你必须把自己的行为和言辞提升到引发个人风险的层次。例如，你可能要给媒体讲讲故事。向记者透露消息可能是吸引人们关注问题的有效方式，但是一旦被发现了，你很可能会被认为对组织不忠。在公司野餐会上向 CEO 提出一个挑衅性问题，肯定也会让你博得关注，但关注的对象很可能只是你本身，而不是你提出的问题。你的鲁莽行为可能会让你付出高昂的代价，丢掉工作，或者至少会让你的同事疏远你，与你保持安全距离。

  一位朋友向我们倾诉了她的处境，她想要动员人们关注一个重要的问题，但缺乏职权在她看来像是一个无法逾越的障碍。她曾经参加一家小公司的高管团队会议，一位新任部门负责人问了个看起来十分合理的问题。但是，公司的 CEO 勃然大怒，对其提出的想法进行攻击，认为这是"我听到过的最愚蠢的事情"。这让每个人不知所措，问题也被搁浅了。会议情况进一步恶化，因为其他人都觉得要保持沉默。她意识到，有一条神经被触及了，一个从未涉及的问题浮出了水面，但是作为群组里的另一位普通成员，她感觉自己没有能力继续讨论这个问题。她也意识到，大家不会再讨论那位部门负责人提出的合理且重要的问题。紧接着，她发现 CEO 发怒的潜在原因是，他希望那位新上任的部门负责人能够减轻他的部分责任。他感觉自己已经筋疲力尽。所提出的问题让他得到一个非常沮丧的信号，即这位新负责人没有足够的经验和知识帮助他减轻负担。

在这种情况下，我们的朋友能否进行干预并不让自己身处险境？她是否可以把部门负责人提出的问题重新摆上桌面？更关键的是，她能否帮助这位 CEO 及高管团队处理工作负担过重、人才需求量大的问题呢？她怎样才能让会议重新聚焦这一问题？

有几个可能的方式：她可以等一小会儿，以不同的方式再提出这个问题；她可以说明自己观察到的事情，指出 CEO 对那个问题的强烈反应看起来不大合适；或者，她甚至可以直接问 CEO 为什么会那样觉得；又或者，她可以等到会议的聚焦点改变之后，简单陈述每个人都认可的事实，即有一些因素阻碍了公司生产效率的提高。

在没有职权的情况下促使群组聚焦一个棘手的问题，这一直是一个风险重重的任务。但是，你可以用尽可能中立的方式发言，简单汇报可观察的、共同认可的信息，不做挑衅性解释，这样便可以降低风险。也许，简单地问一个直截了当的问题，让潜在的问题浮出水面便足够了。

当超越自身职权行事时，你走在一条细微的分界线上：一边是超越自身角色以促使人们注意到问题，另一边是如此极端以至于问题会被驳回，甚至连你都可能被解雇。已故的西尔维奥·康特曾是美国马萨诸塞州的国会议员。他在一次众议院会议中拿过麦克风，带上猪头面具，就一项他认为包含很多没必要的"猪肉"条目的预算方案展开争辩。作为少数党的一员，康特并不指望能得到足够的选票除去他质疑的条目。大多数人想回避他提出的问题。他冒着被攻击和成为笑柄的风险，专业、公开地指出问题所在。但与此同时，他的发言也引起了与会者的共鸣，得到记者和主要同事的关注,从而促使国会对预算做出一些改变。

马丁·路德·金也是孤注一掷进行挑衅的例子。在民权运动早期,由于没有职权要求国家解决种族歧视的问题,他便广泛地发动示威游行和非暴力不合作反抗运动。尽管他不确定是否会引发暴力斗争,但他知道,只要继续坚持足够长的时间,一定能激发骚动。金要做的,就是确保当暴力斗争发生时,有媒体在场进行报道。当布尔·科勒警长下令释放警犬镇压游行者时,全国人民都看到了金的行动。一旦有了人们的关注,金便不再需要如此挑衅行事。他开始获得道德权威,并且,随着权威的增加,他能够支配更多吸引关注的方式。1963年,吸引全国人民聚焦民权问题的,不是暴力斗争,而是惊人的数字,多达240 000人与他一起在华盛顿特区游行,听他发表《我有一个梦想》的著名演说。

毫无疑问,当你指出组织或社群中艰难、矛盾且承载重要价值观的问题时,你便会经历、观察到各种企图迫使你退让的压力。尽管很难做到,但保持镇定会让你同时完成多件事情。通过承受非议带来的热度,你能在人们承担解决冲突的责任重担时,让失衡状况或具有创造性的紧张气氛维持在积极的水平。保持镇定,你可以为自己赢得时间,等待解决问题的时机成熟,或者反过来,针对那些尚不具有普遍紧迫性的问题,制定一定的策略,让时机变成熟。你也要为自己争取到时间,探寻人们的关注点,从而把注意力集中在关键问题上。

在排山倒海的批判面前保持镇定，不只是勇气的问题，还涉及技巧。在本书的第二部分，我们就如何在怒火面前保持容忍力提出了一系列方法上的建议。例如，走上阳台，寻找合作者，调节温度，调整工作节奏，清晰及时地做出干预，让人们重新关注问题，让相关群体看到一个不同的、比他们想象中更好的未来，所有这些方法都可以帮助你处理产生的失衡状况。除了这些评估、采取行动的方式外，我们也将介绍一系列观点和做法，告诉你如何应对承受领导压力时面临的个人挑战。我们将在第三部分讨论这些内容。

03

LEADERSHIP ON THE LINE

| 第三部分 |

身体与灵魂

第 8 章
LEADERSHIP ON THE LINE

管理你的欲望

我们从自身的观察和痛苦的经历中得知，组织扳倒你最简便的方式是让你自己扳倒自己。这样，便没有其他人感觉应对此负责。我们经常自我毁灭，或者给他人提供击倒我们的"弹药"。

如我们在本书第一部分和第二部分探讨的，人们被打败的原因通常在于，尽管他们全力以赴，却在如何评估、融入环境方面犯错。但是，有时候我们被自己打败，是由于忘记关注自身。我们深陷领导事业，忘记实施领导在本质上是一项在心智、情绪、精神及身体上对我们提出挑战的个人活动。但是，兴奋异常、心跳加速的我们会让自己相信，我们有点与众不同，不受制于那些打败凡人凡事的人性弱点，于是开始忘我地行事，仿佛自己在身心上都是坚不可摧的。

马蒂记得，多年前他负责过一个全国性政治运动，工作量巨大，经历了一段压力很大的时期。他总是提前到办公室，推迟下班时间。慢慢地，他的工作质量开始下降，这说明他已经筋疲力尽了，但当时，他每周工作70个小时甚至更长时间，完全没有关注自身状况。最后，该运动的一位主要顾问把他拉到一边，命令他休假一个星期，并且告诉他，如果不能在每周60个小时的工作时间内完成任务，他们便会找其他人取代他。

比尔·克林顿于1993年1月入主白宫后，由于工作过于忙碌，陷入睡眠不足、体能不支的状态。据总统顾问兼观察员大卫·葛根介绍，克林顿在选举结束到就职典礼这段时间里，没有"让自己在身体上做好应对前方考验的准备"，而是每天20个小时沉浸于工作、玩乐和庆祝。[1] 到达华盛顿时，他"看起来疲惫不堪、面部浮肿但亢奋不已。注意力持续时间很短，以至于进行几分钟的认真谈话都很难"。葛根相信，克林顿政府跟跟跄跄的执政开端部分是由新总统的身体状况所致的。他拒绝休息。可能克林顿有实实在在的动力保持那样紧张的工作节奏。所有人都容易成为自身渴望的牺牲品。自我认知和自我约束构成存活下来的基础。

每个人都有欲望，这是对自身正常人类需要的表达。但有时候，这些欲望会使得我们没有能力理智地、有目的地行事。也许，我们的某一需求过于强烈，导致我们变得脆弱不堪；也许，所处的情境夸大了我们正常的需求水平，放大了我们的欲望，从而超过了我们通常具有的自控能力；又或许，我们的欲望无法抑制，仅仅是因为个人生活中的正常人类需求未能得到满足。

每个人都需要一定程度的权力与控制、肯定与重视，以及亲密感与快乐感。我们认识的人中，没有谁愿意处于完全无力、无关紧要、无所触动的状态。然而，当我们失去个人理智与约束，不能积极地管理、恰当地满足需求时，正常人类的每种需求都可能让我们陷入麻烦之中。

识别并管理这些欲望是一项个人任务，因为每个人都是独一无二的。用音乐来打比方的话，你可以把自己看作一架竖琴，琴弦由你的教养和遗传基因以独特的方式调试好。由于每个人都有不同的琴弦，那么，即便对于同样的弹奏手法，每个人所发出的声音也会有一点不同。世界上根本没有调音完美的竖琴。每个人都会对特殊的社会动态或问题高度敏感，而每个敏感点都会成为我们长处和短处的来源。你可能会先于其他人注意到一个问题，并准备采取行动，但是，你也可能会看到并不存在的问题，或以错误方式做出反应，或在错误的时间做出反应。你很可能听不到音乐中你不愿意听到的部分。

在领导过程中，你会同时调整人们的和你自身的需求。当你考虑他们的希望与失望时，便很容易成为他们的期望贮藏室。但是，如果满足他人需求的欲望融入你对权力、重视与亲近感的正常欲望时，弱点便产生了，当你起先便有强烈的欲望，或者你的需求没有得到充分的满足时，情况尤其如此。因此，人们常常以打败自己告终。他们如此深陷于自己的行动与热情之中，以至于失去理智与自我约束，从而失去控制。

我们并不是说领导过程要求你抑制自己正常的人类激情。（实际上，我们的建议恰恰相反，你随后会读到。）但是，回到我们原先的比喻，反复回到阳台上重新获取视角，观察你的情绪如何以及为什么变得如此振奋，这一点至关重要。当承担起领导的任务时，你一定与周围人表达的多种情感产生了共鸣。你带入工作角色的部分情感无疑是"天生继承"而来的，我们从父母以及祖辈继承到多种优点和不足。工作中其他许多情感是通过你与工作环境共鸣的方式产生的。在扮演的每个职业角色中，一定要注意自己想要承担问题的情感倾向以及组织中其他人的情感，明白环境中的其他人如何影响你。

实施领导时，你参与到会产生多种诱惑的集体情感中：得到凌驾于他人之上的权力，获取自我重要感，以及实现亲密感与性欲满足的机会。但是，与这些情感保持关联并不是屈服于它们。屈从于这些情感会摧毁你的领导能力。权力本身会成为终结点，会把你的关注点转移到组织目标上。自我重要感的膨胀会引发自欺欺人的行为，导致不正常的依赖。不当的性关系会破坏信任，制造混乱，并且可以让人们合情合理地摆脱你以及你在问题上的立场。下面，我们将探讨这些诱惑，以及正常的人类需求如何被扭曲。

权力与控制

权力欲望是人之常情。每个人都想控制自己的生活，都想有主体担当感。然而，有些人可能由于成长过程的缘故，有着不相称的控制欲望。他们可能在严格结构化或异常混乱的家庭中长大，因此对任何社会不安因素反应强烈，多年来一直寻求控制欲望的满足。他们控制乱局的掌控欲反映出更深层次的秩序需求。

这种需求或掌控欲可以变成弱点的源头之一。试想，如果具有这些特征的人强势进入一个充满压力的组织环境，会发生什么情况。想象一下当时的场景：人们正处于与棘手问题斗争的高度失衡状态，情况十分混乱，冲突重重。朗达骑着她的白马翩翩而至，准备充足、心甘情愿地（内心上实际是不顾一切地）接手这一局面。的确，在组织中的人看来，她犹如神兵天降。不出所料，她帮助组织恢复了秩序。

一开始，这确实是一种福音，因为当处在某一社会体系中的人们不知所措时，他们不知道如何进行恰当的学习。社会学习需要对社会秩序提出挑战，但要使失衡状态保持在积极的水平。因此，如果有人能够给混乱的社群带来有秩序的表象，把痛苦降低到可容忍的程度，便是给人们带来了至关重要的福音。朗达使得"压力锅"保持在不爆炸的状态。

控制欲会让朗达把手段误认为是目的。具有过强的控制需求的人渴求权力，很容易看不到问题所在。朗达很可能会把维持秩序当作目的本身，不再关注如何动员人们继续开展解决问题所需的后续工作。重新回过头处理澄清责任义务的政治工作，应对棘手的权衡取舍，这将导致社群回到她无法忍受的混乱状态。她告诉自己："一切安好，因为情况被控制住了。"组织中的人很开心，因为他们不喜欢不安的状态，喜欢平静的生活。一切看起来都很好。不幸的是，组织的期望是想要回避争议性问题，而朗达现在已经极易受到这种期望的影响，甚至成为这一期望的代理人。

詹姆斯·凯伦索特是我们认识的最成功的公共事业管理者。他总是能完成任务。20世纪90年代中期，凯伦索特最大的挑战是管理"大隧道"工程，波士顿这项公共工程耗资145亿美元以上，想要从地下打通贯穿城市的高速公路"中央干道"，建立第三条到达洛根国际机场的海港隧道。很长时间里，大家都说他的工作非常出色。但是，他之后深陷入控制欲中。工程已经严重超过预算，但凯伦索特却没有向任何人提及。他甚至都没有告知正在准备参加连任竞选的州长。他认为，控制局势并对问题保密，直到自己解决好问题，这是高尚的、有助于他人的做法。

如果他在最初发现问题时便让大家认识到问题的存在，联邦、州和当地的政府官员及民众便可以集中力量找到问题的解决方案。但是，直到一次外部审查，问题才曝光出来。这时，凯伦索特的管理便成了问题，他被解雇了。控制欲望成为他所追求的目标，使他失去理智，妨碍他找到与人共同解决问题的策略，这样的策略原本可以让他安然渡过难关，保住声誉。

促使人准备好处理混乱的局面，运用原始力量恢复秩序，军队可能比其他任何机构更注重这一点。军队希望吸引那些有着控制欲的人，但实际上是要训练他们准备好如何实施控制。如果你处在一个新形成的、正努力维系自身组织性的群组中，并且其中有一位军人在场的话，你会发现，这位军人会站出来，他同时具备推动事情前行的技能和愿望。联合航空 93 号班机飞行到宾夕法尼亚上空，班机上的乘客通过电话发现劫机者很可能想要让他们的飞机失事杀害地面上更多的人，这时一些乘客英勇地冲进机舱，重新夺回对飞机的控制，他们都有习武和部队背景。²

从更大规模的层面来说，当处于政治动乱的政府看起来已经无力解决国家的冲突和痛苦时，部队通常会以维稳力量的身份出现，这是最后的扶持性环境。这可能证明了军队一个非常重要的功能，即在危险、紧急的情境中，其可以拯救许许多多的生命。但是，由于军人是专门受训以镇压动乱、维持秩序，他们可能会做得过火，一并压制了解决关键政治、经济与社会问题所需的多元化观点。牵制冲突、强力维持秩序可以为推动问题进展提供一些条件，但他们本身并不是进展。

如果你英勇地挺身而出，想要恢复秩序，重要的是要记住，你获取的职权是社会期望的产物。相信职权来自你本身，这只是一种错觉。不要让职权冲昏了头脑。人们给予你权力，是因为他们期望你为他们提供服务。如果你一味沉浸在人们给予的喝彩和权力中，不能提供他们恢复自身适应能力所需的服务，那么最终，你会让自身的职权处于不保的危险境地。

肯定与重视

在领导过程中，有的人会反对你的观点，其他人则会肯定你的观点。如我们在第 4 章讨论的，有很多理由要求我们贴近反对阵营。你需要理解他们，向他们学习，以积极的方式挑战他们，当然也要对他们的攻击保持警惕。但是，对收到的正面回馈进行批判性审查同样重要。我们都需要肯定，但随意地接受赞美会导致狂妄自大，会使人夸大自己和自己的事业。人们可能会十分相信你，仿佛你有魔力一般，于是你便开始相信自己真有魔力。痛苦程度越高，人们便希望、期许你能提供更多的救助。他们可能过于相信你的能力。

有时候，出于战略性原因，应该承受人们错误的认可，至少暂时如此。在严重的危难面前，人们需要用新的希望来抵御已经失去的希望。你可能不得不表现出比你自身感知更多的信心。2001 年 9 月的恐怖袭击之后，美国总统乔治·W. 布什保持自信的姿态，给整个国家带来急需的安慰。他向国民们宣告，恐怖袭击的幕后分子一定会落网，并绳之以法，尽管与恐怖主义的斗争长期而艰难，但我们能够也应该以正常的方式继续自己的生活。他的支持率几乎翻倍。当然，同时摆在他面前的是艰难的权衡抉择。

作为高层领导，你可以决定在组织危机中隐瞒一些坏消息，让人们暂时保持对你的尊崇；如果你不确定他们能承受多少冲突、能多迅速地迎接挑战的话，这一策略会为你赢得一点时间。但是，一定要小心地保持清晰的战略性思维，不要因大家的肯定而陷入自鸣得意、过度自信的境地。人们必须尽快了解真相，这样才能全力对付出现的问题并做出所需的改变。如果你长时间装作能给出超过你能力的答案，现实会抓住你的尾巴；最终，你会因为装出来的聪明失去信誉。

与此类似，你的支持者中可能有一些狂热分子，他们对你领导的事业充满了激情，热切地希望能够对你施加影响。他们可能会通过热情洋溢的言行进行争辩，认为你控制工作节奏的策略是在回避问题。狂热分子们善于挑战极限，但是他们通常不能保持正确的工作节奏，不能尊重反对者的观点、利益以及潜在的损失。确实，领导中的诱惑之一来自这些狂热支持者，他们利用你对肯定的渴望，迫使你采取激进的行动，有时候甚至是在不知不觉中采取极其危险的行动。当比尔·克林顿总统过快地推出医疗改革计划中过多的内容时，可能就存在这样的情况。[3]

在古罗马，皇帝旁边时刻都站着一个人，他的职责是提醒皇帝死亡的概率。对于领导者来说，在奸诈与野蛮恣意横行的政治环境中，有这样一个人执行这样的任务无疑对日常存亡至关重要，要想获得成功尤其如此。当你努力实施深层次的、可能违背他人意愿的变革时，情况和这没有太大差异。我们建议你找一个不受你职权管制的人为你做这项工作。

控制自己可能变得狂妄自大的趋势需要技巧，并且必须将技巧与谨慎之心密切配合。你是能力有限的自然人，但人们在高估你的工作角色时，会超越这一本质，要谨防这一点。确实，人们在工作环境中看到的，是你帮助他们实现目标，反过来，你代表了让他们深感不安的问题。他们看到的不是你本来的面孔，而是他们自身各种需求或担忧在你身上的反映。这些主宰着他们对你的看法。相信你具有与生俱来的能力，不管对你还是对他们来说，这都是一个陷阱。从长远来看，依赖使人陷入困境，你必须控制自己助长依赖的欲望。当发现你也会遭遇凡人的失败时，人们的依赖就会随时变成蔑视。对重视感的渴望会让你忽略明显的危险警告。莎士比亚笔下的尤利乌斯·恺撒大帝，当有人在人群中警告他"3月15日要小心"时，他忽略了这一警告，说道："他做梦呢，我们别理他。"他之所以对自己过分自信，是因为他认为自己而不是他执掌的权力是所有人世界的中心。[4]

　　控制自己的狂妄自大意味着不再认为自己是拯救世界的孤单英雄。人们可能请求你扮演那样的角色，但不要受他们引诱。这会让他们失去提高自身力量、解决自身问题的机会。不要开始认为，那是你应该承担和解决的问题。如果你完全承担起挑战，请确保你只会在一段时期内这么做，要促使人们在这段时期内调适自身承担挑战责任的欲望和能力。

　　第 4 章讲述了皮特的故事，他尝试为智障人士服务机构争取一块地皮。在一定程度上，他的失败是因为自我重要感使他变得易受攻击。他有一些狂妄。我们问他为什么没有看到反对者的行动。他是这样回答的："我原以为所有的法律都站在我们这边。我可以在法庭取胜。我觉得自己大棒在握。我之所以这么认为，是基于我 1992 年的经历。那次邻居们阻止我们拿到一块废弃的陆军基地。我们与他们交涉了大概一年的时间，发现他们很难安抚。也就是说，我上次试过那条途径，却行不通。这一次，所有的政治势力都站在我这边，这让我错误地觉得自己是坚不可摧的。我当时听到的声音，都认为这样做是在正确的地方做了正确的事情。我这边有几个人很谨慎，但是我从来都没有注意他们的担忧。"他被自己的急躁和确定感蒙蔽了，只听取肯定的声音，听不到批判的声音，而正是后者打败了他。

当然，每个人都渴望得到重视和肯定。每个人都希望自己在生活中举足轻重，至少对某些人来说如此，但是我们有些人在这方面比其他人脆弱。罗纳德把自己归在这一组。他喜欢被需要、被重视的感觉。和许多有着这样需求的人一样，他花费了很多年时间学习如何帮人解决问题，投入了大量的个人精力和自律精神从事正式教育与在职教育工作。如果能帮助人解决问题，他在他们眼中就变得很重要，或者，至少逻辑上如此。

对被需要感有过高欲望的人总是环视周围，寻找他们能够解决的问题。只有在帮助他人解决棘手问题之后，他们才会快乐；而问题越难，他们就感觉自己越重要。他们的口号是："你有棘手的问题……我便有解决办法！"在某种意义上说，他们是专业的"揭伤疤者"（你想想"顾问"），检查人们的新伤口，让他们再多流一点血，然后告诉他们："我有治疗良方！"这些人不会犯什么错误，通常都很好，贡献卓越。但请注意，驱使他们这么做的部分原因是他们对自我重要感的渴望。你出现在地球上是有一定原因的，这种保持平衡的感觉能让你感受到自身的意义和爱心，但这种需求很容易变成你的弱点。试想，如果你是一个迫切渴求被需要感的人，在加入一家境况不佳的公司之后，你解决了一两个重要的问题，公司里的人会说："哇，你真是太棒了！"之后他们会继续抓住你，不假思索地依赖你，这正是你想要的！问题在于，你可能会开始相信他们的错误判断，相信自己有所有问题的答案，可以满足各种各样的诉求。如果你身边的人不对你提出质疑，你就失去了自我批判的能力，你们之间开始形成一种潜意识的合谋，产生"盲人领盲人"的盲目状况。

这种合谋可能会朝着险恶得多的方向转变。历史上有很多魅力型权威人物，他们具有很强的自我重要感和掌控感，刺激人们向他们寻找各种答案。邪教人物吉姆·琼斯、大卫·考雷什以及奥萨马·本·拉登和他的宗教极端势力，只不过是最近发生的悲剧性案例。希特勒是一个典型，他所代表的危险状况发展到几乎难以想象的大规模，一个备受苦难、丧失判断力的民族迫切需要寻找一个"知道何去何从"的人，这正与煽动家的狂妄自大不谋而合。

大多数有传道或授课经历的人对这种吸引力有所了解。当人们说"你就是我们要找的人"时，你受到强烈的诱惑想要相信这句话。当然，你可能确实具有难得的智慧，但想要变得尤为重要的欲望引出一个危险的条件，领导可以因此变成误导。

有的人很幸运，他们遭遇一次挫败后，便让他们在事业早期、在其他人受到伤害之前觉醒过来。西雅图市普利茅斯公理会教堂的高级牧师托尼·罗宾逊描述了他如何从高处跌落的经历。"在我刚开始担任牧师时，我到火奴鲁鲁接管了一座教堂，我的前任在那里自杀了。到了那里之后，我问自己：'我要在这个位置上做些什么？'但是，就像许多担任牧师职位的人一样，我们把自己与上帝混淆了。我原以为我可以改善那里的问题，但反倒是问题改善了我本身。我在那次领导经历中的失败促使我更深入地思考、澄清一系列问题，我是谁？上帝召唤我做什么？我不能做什么？"同样，另一位牧师皮特·鲍威尔在培训中引用一句标准式的建议忠告许多年轻的牧师："如果你像救世主一样行事，你也将像他一样终结。"⁵

但有的人永远都不会吸取教训。1965年，当费迪南德·马科斯成为菲律宾总统后，人们敬他为救世主。他承诺战胜贫穷，让国家走上正轨。但是，经过20年的政治统治，人们依然很贫穷，而马科斯夫人却过着极其奢侈的生活。在这期间，他一如既往地把自己当作智慧与秩序不可或缺的缔造者。他的欲望完全失控，最终，于1986年被人们驱逐出境。

狂妄自大会让你走向失败，这是因为这一心态会让你远离现实。尤其，你会忘记疑惑在促进组织或社群中起到的作用。疑惑会向你揭示未曾看到的现实。一旦失去了怀疑的能力，你便只能看到肯定自身能力的东西。

当然，经历超越你自身能力的事情，也是领导过程必要的组成部分。你怎么可能想象自己具有足够的知识和技能，能够解决所在企业或社群将要面临的、不计其数的、持续发生的适应性问题？站在复杂新现实状况的最前线，这确实是适应性工作的特点。如果所有的事情都在你的能力范围之内，那么生活便只不过是一个技术性挑战。但是，大胆无畏与故作勇敢是两码事。你可以在即便不确定是否知道该做什么的情况下勇敢地进入新的领域，而承认自己能力有限是开辟道路过程中开放地向他人学习的方式。

美国数字设备公司（DEC）在其巅峰时期可以在电脑业务方面与 IBM 公司抗衡，公司拥有 120 000 名雇员。肯·奥尔森创办了这家公司，与许多创业者不同，他成功地打造了这家公司，带领公司走向市场的顶尖位置。他在公司里表现得十分慷慨，对员工非常好，对各种各样的人事政策进行试验，以增加员工的创造力、团队精神及工作满意度。鉴于他卓越的成绩，在主要业务问题上，高管团队都指望奥尔森来做决策。他似乎总是知道该如何做，总是能"做正确的事情"。确实，在过去的那么多次经历中，他都做对了。

但是，他的成功也导致了他的失败。20 世纪 80 年代早期，他有理有据地预测，没有人会想拥有个人电脑，因为根本就没有想要的理由。他认为，使用与办公桌上终端相连的大型主机电脑成本效益更佳。因此，他一直让 DEC 置身个人电脑市场之外，直到后来为时晚矣。

当然，每位商务人士都会做或好或坏的预测和决策。这里的弱点并不是奥尔森的决策本身，而是他培养出来的周围人对他的依赖，这种依赖意味着，长久以来，他的同事们从不挑战他的决策。比尔·盖茨的例子则与此相反。10 年后，他错误地决定要让微软置身互联网业务之外，只不过不久之后便来了一个 180 度的转弯。他通过观察瞬息万变的电脑产业，仔细聆听同事们的意见，改变了自己的决定，这不仅没有让他的自豪感受损，反倒由于灵敏地做出改变而增加了自身声誉。

最后，当我们在职业生活中渴望获得认可和奖励时，便可能看不清方向，导致我们无情地践踏自身的个人承诺及价值观。罗纳德在写完自己的第一本书后亲身经历了这一情况。由于花费了长达10年的心血，他到全国各地宣传这本书，用各种各样的方式告诉人们，他们多么需要他在书中介绍的内容。6个月里，他每周有2天在授课，其他时间都在路上奔波，接受报纸、广播和电视采访，与任何愿意聆听的人交谈。

一天晚上，他完成图书宣传旅行回到家中，他的妻子建议他们在孩子们睡觉后共浴。"哦，不错，"他当时想，"在我辛苦奔波去宣传图书后，来点儿乐子。我应该值得享受一下吧？！"

他们给孩子们洗完澡，刷完牙，读完睡前故事，然后，夫妻二人便一起走进浴室。他们给浴池放上水，还加了一些很好闻的香料，宽衣解带，进入浴池。罗纳德还没在浴池中躺下，美好的幻想便被打碎了。他明白了，这根本不是什么庆祝享乐，这是一次会议。

他们在浴池里待了2小时，可以说，这段时间让他冷静了下来。她向他指出，当他忙于并满足于正做的事情时，家里、办公室里都发生了些什么事情。她说，地球还在转，如果现在不关注发生的事情，等到他决定回过头来时，一切都会大不同。

罗纳德用他知道的所有方式反抗她的提醒。他"听"她说话，然后把她的话理解为"她对他的离开超级敏感"。他甜言蜜语，施展魅力诱惑她，试着与她理论、妥协，甚至还扮可怜。她拒绝辩驳，也不为所动，一直保持镇定。等到会议进行到第二个小时，水开始变冷时，他开始领悟了。他开始理解她话里的意思。

她说:"你真的在丧失自我。你时刻都在到处飞。你上了一个广播节目,却还抱怨没有上另外一个。你上了《纽约时报》,却抱怨还没上《华盛顿邮报》。你不在的时间太多了,如此沉浸在自我中,以至于看起来没有真正与我们的孩子在一起过。在这种情况下,我的博士永远都念不完了!"

于是,他在浴池里开始反思身上存在的自称为"贪得无厌地带"的东西,使得他无论做了多少、无论做得有多好,都无法满足。对于被需要感过强的人来说,让他回答下面的问题简直太可怕了:"什么是珍贵的东西?什么是可牺牲的东西?"当然,在很长时间里,还有很多这样的对话。罗纳德必须做出选择:一边是作为父亲和支持妻子的丈夫信奉的价值观,一边是他行为中那些看起来把事业置于这些价值观之上的方方面面。罗纳德曾经全都想要。就在他事业刚刚起步时候,就在电话响了有人说需要他、有时还付费不菲的时候,他被要求回答到底什么更重要。这好比他的飞机刚从跑道上起飞,妻子却用十分明确的言辞告诉他,必须让喷气机冷却下来。

罗纳德辩护道:"我怎么可以这样对待我的梦想?"之后,他意识到,其实她给他扔过来的是一条救生筏。他迷失在自己的"贪得无厌地带",迷失在对重视与肯定的无限渴望中,他可能得到整个世界,却会失去自我。

亲密与快乐

人类需要亲密感。我们需要从情绪和身体上得到抚摸与支持。但是，我们部分人在经历这种需求方面很脆弱。例如，如果幼年丧父或丧母，我们可能会因此对孤独特别敏感，只要一接近这种感觉便会匆忙地寻求安慰。又或者，我们可能特别容易受到拒绝的影响，因此，无论什么时候感觉被抛弃，我们都会暂时失去好的判断力，跑向任何愿意接受自己的人，有时候甚至把性亲密与其他形式的亲密感混为一谈。

从你自身经历来看，你可能确实已经成为一个非常擅长给他人提供扶持性环境的人，善于在组织、政治或社会变革过程中牵制紧张气氛。你可能已经具备促使人们在相互冲突的观点和价值理念中团结起来所需的情绪与精神力量。恰如压力锅的厚壁，作为扶持性环境确实需要强度与恢复力。

谁在扶持你？谁又在帮助扶持者？如果你在担当安全角色的过程中完全筋疲力尽，谁会为你提供一个能够满足你亲密感和释放感需求的地方？

有时候，为了回应各种各样的身体虚弱感、筋疲力尽感、紧张不安感或者简单的疲惫感，我们会做出自毁倾向的举动。以性欲为例，毫无疑问，寄托人们的种种希望会撩动你的情绪，而有时候，这会让人在性生活中表现出自毁倾向。显然，这可能对男人和女人来说存在差异。当人们把男人视为特殊的人时，有时候会让他的欲望和自我意识膨胀。因此，有的男人在这种需求状态下会卷入超过界限的、不恰当的性行为，损害他们自身、他们倡导的问题甚至整个工作环境。

在美国历史上，比尔·克林顿也许是这方面最公开的例子。但他并不是仅有的例子，我们还知道很多相似的案例。我们暂时不管克林顿的总统身份、他的政策及位置。让我们把他看作另一个在大型重要组织中拥有很多权力的中年男人。让我们试着用刚刚探讨过的内容来理解他当时的境况：由于无法管理好自身的欲望，他无可挽回地伤害了别人、自己以及家庭，并且几乎把自己打败了。

比尔·克林顿生命中美好的30年都用于追寻他的总统梦，贯穿他的成年生活，并且也实现了这一梦想。1993年1月，他作为总统入主白宫，他当时的兴奋程度是我们大多数人难以理解的。

克林顿不仅很兴奋，而且还有着雄心勃勃的议程：复苏美国经济，改善医疗卫生体系，降低犯罪率，控制赤字，改革联邦政府，通过北美自由贸易协定，保护环境，等等。他是一个胃口很大的人，和其他一些总统一样，他犯了做事过多、过急的错误。他把适应性挑战当作技术性问题来处理，高估了自己的职权，没有规划好相应的战略及变革节奏。

18个月后，他掉到最低谷。1994年的选举中，很多民主党人未能当选，从而让纽特·金里奇和他的《美利坚契约》得到极好的授权，并控制了美国众议院。

1995年，金里奇抓住了公众的想象空间，而克林顿正努力恢复自己的权力。可悲的是，他坚持认为自己作为总统依然与公共政策密切相关，但是，由于所有的目光都锁定在金里奇与共和党人身上，他几乎没法向人们传递他的想法。克林顿的希望与梦想几近粉碎。他只能尽力让它们不至于完全消失。

被媒体和公众回避、忽略了12个月之后,克林顿在1995年年末展开了最后一次、不顾一切、孤注一掷的政治赌局。他与共和党人玩起了胆小鬼博弈,导致政府关门。此举与高空走钢丝无异。克林顿不知道什么时候下赌注才能让共和党人看起来像坏人,从而承担起政府关门的过错。这要么会成为他事业的尽头,要么会成为卷土重来的开端。

1995年11月,美国政府被迫关门,导致了意想不到的副作用。克林顿的许多下属、盟友以及督促他自我约束的密友都不能回到工作岗位。因此,在经历了12个月的总统任期低谷后,克林顿把剩下的所有政治资本孤注一掷,却发现,白宫西楼中的全体同事已经不能像以往一样帮助他完成日常主持大局的工作。而且,他最主要的密友、最能约束他遵守纪律的人,希拉里·克林顿恰好也不在城里。为了维持正常的运作,只保留基本员工的白宫聘请实习生们(政府关门并不影响他们的津贴)到总统办公室工作。

现在,假设你处在当时克林顿的境况中,你几乎走到了希望的尽头,对你的事业展开了一次终极赌局,以成千上万甚至是成百万上千万人的福利为赌注。再加上周围什么人都没有,你的警卫们都不见了。只有你,在非常危难时期把企业紧攥在一起,连你的妻子、你最重要的密友也离开了。

你可能会感到一种令人眩晕的、不真实的兴奋，也许表面之下，还有一些紧张不安的绝望。至少，你又回到博弈中，表现出极大的力量，让美国国会与你保持平衡的僵局。在那一刻，每个人可能都需要像奥德修斯一样保护自己。奥德修斯知道，一旦听到海妖塞壬的引诱之声，他便会无力控制自己，会像之前的那些水手一样，跳入水中自取灭亡。他知道如果单独前往，他会无法抵制诱惑。因而，他让水手把自己紧紧地捆在桅杆上，水手们的耳朵被蜡封住，这样他们也不会受到诱惑。他命令他们在他强烈要求为自己松绑时，不要理会他。当航行到那些水域时，他听到了海妖美妙的歌声，也正如他所料，他因此而发狂，要求水手们放开他，但他们对他的手势置之不理，也听不到他的叫喊，他因为充分的准备而得救。也许，克林顿也需要深刻了解自己，让人把他"绑在桅杆"上。

在下一章中，我们会介绍各种各样、能让你不被未知且危险水域卷走的"锚"，而现在，我们的重点只是带着更多的怜悯去了解自身的欲望和弱点。克林顿处在非常令人兴奋且不顾一切的政治博弈中，没有妻子和最亲近的同事在旁边把他"紧绑在桅杆"上，而就在这时，莫尼卡·莱温斯基走进了他的生活，举止诱人。他失去了所有约束，为了一时的欢爱与快乐，向自己的欲望屈服，从而造成了不可思议的危害。

莱温斯基的行为也是一种失控的欲望。与其他人类动力相比，权力、名望和地位拥有者，包括男人和女人，散发的吸引力是最容易预料到的。当靠近杰出人士时，几乎所有人都会感到兴奋。根本不用到总统办公室附近工作你便能知道，为了接近身处高位的人，人们会如何积极地展开竞争。

我们也是通过亲身经历了解到这种欲望。我们俩都曾顺从自己的心愿，受欲望驱使接近身处高位者，最终却愚弄了自身，并牺牲一定程度的气节，或是说尊严。确实，我们猜测大多数人都了解莫尼卡·莱温斯基当时的脆弱感：我们错误地认为，悄悄接近特殊人物，会让我们的自我价值得到增强或巩固。有的男人把女人当作战利品，以极为炫耀的形式提高他们的自尊心，有的女人也会这么做。我们都会留下与大人物共处时刻相关的纪念品，不管是相片、亲笔签名，还是沾上污渍的衣服。马蒂桌面架子上摆满了他与名人的合影，那是他从事政治、政府工作时照的。实际上，他到了60多岁依然喜欢请人签名题字。

当然，这只不过是海市蜃楼。没有谁的价值是根据他们认识的人来界定的。然而，有许多人却如此沉醉于这样的海市蜃楼中，以至于迷失自我，失去真实的自我身份感。与那些身处晚年、曾经去过某地做过某事的人交谈，他们会告诉你，接近"特殊"人物是种有趣的经历，但无法填补内心的空虚。

这些动态近期内不会有所改变。诱惑会继续挑战我们内心的约束能力，考验我们的"锚点"。我们需要更好地了解领导力和职权的性挑逗特点。克林顿这样的例子并不罕见。许多手握职权的人，包括正式与非正式的职权，难以牵制他们高涨的性冲动，从而招来麻烦。富兰克林·罗斯福、约翰·肯尼迪、马丁·路德·金以及美国许多参议院与国会议员都因这种或那种性丑闻让自己的整个事业陷入危险之中。莫罕达斯·甘地曾公开明确地说过自己非常努力地控制性欲。很多商业人士可能也是如此。奋力保持内心的纪律约束是领导和职权中的一种责任。性欲强的男男女女渴望得到权力,尽管这一点可能是正确的,但另一点也很可能是正确的,恰如亨利·基辛格所说,权力是高效的催欲剂。同时,非常确定的一点是,对欲望的屈服表明你已经失控,走上利用人们、滥用职权之路。

尽管并不是所有的男人和女人都有这一弱点,但是我们从人们讲述的故事中可以看出一些基本模式。失控的性冲动有两种基本表达方式:一是有人接近你,对你的职权做出反应;二是你滥用手中的权力向他们要求"性利益"。他人接近你的步伐具有欺骗性,因为与你本身相比,他们更多的是被你的角色与权力吸引。如果你不相信,卸下职业角色再看看,他们是否依然觉得你的魅力"不可抵御"。在提出性要求时,你不仅亵渎了信任,破坏了有效率的工作环境,而且也经常使得自己和主导的问题被迫靠边站。即便你想办法隐瞒风流韵事,工作环境再也与从前不一样了。

女士们向我们描述过不同的性欲状况。有的女人在错觉中迷失自我,认为与一个有权力的男人在一起将证明她们的价值。有时候,为了接近他,她们会使用自己的性引诱力。然而,等到醒悟之时,屈服于这些诱惑留下来的只有空虚、伤害和失望。

和男人一样,权力也可以成为女性有效的催欲剂和吸引力之源。由于受我们文化中性别规范的影响,女性提升到职权位置时常常会比男人更警惕。在依然由男性主导的世界里,男性和女性对性乱行为的观点截然不同:男性通常视之为勇猛与权力的标志，而女性则视之为羞耻与软弱的象征。如果克林顿是女性，他能否幸免？我们对此表示怀疑。当权的女性知道，性丑闻风险极高，会摧毁她们的信誉与职权，即便保密也是如此。如果一名女性领导者允许一名男性跨越那条界线，同时也是权力界线，她深知即便没有其他人知晓，她也可能会因为那个男人而失去自身的权力。一旦大家都发现了这件事情，她也会面临失去自身权力的风险。从原始的意义上说，她在男性与女性中的权威都会大打折扣。

女性会努力守住界线。许多职业女性每天都会有意或无意地花一些精力，去留心哪些人在接近她们并反问为什么接近她们。一段时间之后，这会变成女性直觉的一部分，她甚至可能都不知道自己处在警戒状态。

为了守住那条界线，女性不仅要管理好自己在男性身边的行为举止，而且还要管理好自己的感受。当频繁地近距离一起工作时，男女的欲望便有可能被撩起。为了控制她们自身的情感、牵制工作中的亲密关系，女性有时会有意地去掉自己的性别角色。她们可能会扮演女儿、姐妹或母亲的角色，这些比作为一个"有三维的女性角色"更安全。其他女性会制造"罩子"或壳儿，把自己与感情隔离起来，以此保持安全。

在很大程度上，出于历史文化与规范的原因，女性和男性对这一问题可能会保持"镜像"，即同样的问题有不同的情况。男性遇到的问题通常是自身不受牵制。他们把在工作中膨胀的欲望付诸行动。这可能会伤及别人、他的灵魂或家庭，但对他工作上的职权不会有什么后果，甚至可能会增强他在某些领域的声望，直到现在依然如此。

与此不同，女性一旦跨越那条界线，便很少能得到好的回报。为了应对这种情况，许多女性告诉我们，她们变得过于牵制自我。由于整天都要花费少量的精力保持小心警惕的状态，有的女性发现，即便结束了一天的工作，她们也很难摆脱自己的职业角色，难以在情感与性亲密中放松自己。

作为男性，我们知道，我们踩在不属于自己的地盘上。并且，这块地盘上充满了陈腔滥调，但是，我们按照女性的描述来谈及这些模式，这样大家也许能够更好地理解这些生活中一般被视为禁忌话题的方面。为了让自己能够在情绪和性方面都能得到深层次的安抚，女性应该促使自己去相信他人。如果整天都处于警戒状态，要放松身心是一个很大的挑战。因此，许多女性发现，即便离开工作、回到家中以后，她们的需求也很难得到恢复和满足。

当许多女性进入领导层、成为关注的中心时，会有和男性一样的本能反应。当他人以特殊的方式看待一位女士时，她对亲密感与快乐感的欲望便可能增加。恰如容易被有权力的男士吸引一样，人们也容易被有权力的女性吸引。周围充满了诱惑，一些原本就被自身欲望控制的男士，会感觉到她的欲望，对她进行引诱。尽管她可能会发现自身欲望被激起，但这种感觉本身便是一个危险信号。少数女性会做出回应，跨越界线，从而伤害自己。

还记得第3章里我们的朋友保拉吧？她未能在国家机关改革中幸存下来。压力和职位让她在寻求同伴的欲望驱使下表现得很脆弱。她承担那项工作时正处特殊的人生阶段，强烈的肯定需求与亲密需求都未得到满足。当时，她的家庭生活遇到困难，婚姻看起来摇摇欲坠，且需要抚养两个小孩，她倍感压力。她很挑剔，对自己的职业生活缺乏自信，不知道自己能否胜任这种"责无旁贷"的高级职位。

她没有意识到自己的这些需求。至少，她必定不知道这些欲望会让自身变得脆弱。她不经意间采用不恰当的方式来满足自己的欲望，与一位同事保持过于亲密的关系，因此反对者有机可乘，使她成为个人批判的目标。一旦她成为问题本身，探讨的主体便转移到她的欲望性质上来，偏离她想要探讨的重要问题。

如何处理欲望

你应该如何管理这样的本能欲望？首先，要认识你自己，告诉自己真正的需求，然后以合适的方式满足这些需求。权力与控制、肯定与重要感、亲密感与快乐感，每个人都有这些需求。如果只是简单地通过给自己装上欲望消声器，你难以从领导的过程中存活下来。管理自身的欲望要求你了解自己的弱点，并采取行动弥补这些弱点。而尊重自身的欲望是行动的起点。下面我们将介绍两种可以用来应对性亲密需求的方式。我们之所以聚焦这一特殊欲望，是因为这是一个十分常见却又尽量避而不谈的脆弱地带。

过渡仪式

男性和女性都需要"过渡仪式"来帮助他们脱离职业角色，

重新回归到他们正常的个人生活。否则，精心保护的职业角色会渗透到我们的个人生活中。我们很容易在晚上下班后继续戴着面具，因为白天的时候它让我们得到很好的保护，不受伤害。几乎任何简单的举止都可以作为你从公共生活向私人生活过渡的标志。换衣服、洗澡、上健身房、散步或跑步、沉思或祈祷、喝一杯酒，通过这类简单举动便能帮你走出角色，恢复你本身的状态。任何一种转化为"仪式"、伴随一些心理意图的活动，都能帮助你实现心理状态的转换。你得通过试验看哪种仪式对你有效。

当然，有些人完全融入某一特殊角色，以至于似乎害怕并难以想象自己走出那一角色。的确，在电子邮件时代，自我重要感的诱惑越来越大，我们会发现自己几乎每时每刻都深陷其中。"现在肯定有人在找我了吧？"我们会这样对自己说。

也许，我们需要得到正式的"允许"，才能停止工作。有多少父母在孩子们睡觉之后依然难以让自己静下来呢？讽刺的是，我们每天竟然需要纪律性的约束才能从职业角色中抽身出来，才能放慢脚步，创造出角色过渡时刻。我们需要刻意的关心才能恢复自己原本的身份，才能了解并满足自身对亲密感的需求。

然而，在这些过渡时刻的另一面，你可能会发现，欲望原本的存在状态是寂寞和空虚。因此，只简单地创造过渡还不够。之后你可能得重新点燃自己得到亲密感的能力，恢复被忽略的家庭或社群模式。如果你没有地方可以得到亲密感，那么过渡是徒劳的。

重新点燃火花

所有人都有从身体、灵魂以及心灵上得到爱抚的人类需求。我们生来便是如此。在犹太人部落里，夫妻应该在安息日做爱，因为爱的快感可以带来永恒天堂般的感觉。这种由神圣永恒与婚姻结合带来的感觉不只专属于男人；根据犹太法律，男人必须给女人带来充分的欢愉。

持久的亲密关系通常会干涸。然而，在紧张的职业生活中，很难持续保持自身昂扬的斗志，这时，让自身的欲望得到满足尤为重要。如果这些欲望变得难以收拾，你应该寻求所需的帮助，以合适的方式从生活中获得可能的亲密感。否则，如我们所见，欲望会以破坏性方式外溢，或者我们将完全抛弃那一部分人性。

在我们生活的时代，通过寻求帮助消除怀疑、剥离我们的角色、重新点燃激情的火花不再是禁忌，这也许是历史上的第一次。在各种治疗法和研讨班盛行的今天，没有什么理由让自己屈服于一段干涸的关系。我们甚至了解如何治疗纵欲带来的伤害。从社会整体而言，我们刚刚把性欲带到阴影之外，学习如何以更好、更诚实的方式认识这些禀赋。当真正做到之后，我们寻求私人生活帮助时的羞愧感便会大大减少，事实上，很多人有这样的需求。

当然，走出对我们形成约束的尴尬感和文化禁区，是需要勇气的。在生活中，一些至亲至近的人用他们所知的最好方式爱我们，我们对他们满怀忠诚，与此同时，对一些他们教授的受约束的生活方式也深信不疑。例如，在一些文化中，女人被告诫说爱抚毫无乐趣可言,性亲密只不过是女人为男人提供的一项服务,而未来会比较"光明",因为随着时间推移,他的兴趣会越来越小。我们听到很多人以不同的方式表达这样的想法:"他已经四年没亲近过我了,感谢上帝,我再也不用为他提供服务了!"

然而,任何适应性工作都要求审查你的效忠对象,即便在个人层面也是如此,要从过去带走最好的东西,把可以牺牲的东西抛弃。为了维持那份骄傲或忠诚而放弃在性爱快乐与脆弱中体味神圣火花的机会,这看起来要付出非常高昂的代价。恢复感情中的甘露,看起来是一个人管理自身欲望的最健康方式。

我们并非生来便能处理庞大社交网络生活产生的各种情绪流。人类生来便生活在情况相当稳定的小群组里。因此,在现在的生活中感觉不知所措或逃避现实,都是完全自然的。确实,无论你的成长过程如何完美,无论你的父母、你所在的文化和社群等带给你的"软件"因素如何完美,你都需要通过持续的实践来弥补自身的弱点。你需要有"锚点"。

第 9 章
LEADERSHIP ON THE LINE

锚定自我

我们发现，要在由各种各样的生活角色和职业角色汇成的汹涌海水中"锚定"自我，区分可以锚定的自我与不能锚定的角色非常重要。我们在组织、社群及个人生活中扮演的多种角色主要取决于周围人对我们的期许。在生活各处观察、学习如何完善指导我们决策的核心价值观，这种能力将决定自我，不管这些价值观是否符合他人的期许。

许多人在离开高级职位时会有猛然惊醒的感觉。诸如前任CEO或政客会发现，他们打给重要或忙碌人士的电话不再容易接通，他们的邮件不再很快就能得到回复，他们想从"朋友"那里得到帮助或特殊待遇的请求不再有迅速的回应。这些残酷事实让他们醒悟到，对于过去能够享受的种种好处，曾经担任的角色和拥有的职权所起的作用至少与他们自身的品质特点起到的作用一样大。

区分角色与自我

人们很容易把自我与所在组织、社群中担当的角色混淆。这个世界会通过加强人们的职业角色使得这种混淆更加严重。在同事、下属、上司看来,你担任的角色便是你的本质、真正的你,他们会以这样的视角对待你。

20世纪80年代,阿伦·阿尔达在电影《乔·泰南的诱惑》中担任男主角乔·泰南,一位准备参加总统竞选的美国参议员。他面临两种形式的诱惑。在传统的身体诱惑的故事里,联袂主演梅丽尔·斯特里普饰演一位自由派激进分子,至于谁诱惑谁,这并不清楚。随着阿尔达越来越深地陷入自己的职业角色——一位引人注目、受人欢迎并且当选概率较大的参议员,电影的标题有了另一层意思。他开始给自己的孩子演说,就像他在参议院做的一样,对待妻子则像对待下属,要求她服从所在党派的路线方针。他开始认为,他所担任的公众、职业角色便是他自身。电影最后,我们并不知道他是否赢得选举,或者他的婚姻能否从他的迷惘中幸存下来。但是,危险却很清晰明确:在工作角色中迷失自我,这是太寻常不过的陷阱。

把角色与自我混淆,这是一个陷阱。即便把自身所有的一切——激情、价值观和艺术性等都投入到担任的角色中,所处环境中的人对你做出反应时的方式，并非主要基于你这个人本身，而是基于你在他们生活中扮演的角色。即使他们以看起来非常个人的方式回应你，你都必须把他们的反应基本理解为你满足他们期许的程度。实际上，理解这一点对于保持内心稳定和平静极为重要，这样你便能在内化之前阐释、解读他人的批评。

这样，你便能控制自我价值，远离险境。如果你把所有的话都当作针对你个人的，那么，你的自尊心便成了问题。"你是个废物"，这句话即便看起来是人身攻击，但并不一定如此，可能只意味着人们不喜欢你履行自身角色的方式。也许，你在提出挑战性问题时不够委婉。你可能让环境升温太多或太快，或者你所提出的是人们不想管的问题。事实上，他们对你敏感度或节奏的批评可能是正确的，你可能要学很多东西去纠正你的风格，但是，他们的批评主要是针对问题而不是你。人们装作对你进行人身攻击，实际是要尝试消除他们在你的观点中看到的威胁。

确实是如此。例如，你提出一个想法，而这个想法被攻击了。如果你认为自己干预的目的是要刺激群组工作，那么这种攻击便是一种工作形式。这是一个机会。你受到的抵制并不是对你的批评，甚至都不一定是否定你的观点。相反，这种抵制表明，你输入的信息值得人们做出回应，能够激起人们参与其中。

伊丽莎白·凯迪·斯坦顿描述了她曾经在组织一次活动时人们做出的反应，这次活动后来发展为美国第一次妇女权利大会。[1] 根据斯坦顿的讲述，那是1848年夏天的一个下午，她向一群朋友诉说了自己的

遭遇。她在组织、管理纽约州塞尼卡福尔斯市一处房产的整修工作时，目睹了男性对女性持有极端无理的、根深蒂固的立场。这场讨论至少让部分在场者清楚地明白，必须做一些事情改变人们看待女性的方式。她们决定不仅要在下一周再次见面时讨论，而且开始撰写妇女权利宣言。

经过几次会面，她们拟定好一份妇女权利宣言，决定要求美国男性修改法律，允许妇女投票。斯坦顿描述当时在全国引起的骚动："当时政坛、媒体与宗教势力中的流行言论如此断然地反对我们，以至于大多数参加大会、在宣言上签字的女性，都一个接一个地收回她们的签名和势力，加入到迫害者的行列。我们的朋友拒绝了我们，她们自己在整个过程中也感觉颜面尽失。"[2]

这样的反响有着高昂的个人成本，很难不被当作个人问题来处理。斯坦顿当时就说："哪怕预先让我知道一点点会议后会发生的这一切，我恐怕都没有勇气冒险。我必须承认，我是带着恐惧和战栗同意参加一个月之后在罗切斯特的会议的。"[3]

锚定自己促使你能够承受激烈的反对，甚至包括来自朋友与先前合作者的反对，他们可能一夜之间把你从亲密的角色变成被抛弃者。但是，如果你能锚定自我，你会发现自己依然保持反应灵敏、专注且坚持不懈。取得进展的过程可能需要数十年。1848

年的塞尼卡福尔斯会议是斯坦顿争取妇女投票权的开端。她花费30多年的时间来处理问题背后的美国体制缺陷。1878年，斯坦顿起草了一份联邦选举权修正草案，在接下来40年的时间里，每次国会人们都会讨论它，然后拒绝这一提案。1918年，众议院终于同意了斯坦顿草案中的主要内容，并提交参议院获得同意，成为《美国宪法第19条修正案》，而此时，斯坦顿已经去世16年。

如斯坦顿一样，如果你想成为一个值得信赖且高效率的人，你必须根据自己笃信的理念来承担相应的角色，这样你的热情才会注入你的工作中。你必须认识到，你不能二者兼得。在遭受攻击、诋毁、排斥或解雇时，你可能会感觉自己遭到了某种"暗杀"。但是，你不能指望人们在不提出任何挑战的情况下认真考虑你的想法。把这一交涉过程当作领导工作的一部分，会让你从个人角度得到解放，会让你像其他任何人一样，只是参与到与你的想法相关的工作中，不会轻易退出或忙于个人辩护。

在接受表扬时区分自我和担当的角色就如同在接受批评时一样重要。当开始相信别人关于你的所有好话时，你会在担当的角色中迷失自我，歪曲个人认同感和自我形象。同时，你渴望维持人们的赞同，他们可以因此控制你。在角色中迷失自我，这表明，你依赖组织或社群来满足你太多的个人欲望，如第8章探讨的，这是十分危险的事情。

不要低估区分角色与自我的难度。当有人对你进行个人攻击时，你会条件反射地认为这是针对你个人的攻击。我们发现，在遭到个人攻击时，要走到阳台上、保持解释者的姿态、了解发出的信息如何在他人中引发不安,是极为困难的。就像斯坦顿发现的一样,当朋友和支持者对你展开攻击时,情况尤为艰难。但是,被在乎的人批判,这几乎一直都是领导实施过程的一部分。1993年,比尔·克林顿成功地跨越党派界线,与纽特·金里奇共同推出一个重要的赤字削减提案,要求提高税收、减少政府开支,尽管这一提案后来带来了10年繁荣,但当时他的妻子希拉里就此"展开了一场尖刻、严苛的攻击",反对她的丈夫及其顾问。直面总统的观点,这是她的工作。[4]

确实,实施领导通常意味着你要走出阵营界线,与其他派别、分支和利益相关者达成共识。适应性工作很少只落在某一派别的肩上。每个派别都要做调整工作。跨越界线时,你可能看起来像是背叛了自己阵营的人,他们期望你拥护他们的观点,而不是回过头来挑战他们的观点。违背他们的期望会产生一种背叛感,也许会引来愤怒。但是,即便是来自你的同胞、朋友、配偶及伴侣,这些攻击也很少是针对你个人的。

把"个人"攻击看作针对你个人的,你便在不知不觉中谋划了一种最常见的让自己出局的方式,即让自己成为问题本身。在选举活动中,候选人的性格和个人品质被视为合理的辩驳对象。但是,在大多数情况下,攻击只是针对你代表的、威胁他人立场及效忠对象的观点而做出的防卫,即便在政治情境中也是如此。就像我们之前问到的,有没有人曾在你分发大钞、传递好消息时批评你的个性或风格呢?我们认为没有。人们只会在不喜欢你传递的信息时才会攻击你的风格。

与攻击信息本身相比,攻击传达信息的人是更简单的办法。

例如，如果一位勇敢的女子想对组织文化进行变革，有些人可能会投诉她好胜、爱出风头。那些感到威胁的人把问题矛头指向她的风格或性格，这样就分散了组织成员对她提出的问题的关注。对她个人的诋毁削弱了其观点的可信度。

尽管比尔·克林顿给了批评者很多攻击"弹药"，但是，如果批评者喜欢他看待美国各种问题的观点的话，他们还会不会如此不断地攻击他呢？那些攻击他性格品质问题的人同样不同意他的多项政策，并且对他执政后动用他们的部分经费深表愤怒，这些都不是偶然的。那些对克林顿品格缺点表示谅解的人同意他议程中的主要内容，这也不足为奇。女权主义者在莫妮卡·莱温斯基丑闻中几乎一致为他辩护，并没有攻击他利用女性，这是因为他极力支持他们的议程。

讽刺的是，尽管克林顿夫妇和他们的政治顾问们对自身迅速、有效的辩护深感自豪，但是他们聚焦于性格品质的"攻击－辩护模式"并没有帮上什么忙。每次攻击者成功地得到白宫的"辩护"回应，便抽取了公众对各种问题的关注。克林顿夫妇辩护得越激烈（通过隐瞒文件、修改法律证据、援引法律术语或欺骗），也就让攻击本身变得更加激烈、更有冲击力。[5] 对个人攻击的字面内容进行激烈的辩护，这正好与攻击者"不谋而合"，持续转移公众的注意力。这种工作避免机制几乎总能成功，仅仅是因为从个人角度看待个人攻击，是再自然不过的事情。

当然，每个人都能学习以更好的方式传递挑战性信息。不幸的是，不可避免的事实在于，要传达坏消息实在太难了。一位医生可以很容易、很愉悦地对一位患者说："这是你要用的青霉素，你会好起来的。"如果是悲痛的消息怎么办?"我觉得自己救不了你。我希望我能,但是我不觉得自己有这个能力。让我帮助你和你的家人了解你们将要面临的情况,这样你们可以在生活中做出一些合适的调整。"很难想象,还有什么比传达或接收这样的信息更痛苦。几乎所有的老师都喜欢给学生成绩 A,而不是 C;几乎所有的上司都喜欢聘用人,而不是解雇人。但是,如果医生、老师或上司偏离了帮助人们接受正确信息的目标,成为问题本身,那么工作就难以完成,宝贵的时间会被浪费掉。

即便暗杀这种极端形式的攻击,也不是针对个人的。尽管这不是对受害者的安慰,却可以帮助支持者和幸存的家人理解悲剧并继续自己的生活。此外,认识到即便肢体攻击也不是针对个人的,这能激发勇气,帮助实施领导的人承担所需的风险。如果能理解这一点,你便会在心里感觉,即便失去自己的生活,自身意图的本质也会继续渗入到他人的生活中。

例如,很清楚,马丁·路德·金被杀了,刺杀目的正是想要消除他在美国变革中起到的作用。刺杀伊扎克·拉宾的以该·阿米尔声称,他的目的是要让拉宾保持沉默,而杀害他是唯一的方式。造成威胁的是拉宾传递的信息,即他的角色,而不是他自身。[6]

不能区分角色与自我,也会导致你忽略恰当水平的角色防卫与保护。拉宾在从军期间多次冒着生命危险行动,当他成为以色列总理时,他已经对肉体危险习惯了。因此,当情报机关告诉他刺杀危险增加、建议他在领导大规模公众集会之前穿防弹衣时,他拒绝了。部队多年跨越风险的经历也许让他对自己个人的血气之勇有些引以为傲，他让自身及其担当的角色缺乏必要的保护，因而更加容易受到攻击。因此，这一悲剧具有一些讽刺意味。

如果拉宾能够把角色与自我区分开来，他可能会穿上防弹衣，不是出于自身保护，而是角色保护，他便可能认识到，必须加强保护自己在中东和平进程中起到的关键作用。如果他能够退后一步，移到阳台，考虑风险中的赌注，他肯定会同意护卫们的建议。但是，在决策瞬间，他只是根据个人风险容忍程度考虑风险，而没有评估自己在以色列及中东未来中承担的历史性角色将要面临的风险。[7]

当然，角色保护更常见的例子是新手父母，他们发现，由于新角色非常重要，他们自身会变得十分不愿意承担风险。幸运的是，大多数人在领导的过程中不需要权衡生命危险。当人们以日常的方式就你提出的争议性问题进行个人回击时，并不会出现如此可怕的人身危险。

如果要在人们对你进行攻击或过度夸赞之后把他们的注意力重新引回到问题上来，你必须把他们从你的性格、个人判断力或风格上引开。长期以来，防卫个人攻击的最佳方式是在个人生活中表现完美，不犯任何错误。但是，没有人是完美的。人类的欲望和弱点无处不在，使得我们在公众面前动怒，在没有三思后果之前便点击邮件发送键，在感觉走投无路的时候反应性地撒谎，在没有准备的情况下发表言辞冒犯我们想要争取的人群。我们自身都很容易做出这样的行为，每个人都是。然而，关键在于，我们必须以正确的方式回应攻击，要把焦点放回应该放的地方，即放在传达的信息和问题上。

在总统助选运动中，媒体控诉加里·哈特和比尔·克林顿玩弄女性。二人以截然不同的方式做出回应。哈特进行了反击。他批评给他带来坏影响的记者，质疑他们的顾虑，进行自我防卫。克林顿走了截然不同的道路。他上了紧接着"超级碗"播放的"新闻60分"节目，坐在镜头前握着妻子的手，从本质上承认自己曾经迷失过。哈特以个人的方式做出回应，而克林顿的回应，更具战略性，也更加诚实。

观察哈特或克林顿的人中，没有谁确切知道他们到底和多少女人有过风流韵事，但每个人都可以了解两个人如何处理这种情况并做出评判。人们就这两个人做出决定，并不是参考他们的风流账，而是通过观察手头的数据信息。这就是人们看到的东西。与控诉的内容相比，你如何管理攻击，更能决定你的命运。即便攻击非常个人化，但克林顿明白，这些攻击是针对他所代表的观点和他想要担任的角色。他以符合总统抱负的方式成功地做出回应，得以重新回到助选运动的政策对话中。

还记得我们的朋友凯丽吧？为了保证获得丹佛公务员委员会的任命，她努力置身争议之外。在这一过程中，她公开、反复受到批判，但是她明白，批评（以及偶尔的赞扬）都与她本身无关，只是与她所代表的社区派别有关。她如果把这些攻击放在心上，便会想要做出防卫性回应，会将自己置身在原本无关的危机中，还可能会让自己的任命不保。

把角色与自身区分开来，也具有长远价值。如果你深陷在自己的角色中，如果你相信自身和担当的角色无异，当你担当的角色终止时，会发生什么情况？杰克·韦尔奇不再担当"通用电气

CEO"的角色时,他能否找到真正的自己?在这么多年把自己完全投入到那一职业角色之后,他还知道从哪里去找回原本的自己吗?⁸

为人父母是个人生活的一部分,这个例子强有力地说明我们需要在生活的各个方面区分自我与角色。罗纳德刚有孩子的时候,马蒂告诉他:"当你的孩子跟你说'老爸,我讨厌你',而你不把这话看得太重时,我便知道你已经成为一位成功的父亲。没有第二个孩子之前,你没法明白这一点。"

罗纳德之后发现,这个预言成真了。当他做父亲做得最差劲的时候,他会很在意孩子生气或不尊重他。一开始,他会在自己的脑子里叫喊:"你们这些家伙为什么不感激我为你们做的一切以及你们拥有的一切?!"没过多久,这种悲伤的内心独白便发泄出来。他开始大声吼,很羞愧地发脾气,而之后,则会为自己发脾气感到内疚,进而又会进一步冲着孩子大吼,责怪他们让他生气。"你们为什么要逼我吼?你们不知道我多么讨厌发火吗?"在几分钟发狂之后,他失败地撤退,回过头做自己的研究,并借以疗伤。等到他重新跟家人在一起时,他都忘了到底是什么导致那样的事情发生。

当罗纳德能够很好地扮演父亲角色时,他会保持镇定。他不会把孩子们的行为放到心上,他只记得自己的职责:他通过设定某种限制纠正他们的行为,然后开始聆听以找出问题所在。如果他坚持听上一两天,故事最终便会浮现出来:必定是小朋友之间、球场上或班级里发生了什么不愉快的事情。确认了问题之后,他可以帮助孩子解决问题,不管那是什么问题。这样,他没有把关注点放在内心如何疗伤上,而是关注外界,保持诊断性心态。

虽然从这个例子中可以明显地看出,但仍然要特别强调的是,我们不是要求你在角色和自我间保持距离,更不是将角色与自我割裂。我们会用"区分"这个词,是因为这个词意味着发掘角色与自我的不同,而并非远离或压抑自我。的确,我们希望你能找到方式,在生活里全心全意地投入到与他人或组织相关的多个角色中去。换言之,区分自我与角色,并不意味着可以避免代表重要的问题,尽管如前文所述,具体代表某一问题会有一定风险。在某些情况下,我们别无选择。不管喜欢与否,你在别人的眼中都代表着你所主导的问题,人们看到你在干实事,他们便会给你下绊子。而在其他一些时候,你会主动招来麻烦,因为这是推动问题解决的唯一方法。

当他人以出其不意的下作方式对待我们时,自我与角色区分变得极为艰难。而在这种时刻,我们会发现,要走上阳台,观察并认识到我们向他人提出的挑战有别于自己的本质身份,更是难上加难的事情。

> 举例来说,1984年,杰拉尔丁·费拉罗竞选副总统,在一次大型的新闻发布会上,她因为丈夫的一些商业交易而被大肆攻击。你们也许有人还记得,她告诉记者说,不管需要多久,她都会回答每个问题,以捍卫自己的声誉。最终,新闻发布会耗时数小时才结束。
>
> 那么,她有没有将大众的注意力引回正确的轨道呢?没有。

即便她努力澄清，代表了观众与读者趣味的媒体仍然不断就攻击内容提出新花样，因为，自始至终，他们的家庭财务状况都不是问题的核心所在，这都是为了转移大众的注意力，而一场马拉松式的新闻发布会不过是纵容媒体和大众在这样的歧路上越走越远的昏招。她引发的问题很实际，也非常尖锐：在美国，一位真正握有权力的职业女士，究竟意味着什么？一个女人，当她仅次于全世界权力最大的人时，又代表着什么呢？性别革命给我们的家庭带来了怎样的影响？正如我们当今公开辩论和选举中所看到的一样，这些问题继续给社会大众提出挑战，引发了广泛的争议。

> 不幸的是，1984年的费拉罗竞选团队负责人建议她逃避自身代表的矛盾，而这带来了灾难性的结果。她被告知须专注于国际安全、贫困、税收及预算等问题，但是，不能从女性的角度进行解说。更有甚者，团队建议她不必提及那些对女性而言格外紧迫的问题，如男女机会均等之类。讽刺的是，她采纳了这些意见，从社会通用的角度阐述了这些问题，而并非基于自身真实的体验。这样的行为，反而间接地激起了媒体的兴趣，他们在她的私人生活中寻找蛛丝马迹，转移大众注意力。

作为美国历史上第一位女性副总统候选人，即使她希望，也无法逃避自己的角色。因为，在民众看来，在她身上，将不可避免地聚焦各种关于女性能力与视角的问题。作为领导者，她必须更充分地发挥自己的角色。在她竞选活动的最后四天，她终于灵光闪现，重回正轨：

> 我们能在奥运赛场上斩获金牌，也能教会女儿踢足球；我们能在太空遨游，也能帮助孩子蹒跚学步；我们能就贸易协定讨价还价，也能管好家庭预算，无尽的选择机会在我们面前展开。这些我们全部都能做到，但无人可以强制我们必须做到。我的竞选并非只是为个人，而是为我们每一个人。它不只是一个象征，它是突破。它不只是一个宣言，它是联系美国女性的纽带。我来竞选，说明美国笃信公平。而现在，就是我们实现这种公平的日子。[9]

美国第一位犹太裔副总统候选人约瑟夫·李伯曼从费拉罗的失败中获益良多。在2000年的大选中，他将一位虔诚的犹太信徒的角色发挥至极致。在几乎所有的演讲与集会上，他都会就信仰在美国所承担的角色侃侃而谈。他并非带着乞求与逃避的心态来面对大众投射在他身上的角色，相反，他主动提及聚焦在身上的问题。如若不然，他就有可能在针对他的个人攻击中遍体鳞伤。

记住，当你作为领导时，人民并不爱你或者恨你，他们中的大部分人甚至不了解你。他们只是喜欢或者厌恶你代表的职位。我们都知道，当你让某个人失望时，从理想化身转变为被蔑视对象，只不过一瞬间。如果莫妮卡·莱温斯基是在超市购物车边上偶遇比尔·克林顿的话，在她眼中，他也不过是一个来买汉堡的中年男人而已。

了解自我价值，将其与你承担的各类角色区分开来，你就能在不同的角色间游刃有余。当人们就你在矛盾中的立场争论不休时，你也不会认为他们的反应与你的自我价值息息相关，你自此获得了内心自由。当现有角色完结或踏入死胡同时，你都能顺利承担新角色。没有一个角色的定位大到能阐述全部的自我。你所承担的每个角色——父母、配偶、子女、同事、友人及邻居，都不过是用来表现自我各个层面的载体而已。锚定自我，清楚地认识并尊重不同的角色内涵，你便能在领导他人时避免无谓的伤害。

保住心腹，不要把他们与盟友混淆

领导者采取单打独斗的战略可能看似英勇，但无疑是自我毁灭性的。在毫无盟友（我们在第 4 章已经探讨过）及心腹的情况下，可能没有人可以非常坚定地锚定自我。

盟友是指那些与你价值观大致相近的人，至少，他们也要与你战略方向趋同，并能越过组织或派系的藩篱与你合作。也正因为这种行为是跨越界线的，他们不可能永远对你忠诚，毕竟，他们还需要效忠其他人。而实际上，盟友有时格外给力，也恰恰是出于这个原因。这意味着他们能帮助你去了解全盘的利害关系、相互冲突的观点及在你视觉范围内所缺失的因素。他们可能会拎着你的衣领把你带到阳台上窃窃私语:"注意那边那伙人。你从敌人那里得不到任何消息。"更有甚者,如果他们具有说服力,甚至能鼓动他们的信众支持你,为整条同盟战线添砖加瓦。

但有时,我们会错误地将盟友等同于心腹。心腹不会心怀相互冲突的效忠对象,即便有的话,也极少。通常他们会完全超脱组织的界线,但偶尔组织中亲近的、与你的利益保持高度一致的人也能承担这样的角色。你需要盟友与心腹皆备。

心腹能行盟友所不能之事。他们能给你一片净土,让你可以不假思索、无须矫饰地袒露心中所想和脑中所思。情绪与语言可以颠三倒四、杂乱无章。而倾诉结束后,你就能追本溯源,清楚地将有价值的部分与纯粹的发泄区分开来。

一天将要结束时,在你心神俱疲即将散架的时候,心腹密友能将你及时带回正轨,提醒你为何这一切都是值得的,以及为何起初的冒险也是值得的。

若你要求他们倾听,他们对你的关注超过问题本身。他们要么完全与你共荣辱,要么更妙的是,压根就不关心问题本身。

你不愿意听到的、你从别人那里根本听不到的那些消息,只有心腹们会告诉你。你坚信他们不会将你的宣泄带回到工作场合去。会议出现差错时,你可以召唤他们前来,他们会听你细数过去,直言你曾在何处行差踏错。你可以在他们面前袒露情绪,而无须担忧给自己的声誉或工作带来负面影响。你不必字斟句酌,只需坦白直言。

在进行适应性工作时,你会引来大量非议,也要经受大量的痛苦与挫折。心腹们的作用是协助你安全地度过这一阶段,并一路抚慰你的伤痕。更重要的是，如果事情一路顺利，你需要有人警醒你的自高自大；当你沉湎于自我满足而忽视了潜在危险的时候，他们也能及时发出危险的信号。

我们所知道的每个曾经历过艰难时期的领导人，都有帮助过他们的心腹密友。带领州政府走出财政困局的州长会在晚上与住在同一条街的老朋友打台球；在面临新竞争时尝试进行企业价值观与文化改革的女强人会在深夜与姐妹煲电话粥；试图在组织内主导艰难变革的官员会同身处数千里外的、新近在一次历时两周的紧张论坛上认识的专业同行通电邮；配偶也可以是你完美的心腹，当然，如果问题是关于夫妻关系或家庭状况则除外。有时，你可以直截了当地告知他："我工作上即将有一段难熬的时光，如果你不介意的话，我可能会时不时给你打个电话诉诉苦，你也帮我理一理。"当然，有时这样的互动是自然而然发生的。

当遭遇挫折、心境沉沦时，你也许会想起一位老朋友、一位许久未见的室友、一位从前的雇主、一位培训过你的老师，这些关心你本人胜过你承担的角色的人。给他们一个电话，请求他们倾听。如果他们同意，毫无保留地告诉他们整件事情以及你的感受，这样他们就能同时知道你心中所思所感及你周围事情的进展。

艰苦时期，当你急需倾诉时，将盟友变成心腹密友变得格外有诱惑力。这可不是一个好主意！

还记得莎拉吗？我们在第4章曾介绍过这位报纸设计人的故事。她了解自己的员工及招进来的设计者；她与这些和她一样全心投入的盟友一起工作。确实，这些人都是很了不起的支持者，也是战斗力非凡的精兵强将,给报纸的方方面面都带来了新气象,并与那些不愿意迈入视觉时代的记者和编辑建立了新的密切关系,赢得了他们的友谊。

但对莎拉本人来说,这是异常艰苦卓绝、倍感孤立的工作。她与从前中西部的旧同事们相距甚远,没有家人陪伴,除了报社内部人员以外,她都无人可以信任。于是她向年轻的新员工敞开了心扉,向他们直述自己遭受的挫折,怎样和一些高层管理人员、难对付的编辑及记者斗智斗勇,她抱怨旧势力把持了报社,既无耐心也无智慧去适应她正在主导的复杂变革和高质量产出。

当时,印刷工人们视这份报纸为不可侵犯的圣土,他们中的大部分来自较低的社会阶层,对于自己继承的技艺无比自豪。更要命的是,他们在报社很多年头了,经历了不少好时光与坏年月。很多人在报社有亲戚,儿子或女儿在商业部门工作,甚至就是记者或编辑。他们才是一家人。

莎拉错误地将盟友与心腹密友混为一谈,并向年轻同事倾诉。她的副手,唐,就是其中一位。唐极有天赋,要求严格,节奏快速,而且,他像莎拉一样对报纸强调视觉效果的新观点极为认同。他是好同盟,但这并不意味着他忠于她本人。相反,唐觉得莎拉难打交道,并认为这样的性格使得改变人们的态度与习惯这一问题难上加难。

他也想取而代之,他觉得自己能在变革中比莎拉做得更多，也做得更快。不幸的是，急需心腹密友的莎拉忽视了他那些质疑和嫉妒的蛛丝马迹。事实上，唐不放过任何一个机会去诋毁她。当她发表关于同事的苛刻评价时，他会转述他人，有时甚至是直接告诉当事人。当她觉得他可以是安全诉说所有感受的树洞时，他会转过头绘声绘色告诉别人她如何大发脾气，言语失态。这些事情曾使她短暂地陷入困境，但报社的主编基本上视之为谣言，仍继续支持她。

后来，莎拉接受了一次设计行业杂志的访问。与同行交流，莎拉的戒备很低。通常情况下，印刷工人不会阅读这样的杂志，所以她不担心在新闻室内所说的一切会有何不妥。她对印刷工人们做出了一些诋毁性的评论，讥笑了他们的智力与能力。唐却是该行业杂志的订阅者，他看到了采访内容及那些冒犯的言语后，复印了多份，将挑衅的言论下置于醒目之处，并在高层管理人员中传阅。

呈现在主编面前的是确凿的证据，以及人们的怒火。虽然莎拉在报社的变革努力是成功的，但此时他也无力袒护她。在数周内，莎拉离职了，而唐，正是她的继任者。

莎拉犯了一个常见的错误。当我们面临孤独、安全感缺失、焦虑或其他有压力的事情时，我们会急于对某人敞开心扉。在这样的心境下，将盟友与心腹密友等同起来是非常容易的。莎拉以为唐在大势上和自己一致，就理所当然认为他会始终支持自己。当你试图将盟友变成心腹密友时，你永远不会知道在什么情况下，他们会将自己对其他人或事的忠诚摆在对你的支持之上。由于他们之前对问题的投入在先，那么，他们优先效忠的对象很有可能最终取得压倒性的胜利。

何苦让他们在这中间做出取舍呢？对唐来说，这很容易，反正他一开始也不喜欢莎拉，而且他觉得自己上位的话能更好更快地推动整个事件。他的子弹何时击中莎拉，只是一个时间问题。但是，如果你的盟友本来对你本人及事情本身都颇为投契的话，你还要求他对两者都保持忠诚，这就有可能将他推入一个非常矛盾的地步。如有可能，我们得尽量将这两种人区分开来。

盟友有可能是最忠诚的朋友，可以一起共同分享生活中的许多方面。但是，在工作中，他们有重叠但不相同的利益与效忠对象。为了维护与他们的关系，在遇到冲突时遵守分隔彼此的界线、尊重彼此的效忠对象，这是很重要的。这一点说起来容易，做起来难，在几乎所有的职业中都是如此，但立法政治领域除外，代表们都习惯于从最开始便直陈各自支持者的诉求如何相互冲突。我们在第4章读到汤姆·爱德华兹和比尔·莫纳汉的故事，他们在晚饭之后开诚布公地探讨各自相互竞争的利益，因而能保住他们的关系，这是非同一般的能力。通常，你的盟友夹在两位效忠对象之间时，会不知道说什么好。最可能产生的结果便是你和你的盟友相互疏远。

根据我们的经验，当你试着把盟友变成心腹时，你便会让他们处于两难的境地，会让你们之间宝贵的关系处于不保的危险中，而通常的结果是二者都落空。他们不能成为你的心腹，甚至连信赖的盟友也做不成，开始悄悄疏远离开。

寻找庇护所

与忠诚的心腹一样，有一个现成的庇护所能够给你提供不可或缺的人身保护以及生计来源。你永远不可能尝试没有食物和水的艰难登山之旅，然而，不计其数的人在开始承担领导重任时，却没有给自己储备、保留一个可以聚集能量、自我恢复的地方。

庇护所是一个供人沉思和恢复身心的地方，你可以远离舞池和音乐的嘈杂，聆听自己内心的声音，可以再次确认更深层次的自我感和目标。这和阳台不一样，阳台是让你从更广的视角观察领导工作动态的地方。要从阳台上进行分析，则是较为困难的任务。但是，在庇护所时，你完全置身那个世界之外，从身体和心理上都感觉到安全。日常生活中的条条框框和压力都暂时搁在一边。这不是藏身之所，却是能让你冷静下来、从痛苦时刻中领悟教训，并让自己身心复原的地方。

通常，在压力巨大、时间紧迫的情况下，庇护所通常来自我们最先放弃的那些地方。我们把这些地方当作一种奢侈的享受。在你最需要的时候，你会取消健身房锻炼或每日到邻近地方散步的计划，只为了在办公室多待几分钟。显然，做最困难工作的时候，也正是我们最需要维持正常生活结构的时候，以此提醒我们本质、内在的身份并保持健康。我们不是在"兜售"某一特殊类型的庇护形式。庇护所可以是一条慢跑的小径，也可以是你喝过茶的朋友家的餐桌；可以是治疗师的办公室、一个12级的台阶或家里的某个房间，你可以坐在那里冥想；可以是从家里到办公地点路上的公园或小礼拜堂。你的庇护所看起来怎样，处在什么位置，这些都不重要，甚至不需要是安静的地方，可能会如澎湃海浪般嘈杂。重要的是，庇护所必须是一个适合你的地方，一个能够促使你沉思，并且每日都能安享沉思时刻的地方。一周一次是不够的。

罗纳德曾经历过一段特别艰难的时期，职业生活和个人生活中过多的选择方向让他心力交瘁。那段时间，他开始每天接孩子们放学，实际上，是在那次"浴缸会议"之后。他辞掉了几个委员会的挂职，减少了差旅。孩子们通常下午3点半放学，他们那时候分别上一年级和二年级。他发现，接他们是一件挺有挑战性的事情。

事实上，每天临近下午3点钟的时候，他便不得不费力地让自己离开办公室——有重要的、未打的电话，有很棒的项目要做，有摆在桌上的钱要赚（实际上，他通常下午3点10分才会跑着离开办公室）。

然后，他会向疯子一样开车赶往学校，等到达时，通常要排在长长的车队后面等候。他一手拿着手机，一手拽着口述记录机，疯狂地努力，要把每一刻用到极致。"我为什么会在这里耗着？我有很多重要的事情要做！"他会对自己哀叹抱怨。最后，慢慢挪到前排的时候，他得找孩子们的小圆脸蛋。他会叫他们挨个儿上车，但他们哪里会听呢？他们总是匆匆忙忙地把书包扔进来，互相摸爬翻滚着找到自己通常坐的座位。之后，便到了他们讲一天见闻的时候了,那是罗纳德以前在晚餐时间从未听到过的故事,因为他们只会给父母讲一次,只讲给先见到的那一个听(后来他发现,如果他在睡觉时间保持安静,他们会再给他讲一次)。

很快,罗纳德便完成了转换。他把疯狂的职业生活抛在脑后,恢复自己作为父亲的角色。仅仅三四分钟后,那些故事、那些笑声,甚至孩子们的问题都能释放出疗效极佳的魔力。他在一个不同的世界里感受到被"锚定"的安宁感。

实施领导的每个人都需要在锚点之间有自己的庇护所。我们都需要有锚点,这样便不会被干扰因素、信息洪流、紧张气氛以及种种诱惑卷走。在尝试领导他人时,你会遇到各种难以应付的情绪,除非你有时间、有地方能把它们分门别类地整理清楚。

人并不是生来就能应对这个永不停歇的现代世界,因此,我们必须实现平衡。找到并守住锚点,从根本上说是自爱和自律的问题。我们必须严肃地认识到,为了充分发挥自身价值与抱负的作用,我们必须照顾好自己。如果没有针对现代世界的解药,我们便会失去洞察力,危及要解决的问题,并让努力追求的未来不保。那就更不用想如何面对火线上的情况了。

| 第 10 章 |

LEADERSHIP ON THE LINE

火线情况如何

我们把本书的焦点放在探讨解决这一问题的实际建议上：如何领导并存活下来？我们给出了各种各样的答案，没有哪一个是容易做到的。部分解决办法源于你的能力，如分析情境、理解问题和风险以及为周围的人寻求合适变革节奏的能力。有的答案是为冲突创造战略性扶持环境。其他一些方案来源于你的战术能力，如快速响应变化情境、工作避免模式以及计划偏离等。还有一些答案，则可以在你的个人生活动力、关系以及自我恢复实践中找到。

我们尚未探讨的根本性问题是：我们为什么要领导？如果实施领导如此艰难，为何对领导如此费心？为什么要把自己送上火线？为什么你要在无法承受抵抗时奋力向前？你从哪里可以找到继续坚持的动力，就像坐在一圈椅子中间的洛伊斯一样，即便没有任何人现身你所召集的会议，却依然坚持？

我们两位作者都不是神学家。马蒂是政治和媒体出身，罗纳德的工作背景是医药行业和音乐。但是我们都平淡朴素地相信，你能回答这些问题的唯一方式，是去发现究竟什么会赋予你生命的意义。

对于我们大多数人来说，仅仅生存下来还不够。如果目标是生存，那么最终肯定都会失败：我们无法永生。然而，接受这一显而易见的事实从来都不是容易的事情。我们在一本主题是如何存活下来的书中提倡接受死亡的观点，读起来可能有点讽刺。但是，从某种程度上来说，自由地承担风险，并获取有意义的进展，源自对死亡不可避免性的认识。甚至"领导"（lead）这个词语的印欧语本意便是"向前进，走向死亡"。[1] 恰如我们的北爱尔兰同事修·欧多尔蒂提醒的，"最终，他们总会拿住你"。没有什么是永恒不变的，而重点在于，你要在可能的时候让生命变得有意义。

再想一下美国联合航空公司93号班机上的乘客，他们的飞机于2001年9月11日发生空难，坠落在宾夕法尼亚州的一片田野里。与撞入世界贸易中心大厦的飞机上的乘客不同，93号班机上的乘客知道，他们都会死去。面对确定的死亡，他们破坏了劫机者的计划，解救了地面上不计其数的人，从而为他们的生命赋予深刻而英勇的意义。

幸运的是，无数件重要的、有意义的事情并不是发生在死亡情境中：生物学家发现DNA合成奥秘时的惊喜、钢琴家弹奏巴赫组曲时的快乐、企业主为社区居民创造工作和发展机会时的满足感、熟睡孩子呼吸中至深的静谧。

有一些意义的来源很是罕见，很多则取决于才干、机会以及我们的各种经历。但是，至少有一种意义的来源，是每个人、每时每刻在任何情境中都可以获得的。人们可以采用让生活变得更好的方式与他人建立联系，从而发现生命的意义。

聆听生命将尽者的肺腑之言时，我们从来都不会听到他们说："我希望自己在办公室多待一些时间。"相反，他们以难以计数的不同方式诉说生命中的其他快乐：家庭、友谊，他们如何用多种方式感动他人，他们的工作对他人如何有意义。紧拽住生命时，他们希望能有更多的时间去体验这样的人际关联。

这样简单明了的意义在烽火战场上体现得最为明显。是什么促使一位士兵愿意冒着生命危险去战斗？不是对职权的顺从，尽管职权可能会起一些作用；不是崇高的理想，尽管理想也很重要；甚至都不是他们自身的存亡，尽管存亡的重要性显而易见。战士们从战壕里爬出来，匍匐前行，投入战斗，是因为他们在乎排里伙伴的情况。如果不上战场，他们便把同伴们置于危险之中。对战友的忠诚与感情促使他们前进。[2]

菲尔·杰克逊说："打造冠军队伍最有效的方式是唤醒运动员想与比自身更重要的东西相连的需求。"对于玛姬·布鲁克来说，是通过帮助朋友和邻居们戒酒来拯救她所在的印第安人社群。对于伊扎克·拉宾来说，是动员以色列人调整适应一个残酷的现实，即不能同时拥有所有他们自古扎根的土地和深深渴求的和平生活。对于IBM公司的约翰·帕特里克和大卫·格鲁斯曼来说，是帮助一家曾经辉煌的公司，也是他们工作并深深在乎的社群，适应变化中的世界、重新获得繁荣。

在上述的以及本书援引的每个关于领导的例子中，人们渴望贡献于共同工作或生活的社群，他们在这种渴望的驱使下实施领导。

因此，"为什么领导"这一问题的答案简单而深刻。人类经历中最基本的意义来源是渴望与其他人保持关联。实施领导可以赋予生命超越日常利益的深刻意义，如朋友和同事的认同，物质收获，或对成功的及时满足。因为，作为一种实践性的艺术，领导允许我们以一种意义深远的方式与他人保持关联。我们用来描述这种关联的词是"爱"(love)。

在某些人看来，在这样的情境下谈"爱"可能看起来没有力度、不够专业，但是，爱是让生活变得值得的核心因素，这是不可否认的事实。不管是在公司、社区、教室还是家庭，爱，让你所做的事情有意义。我们有很好的理由去冒险：我们希望让人们的生活变得不同。

爱

人类一直都以创造社群的方式生活，从扩大式家庭开始，100多万年以来，这是人类存在的基本社会单位。再近一些，10 000年前，发明了农业之后，人们开始放弃游牧生活。人类开始停留在一个地方，积累财富，形成较大的组织，建立定居点和社会。然而，所有文明持久的基础在于人与人之间归属感的形成，这些忠诚以爱护、关心或尊重他人的能力为基础。获取家庭归属感的能力构成社会生活的基础，而家庭归属感的基础是哺乳类动物养育、保护子孙后代的能力。

过去的 10 000 年中，日益复杂的文明带来的挑战在于，我们效忠的范围已经拓展到家庭、城镇甚至部落之外。确实，随着世界进入第三个千年，人类正在发掘并经历社会全球化带来的风险与机会。例如，欧洲联盟是创造社会结构方面大胆的试验，多元化的国家在其中获得繁荣发展。与此类似，人们的效忠对象跨越了多个国界的文化、民族、信仰、语言及历史冲突，扩散开来，他们能否维持这样的忠诚？2001 年 9 月，恐怖主义袭击美国，其危害可怕地证明了这一挑战中存在的困难。

从这种意义上来说，人类创办的企业是对爱与人际关联的试验。我们在学习容忍并享受如此丰富的多样性的同时，努力创造能让越来越多的成员共同获得繁荣发展的社群组织。当一位 CEO 因企业的成功感到快乐，推动企业创造新工作机会、新财富、新效率或新欢乐，这种意义产生的基本方式，源于给其他人的生活带来改变，如顾客、雇员以及股东等。从根源上说，这样的改变带来爱的喜悦。

> 美国美敦力公司是非常成功的心脏起搏器、心脏除颤器以及其他医疗设备的生产商。从 1985 年到 2001 年，股东价值以每年复利率 37% 的速度增长。公司 CEO 比尔·乔治在媒体中知名度很高，这是因为他曾在年度股东会议上大胆地宣称应该"把股东排在第三位"。"美敦力的职责不是股东利益最大化。我们的职责是要促使所服务的患者价值最大化。股东价值

> 源于为顾客提供一流的服务,因为你们有充满激情的员工为他们服务,"如他所述,"美敦力的使命是恢复人们完整的生命,这超越了日常竞争、市场占有率的争夺、股票市场的兴衰以及主管人员的常规调整。公司的光芒像北极星一样照耀在25 000名员工身上,为我们每个人校准内心罗盘提供不变的参考点。"[3]

爱人与被爱,是给人们最直接指引的罗盘航向,甚至在你偏离航向时也是如此。这是哺乳类动物的经历,从母亲对所哺乳的孩子的依恋开始,人类发展出更普适的、能在离家距离越来越远的地方传递爱的能力。你工作中的贡献可能不像美敦力员工那样直接,他们从事的确实是维持心脏跳动的工作,但你只需稍微发挥想象力,便能预见到自己的成功会给父母、老师、家人或朋友带来怎样的骄傲。成功成为他们爱的代名词。换言之,成功的感觉中有很重要的一部分,也许正是核心部分,源于重新体味你与所爱的人之间的纽带。

如果所有人都能实施的领导行为是这样一个强有力的意义来源,那么,我们在本书开篇所说的话值得再次思量。每天,领导的机会呈现在我们面前,而我们拒绝了大多数这样的机会。为什么?本书大多数的内容都在探讨领导过程中促使我们退缩的危险,以及减少障碍、缓解危险的方式。在过去30年与成千上万人的交流中,我们发现,有两个犹豫的最终原因反反复复地出现:

- 人们深陷于度量的"神话"中。
- 人们忘了,贡献的形式并不重要。

度量的"神话"

对于某些人来说,只有当成功看得到、摸得着、感觉得到,以及最重要的是能计算得出来时,走上火线冒险才是值得的。但是,试着从记录的数字中获得满足感,最终便如同把生存当作目标一样难以成功。

意义是无法度量的。然而,我们生活在一个度量无处不在的世界里,甚至宗教机构很大程度上都以市场占有率作为衡量成功的标准。谁在传教竞争中胜出?天主教、摩门教、福音派、伊斯兰教、佛教,还是印度教?有多少犹太教徒已经退出?

我们甚至看到,宗教机构把它们的使命曲解为"获得更多信徒",仿佛灵魂是一个可以度量的商品一般。确实,尽管宗教精神的运用在本质上无法度量,但把宗教精神运用到争取优质、体面生活的日常努力中,这一使命已经在"度量"推动的竞争中变得生疏。通常,"使命"是我们为他人做的事情,不是为了推动社群内部工作。"如果你拯救了一条生命,便拯救了整个世界"[4],我们有时似乎忘记了这一点。

当然,度量是一种非常有用的方法。但是,这种方法却不能告诉我们,什么让生活变得有价值。我们面临的挑战在于,在每天使用度量方法的同时,必须时刻明白不能测度具有基本价值的东西。例如,在医药服务中,通常要进行分类工作,因为我们没有资源或时间来治疗每位需要帮助的人：我们选择帮助那些最能从我们的帮助中获益的人。令人伤心的是，康复概率最小的人得到的帮助最少。但是，如果没有测量血压、心率、血液化学等数据的度量工具的话，谁也无法想象该如何行医。我们运用这些工具来拯救生命。在商业和公共政策领域，我们持续地测量产品的价值，并做出相应的反应来增加价值。在家庭预算中，我们把钱花在那些自认为最重要的活动上。然而，无论这些工具如何有用，当我们习惯性地把它们运用到每个地方时，便被它们误导了。

是否会有很多人相信下述场景：当轮到他们经过天堂的时候，判定天使们会问："你为什么教5个小孩读书，而不是16个？你为什么创造了803个工作机会，而不是23 421个？你为什么拯救了433个生命，而不是718个？"历史学家们估计，赫伯特·胡佛在一战中组织紧急救援，拯救了100 000多条生命。但是，身为1929年股市崩溃之后以及紧接着的大萧条期间的美国总统，他却未能恢复国家经济，那么鉴于此，他之前的贡献是否就不那么重要了？我们从他担任总统期间的错误中得到很多教训，但是谁能评估或减少他努力生活的价值？

从哥伦比亚大学毕业之前，罗纳德去找伟大的科学思想家恩斯特·内格尔教授探讨问题。罗纳德问道："您都会问哪些问题？"内格尔年事已高，但举止温文，他答道："我会问，什么是可以度量的。"他的话暗示着不是所有的事情都可以度量。威廉·莎士比亚在朱丽叶对罗密欧的表白中抓住了这一观点："我给予你的爱越多，我拥有的爱也就越多，因为我们的爱是无穷尽的。"[5]

我们很少看到有人在经历多年的职业生活之后，依然不受"度量神话"的影响或不会因此而累得疲惫不堪的。毕竟，我们的文化中有很大的压力促使我们去度量自己的劳动成果，我们会在承担"更大"责任，获得"更多"职权、财富或名望时深感自豪。从某种程度上来看，我们应该如此。但是，把度量当作一种工具，不等于相信通过度量能够抓住任何事情的价值。你无法衡量自己做过的善事。

也许在美国，孩子们从棒球比赛中得到的度量方面的教育比其他任何活动都多。确实，这是一项各部分都必须经过度量的运动，而每名运动员则像是一组行走的"数据"。全美各地的孩子们都记住了这些数字，并根据这些数字行事。

> 根据统计，汉克·格林伯格是他所在时代最伟大的棒球手之一。20世纪三四十年代，他的粉丝们在计分卡上持续更新他的统计成绩。1937～1947年，除去战争年份（格林伯格是最早从军的重要联赛选手之一），他击中的全垒打数超过其他任何棒球手。他在职业生涯中的平均击球率、跑垒得分总数以及全垒打数目让他十拿九稳地荣登名人堂。他至今依然是历史上几个类别得分最多的人，包括均赛跑垒得分0.925的第一记录。他于1956年被选入名人堂，获得高达85%的赞成票。在这项痴迷于度量成绩的体育项目中，格林伯格的得分十分卓越，是他所处的时代，甚

至就此而言的任何时代中最好的棒球手。然而,他最主要的成就之一,也是他对这一项目最大的贡献之一,确实是完全不可估量的。

格林伯格整个职业生涯都效力于底特律老虎队。1946年,尽管已经明显输了一两步,但他依然打得很好,在全垒打和跑垒得分中领先联赛。老虎队最终光荣位居第二。但是,1946年赛季之后,部分由于格林伯格与老虎队老板沃尔特·布里格斯之间存在误会,老虎队做出令人震惊的唐突举动,把格林伯格放进了转会名单,放弃了继续留住他的权利。没有一个美国联盟球队的老板选他,显然,布里格斯提前与他们达成一致。全国棒球联盟的匹兹堡海盗队轻松获得了他的合同。作为棒球比赛史上最伟大的球员之一,在职业生涯中沦落到这样一个降格的结果,这意味着什么?他从一个领先的球队到了一个垫底的球队,从美国联盟到了全国棒球联盟,从奋斗了整个职业生涯的底特律到了谁也不认识的匹兹堡。谁愿意结束卓越的职业生涯,沦落到如此落魄的境地?

1947年,杰基·罗宾森打破种族界限,与布鲁克林道奇队签订合同,成为第一个在美国主要棒球联盟中比赛的黑人。整个联盟中的粉丝和反对球员都恶意地虐待罗宾森。格林伯格是犹太人,他在自己的职业生涯中也曾遭受很大的质疑与诘问,却凭借坚持和取得的成功成为棒球赛中受人景仰的人。当时,他为新的球队效力,并尽力带领球队做到最好。尽管他知道罗宾森遭受的质疑等比他曾经遭受的更多,但他也曾经深受狭隘种族观念的折磨。因此,他对罗宾森表示认同,曾在该赛季早期说:"我了解他的感受。"6

5月中旬,罗宾森和道奇队第一次到匹兹堡与海盗队比赛。从一开始,不仅是粉丝,包括格林伯格所在海盗队的队友们,都对杰基·罗宾森进行嘲弄和侮辱。

格林伯格这样回忆那天的气氛:"杰基是在一个周五的下午来到匹兹堡,当时场地被挤得水泄不通。我们排在最后,而道奇队排在第一个。我们南部的球员,一帮从旁捣乱者,不停地朝他叫喊着。'嘿,煤炭兄!嘿,煤炭兄!嘿,你这黑黑的煤炭兄,我们会搞定你的。你再也别想玩棒球了,你这婊子养的蠢黑鬼!'"

比赛之初,罗宾森到达一垒。他首先走下垒位,然后当投手尽力靠近他防止他抢断时,他又不得不退回来。这时,罗宾森重重地滑倒在一垒手格林伯格面前,显示出咄咄逼人的攻势,仿佛此举能够让他成为超级明星、入选名人堂一般。

人群顿时静了下来。一般来说,处在格林伯格位置的球员可能会回敬几句咄咄逼人的话,甚至会甩下恐吓的一瞥;至少,会退后几步,不予理睬,让对方待在地上自己站起来。面对罗宾森那年咄咄逼人的打法,匹兹堡和其他地方的许多球员肯定会在罗宾森自己站起来的时候愤怒地嘲弄、诅咒他。

但是,格林伯格没有这样做。他只做了一个简单的手势,倾下身子,向罗宾森伸出一只手,把他拉了起来。看台和两个队板凳上的每个人肯定都看到了这一幕。

之后罗宾森到达一垒时,他开始和格林伯格聊天,格林伯格问他比赛之初的时候有没有伤着,告诉他不要在意嘲弄,并邀请他共进晚餐。

那场比赛后,罗宾森把格林伯格描述成一位英雄:"他说的真是至理名言。无论在哪里都很醒目……"

格林伯格的手势不仅对罗宾森个人意义深远,而且也让海盗队和粉丝们注意到,罗宾森会留下来继续打棒球。如果格林伯格能够接受他,那么他一定会没事。

没有什么方式可以计算格林伯格这个手势的价值。他职业生涯中骄人的全垒打和跑垒成绩给了他足够的公信力去改变罗宾森、棒球赛以及整个美国社会。粉丝们和他的队友注意到他的举动,因为伟大的"Hankus Pankus"(格林伯格的绰号),站出来维护正义。他在最后一年为一个失败的球队效力,期间做出这样的举动,为他之前数年的努力赋予了新的情境和新的意义,而这些意义是永远都无法用那些度量运动员职业生涯全垒打及跑垒得分的统计数据来度量的。

度量是一个非常有用的工具。我们无意贬低它的用途。我们在学院教的 3/4 的课程都是以度量为基础：成本收益分析、经济分析、政策分析、财务分析等。医学院和商学院的课程也是如此。但是，度量只不过是多种方法中的一种，这些方法不能抓住那些让我们的生活和组织变得有所值的本质因素。

如果你陷入"度量神话"，那么，你在一个岗位上工作二三十年之后，会出现什么状况？你在工作岗位上成为重要的大人物，扮演重要的角色，当你失去这一角色之后，会出现什么状况？你可能会想，下一份工作，以及下一份工作的形式，必须和以往的一样"重大且重要"。否则，便不值得去做；否则，便找不到自我。在陷入"度量神话"之后，你不能定义新的模式，去爱护、去关心、去奉献、去产生影响，除非这些能够用以往工作中同样的方式来度量。我们认识一些人，他们在退休或离开职业生涯后便内心枯槁，因为他们找不到下一份可做的"大事"。幸运的是，有的人可以逃离这个陷阱。

> 罗纳德的父亲米尔顿当时被认为是神经外科领域仅存的十大"工艺"大师之一。他设计的外科手术器械被广泛地用于世界各地的神经外科手术，直接或间接地拯救了成千上万的生命。
>
> 米尔顿退休后，回过头去从事他年轻时喜欢的活动之一——观察星星。但是，他发现星星观测类书籍的内容范围难以满足读者的要求，于是决定亲自写一本书。[7] 他在脑海中想象与孩子们一起写书，最后把这

本书献给了他的孙子和孙女们，其中当然包括罗纳德的两个孩子，大卫和安妮。

这本书出版后不久的万圣节夜晚，罗纳德的父母到访。孩子们与家里的老朋友瑞克·斯坦普一起玩"不给糖果就捣乱"的传统游戏。斯坦普是一位音乐教师，他在读书时代曾经住在罗纳德家里。热闹的夜晚接近尾声，瑞克准备离开时，罗纳德决定送他一本父亲的新书作为礼物。全家人都围了过来，瑞克迅速翻阅书，之后转身问米尔顿要笔。米尔顿微笑着，想着自己该在送给瑞克的这本书上写些什么。

瑞克接过笔，但是却没有把书递给米尔顿。他单膝跪在地上，打开书上列有孩子们名字的献词页面，请大卫和安妮在上面签名。

罗纳德抬头时看到，当年幼的孙子和孙女在献词页签上他们的名字，父亲看着那些1英寸大小的字迹时，他不禁热泪盈眶。米尔顿从事临床医学工作达40年之久，拯救了那么多的生命，但对他而言，这些都不能与那一刻的意义媲美。

形式并不重要

正如度量会让你不能集中思更真实地品味生活的意义一样，你做贡献的形式远远不如贡献的内容重要。莎士比亚最后一部悲剧《李尔王》中的李尔如此深陷于自身的角色和宫廷的奢华形式，以至于他认为女儿考狄利娅对自己的爱太少太简单，因而驱逐了这位最真诚的女儿。相反，他被另外两个女儿的阿谀奉承、矫揉造作误导，把他的王国赐予她们。当李尔最终醒悟的时候，他问自己："我都去哪里了？我现在是在哪里？"但是那时已经太晚了，他同时失去了自己的王国和考狄利娅。[8]

我们如何才能避免自己犯李尔的错误，避免直到太晚时才发现形式与实质的差异？

罗纳德早期在生命延续研究所工作，这是纽约市一家为高级企业主管提供体检服务的医疗卫生机构。他与许多企业总裁、副总裁长时间交谈，这些高级主管在近60岁时，回过头看他们曾经全身心投入"市场竞争"中的经历。他们通常都获得了引人注目的成功，然而，鉴于他们放弃的东西，许多人很难理解自己生命的意义。他们深感困扰，有的人开始思考，是不是可以为他们的企业提出意义更大的使命。部分高层管理者运用真知灼见描述了质疑企业运营目的时面临的风险。他们曾经目睹自己的前任和同事曾表示想要赋予企业更大的社会目标或者只是提出要创造更高的顾客价值，却被赶进董事会，实际上相当于被迫退休了，可以用"业余时间尽情做空想主义的梦"。与此同时，公司会聘请或提拔下一任经过"硬充电"的接班"新星"，都是40多岁，一心一意地聚焦企业销售额。通常，这个循环会代代相传地继续下去。

这些人感到自己被"欺骗"了。他们把所有的目光都放在设定的战利品上，等到实现目标，却只发现做到这些还远远不够。他们通过做出种种牺牲而实现的成就看起来空洞且没有意义。长期驱使他们努力的目标与能够让生活变得值得的抱负之间的差距越来越大，这让他们生活在不安之中。他们开始区分形式与实质，许多人现在开始寻求后者。

更近一些，我们开始了解到，一些从事高科技行业的年轻亿万富翁也在问自己同样的问题，但是问得比上述那些高级主管早得多。为什么这么做？这些人很幸运，不仅仅因为他们年轻时便获得了财富，而且也因为他们在年轻时便发现了生命的本质性问题。

当年轻人开始思考他们的职业生涯时，世界看似充满了选择。他们相信，报纸广告上便有许多有趣且有意义的工作机会。当他们年龄大一些，机会、看似随即发生的事件、朋友和家人、一位鼓舞人心的导师、一个突然出现的职位空缺——所有这些因素决定了人们大部分的工作选择。通常，不久之后，他们便与自己的选择"完婚"，把自己"许配"给某个职业角色。

通常，那个选择会在一段时间内，甚至是很长一段时间内进展顺利。之后，便会出现危机。你可能会有被摔下马的感觉。也许是你已经到达成功事业的尽头。又或者，你是一位医生，但是你周围医疗卫生环境的结构与价值理念都已经变了。也许，你的公司被一家大型集团接管,而你遭到排挤。也许,你被解雇了,或者你的工作没问题,但有一些事情让你内心感到受了伤害,这表明尽管这份工作20年来让你养家糊口,却并不适合你,或还不够满足你的要求。又或者,你一直居家带孩子,但现在,孩子们长大,家空了。也许,由于你或你的老板竞选失败,你失业了。

人们在这些时刻迷失方向,因为他们错把形式当成本质。他们相信,是形式让工作变得重要。他们把自己的角色当作自身:我是市长,我是居家妈妈,我是企业主管等。他们把参与生活的形式与生活意义及目的的本质混淆了。

如果构成生活意义的本质因素是体验与他人的关联和贡献,那么,我们组织、社群生活的魔力部分在于人类用多种形式来表达生活意义的能力。意义源自寻找各种方式,而不是某一特殊的方式,去爱,去贡献于追名逐利的企业,去提高周围人的生活质量。

在畅销书《相约星期二》中,作者米奇·阿尔博姆回忆了他在导师莫里·施瓦兹最后年月中多次拜访他的经历。一次,施瓦兹问他:"你知道什么能够给你满足感吗?""是什么呢?"阿尔博姆问道。"把你该给的东西给别人。"施瓦兹说。

"这像个童子军说的话。"阿尔博姆观察施瓦兹,这让他又说开了。

"米奇,我说的不是钱。我说的是你的时间、你所关心的事、你所讲的故事。这没那么难……这是你如何开始获得尊重,通过给别人一些你有的东西来获得尊重。有许多地方可以做到这一点。你不必要有多大的才干便能做到。"[9]

发现你的身边可能会有持续不断为他人提供服务的机会,直至生命时光的尽头,这比你采用什么方式来实现服务更重要。莫里·施瓦兹甚至在生命的最后时光还继续做贡献,他告诉阿尔博姆如何走向死亡,同时,也是在告诉他如何生活。

从根本上来说,形式并不重要。任何为他人服务的形式从根本上都是对爱的表达。为他人服务的机会一直无处不在,因此,任何人都没有什么理由(即便有的话,也很少)经历缺乏丰富、深刻意义的人生。最常见的失败也许是李尔那样的失败:我们深陷于形式之中,看不到本质的、真实的东西。

吉米·卡特离开白宫时是一个沮丧的失败者,而谁也想不到一位前美国总统会去做他之后选择的工作服务形式。他以一种实实在在、直截了当的方式开始:与"仁人家园"组织一起,为穷人盖房子。之后,他以自己在戴维营取得的成功为基础(1978年,他曾在戴维营商讨促成了埃及-以色列和平协议),开始寻找方式帮助社区和社会解决各种冲突。这些努力拓展到各种各样服务于新兴民主国家的项目举措。现在,卡特离开白宫多年,他为人们做出了不可磨灭的贡献。

> 如果拿这些贡献与他在白宫的业绩相比,就是完全没有把握重点。基于自身的爱心服务哲学,他具有以多种新形式创造生命意义的能力,这可以给需要改变的人带来启发。

没有什么角色比入主白宫更具吸引力。但是,即便是不那么光鲜的形式也具有诱惑力。马蒂在马萨诸塞州州长办公室工作时,人们找他探讨州政府里的工作服务机会。他们通常难以想象,如何以他们习惯形式之外的方式做出职业贡献。他们可以想到自己如何负责一个政府部门,但是却不能想象如何在一家州立医院从事义工服务。他们很容易把寻找有意义的工作与工作中的种种"配套"混为一谈,如接近州长的机会、头衔、工资、地位或办公室大小等。

当然,任何工作的这些方面都重要,不仅是因为这些方面能带来快乐,而且也因为它们能够带来动员他人行动的影响力。但是,对于人们来说,这些形式与"配套"的实用意义往往不如其象征意义重要。形式误导性地代表了我们工作的价值与本质。结果,人们不仅看不到本质性机会,而且他们把对自我价值与意义的理解与"包装纸"联系在一起,而偏离礼物本身。

杰瑞·莱斯以橄榄球比赛史上最伟大的外接手之一的身份从美国职业橄榄球大联盟(NFL)暂时退役,在此期间,他开始筹建一个儿童基金委员会。为了筹钱,他召集了NFL的一帮朋友组成一个篮球队,在全国各地打表演赛。罗纳德在与家人度假期间观看了其中的一场比赛。他们与全明星队上演了一场精彩的篮球赛，他们乐在其中的状态让罗纳德深感惊讶。他们通过比赛点亮了无数孩子的眼睛，并为基金委员会筹款。杰瑞看起来很累，这是肯定的，他们两天之内在三个城市打了三场比赛，他显然开始怀念作为职业选手比赛时的紧张兴奋感，因为他很快便回到NFL。但是，他看起来对自己过渡期做的事情及由此产生的意义深感骄傲，这与其他许多运动员形成对比，他们在离开镁光灯之后数十年都仿佛处于完全迷失状态。

有目标不同于有某一特定的目标。你从参与实现的目标中收获生命的意义。在某一特定学科、产业或工作岗位上工作20年、30年或者40年之后，你便开始与那个特定的目标、那种特定的形式交织在一起。

当你失去那个特定的目标、那个特定的形式时，你会认为自己没有任何有意义的选项了。我们认识一位77岁的老人本尼，他全薪退休并享受医疗福利。他在同一工作岗位干了40年。他没有力气再承担那份工作中的各项任务，但是他说，他拒绝退休，因为他不知道该做什么来打发日子。

本尼害怕退休，是因为他不能重新界定生活的目标。他觉得，除掉工作这一形式之后，他失去了生活意义的来源。本尼真正失去的是他孩提时代可能曾经拥有过的东西：目标感。孩子们具有原动力，他们在忙着与发生的任何事情建立关联时，便创造了意义。成年人往往会忘记这种能力，他们很容易失去那种好玩、爱冒险、富于创造的原动力，而通过原动力，他们会问自己：什么事情值得今天去做？

显然，我们找到的创造意义的方式以可触的形式存在，当然，这种形式在一些重要的方面举足轻重。有的工作与你的兴趣、个性、技能、性情相符，而其他的则不然。这里的重点不是贬低寻找满意形式及角色的重要性，而仅仅是要重新点燃年少时想象多种可能方式的能力。这样，当你被迫妥协让步，或当你遭受严重挫折时，你可以恢复自己天生的、产生新的意义表达形式的能力。

实施领导是一种通过对他人的生活做出贡献，从而为自己的生命带来意义的方式。最佳的领导是一种爱的工作。这种工作机会每天穿行在你走的道路上，但是，我们从自身伤痕累累的经历中领悟到：抓住这些机会需要鼓起勇气，抖擞精神。

| 第 11 章 |

LEADERSHIP ON THE LINE

神圣之心

实施领导是对你生命意义的表达。你生命的汁液,即你的创造力与勇气、你的好奇心与质疑渴求、你对人的同情与关爱,会在你被攻击、被镇压或被迫保持沉默时日益消失。

我们在工作中与来自世界各地、各行各业的男男女女打交道,看到有很多好人披着自我保护的斗篷,让自己远离走出去的危险。自我保护是合情合理的,危险真实存在。

当你把自己掩盖起来时,你也面临着失去一些东西的风险。在奋力拯救自我的同时,你会放弃很多代表生命本质意义的品质,譬如单纯、好奇与怜悯。过于避免受伤,便很容易把纯真变成玩世不恭,把好奇变成高傲自大,把怜悯变成麻木不仁。我们曾经经历过这些,也许你也曾经历过。

没有谁照镜子的时候会看到一个玩世不恭、高傲自大、麻木不仁的自己。我们给这些防卫方式穿上盛装,冠以讲原则、讲道德的名字。玩世不恭被称为"现实主义",高傲自大被乔装成"权威知识",而麻木不仁则变成了明智与经验的厚厚外壳。表11-1总结出人们丧失内心时常见的动态特征。

表11-1 丧失内心

内心品质	变成	乔装成
单纯 →	玩世不恭 →	现实主义
好奇 →	高傲自大 →	权威知识
同情 →	麻木不仁 →	经验的厚厚外壳

用更容易接受的语言来掩饰玩世不恭、傲慢自大以及麻木不仁,并不能隐藏一开始运用它们产生的后果。玩世不恭、傲慢自大以及麻木不仁可能是最安全的生存方式,但是它们也会让我们极力保护的生命意义窒息。

现实主义必须同时抓住生活中丑陋和美妙的东西,不加掩饰。毫不畏惧地质问现实是需要勇气的。玩世不恭的现实主义假设会导致最糟糕的情况,它会降低你的志向,因而你永远都不会失望,以此来保护自己。这就像一张保险单。如果事情进展顺利,那么,伙计,这太好不过了。但是,如果你认为没有什么可以做成功,便也不会感到惊讶,更为重要的是,从来都不会经历失望。

另外,权威知识必须依赖好奇心来告诉你应该在何时何地采取纠正性措施。当周围的人都渴求确定性时,保持怀疑能够竭力促使你实现最大限度的自我完整。但是,如果你没有让自己的好奇心保持在适当水平,怎么可能学到知识?如果你不持续学习,又如何保持自身的持续权威?

至于明智与经验的厚厚外壳，随着你在角色中成长，承受生活的酸甜苦辣，带上一些防护外壳是很自然的事情，否则你可能无法承受种种明枪暗箭。但是，这会让你很容易陷入一个常见的谣言：如果没有坚硬的外壳，你很难从苛刻的职业角色中幸存下来，你在办公室里似乎不得不控制自己的同情心。麻木不仁的指尖敏感度尽失。你的听觉变得越来越不灵敏，直到听不到身边人传递的真实信息，识别不出他们的言外之意。你只会战略性地听他们说话，以此作为自己追求目标路上的资源或障碍。为了保护自己，你让自己对嵌入其中的世界变得麻木。

你最深层的智慧和对自身经历最深刻的表达都根植在同情之中。如果没有能力设身处地地想象他们经历的困苦，你怎么可能引导人们或对他们提出挑战？另外，你又怎么可能找到能让他们承受变革损失的意义之源？

难以接受的真相在于，如果不经历痛苦，便不可能得到领导的回报和快乐。现实的痛苦部分便是让如此多的人望而却步的原因。如我们所述，领导的危险源于很多人、很多地方，有很多种表现形式，不仅来自对手，也会来自亲密合作者的背叛和所信任的权威领导的矛盾情绪。

玩世不恭、高傲自大、麻木不仁则是信手拈来的东西。通常看来，如果没有它们的保护，你和经历本身之间，便别无他物，是它们助你安度一天。然而，实际上，它们会摧毁你未来实施领导的能力。也许，更重要的是，它们会让你失去一次体味生命意义的机会。

神圣之心的映像

　　领导中最艰难的工作是学习如何不让自己在经历痛苦时麻木。神圣之心的优点，是在最黑暗、最艰难的时刻保持单纯与怀疑、疑虑与好奇、怜悯与关爱的勇气。带着一颗开放的心去领导，这意味着，即便在最低谷，即便被自己人抛弃而变得完全无力，也依然能够在不麻木、不反击、不采取其他防御的情况下接纳所有的人类情绪。在某一时刻，你可能会经历完全的绝望；但是下一刻，便是怜悯与宽恕。你甚至可能会在同一时刻经历这样的悲欢，在与他人的紧张交涉中容纳这些前后矛盾的情绪。也许，你已经经历过了。一颗神圣之心能让你在履行使命的过程中去感悟、聆听并判断，这样你便能准确地估计不同的形势，做出合适的回应。否则，你便不能准确地评估你要求人们承受损失带来的影响，不能理解他们愤怒背后的原因。如果不能保持开放之心，便很难，甚至不可能做出正确的回应，获得成功或全身而退。

　　几年前，罗纳德受邀到英国剑桥做一个关于领导力的讲座，那个周末恰逢犹太新年，哈桑纳节。讲座结束后的上午，他在去伦敦途中经过英国乡村，进行了一次短途旅行，他们希望能在那里做犹太教祈祷。一开始，他们来到一个名叫库姆堡的迷人小乡村，是电影《怪医杜立德》原版的拍摄地。一座魅力古老的庄园在小镇的边缘屹立了数百年，周围是广阔的草地和丛丛古树。那个庄园现在被当作酒店经营，罗纳德便决定在那里过夜。那是哈桑纳节前的下午，随着夜晚临近，他们不知道该如何在远离犹太社区的地方庆祝这个神圣的节日。

就在日落之前，也就是新年开始之时，他们发现庄园边上有一座漂亮、古老的圣公会教堂。这座教堂有600多年历史，是用石头精心建造的，很小，看起来只有不到20排座位。他们漫步进去，罗纳德在前排坐下——一位信仰圣公会的犹太人，面对着十字架上的耶稣。就在几个星期之前，罗纳德参加了一个关于深层泛基督教主义的犹太人讨论会。神圣之心被阐释为是上帝承诺的反映，上帝不会承诺让你置身水火之外，而是承诺与你共度水火。[1]

罗纳德抬头看着耶稣像，那是一个因为自身信仰而备受折磨的人，也许，对任何没有习惯的人来说，这都是一个可怕的景象，对于一位深知民族迫害史的犹太人来说，更是如此。数十年来，罗纳德心中郁积着对历史上基督教徒被暴力虐待的愤慨，而此时坐在那个教堂里，就像是面对着一个跨越深深鸿沟般的挑战。他一边回忆着自己的复杂情绪，一边思考着耶稣在世时是如何看待这个节日的。他带着一点渴望继续思考："耶稣拉比，您曾是我们的导师之一。我们为什么不在新年时相互为伴呢？没有人在这里同我们一起庆祝。"

罗纳德凝视着耶稣，陷入冥想。"耶稣拉比，"他沉思道，"您能否告诉我您在十字架上的经历？现在是哈桑纳节，亚伯拉罕牺牲他的儿子以撒，这是我们怀念这一壮举的节日。请问您能否赐教于我？"大约10分钟后，罗纳德变得非常兴奋。他走进傍晚透明如水晶的夕阳里，坐在一棵巨大老松树的树干旁。

当他回想起他在教堂的经历时，他躺了下来，张开双臂，久久凝视着大树的枝丫。他感觉如何？脆弱不堪。

随后，罗纳德想："这就是耶稣拉比告诉我的信息。这就是我们了解到的神圣之心，心甘情愿去感知一切，一切，在不放下手头工作的情况下接纳一切。去感受，就像耶稣先生在临近死亡的时刻感受最严肃的怀疑、抛弃和背叛一样。当你拼命想相信自己正做着正确的事情，你的牺牲值得时，要像大卫王那样在荒野中大声呼喊出来。'我的上帝，我的上帝，你为什么要抛弃我？'但是几乎在同时，又要感受怜悯之心，'原谅他们吧，亲爱的上帝，因为他们不知道自己所做的事情'。耶稣会一直保持开放的心。"

神圣之心意味着，你可能会感到折磨与背叛、无力与无望，但依然保持开放的心。这是容纳你整个人生经历却不让自己变得冷酷、封闭的能力。这意味着，即便身处失望与失败之中，你依然保持与人的连通，与自己最深刻的目标来源保持连通。

本书潜在的假设是你可以领导并存活下来。领导不应该意味着你必须牺牲自己才能给世界带来益处。你会遇到危险与困难，就像你可能已经经历过的一样，在那些时刻，你可能会感觉自己正走在被牺牲的路上。洛伊斯一周接一周地面对空空的椅子，周围却是挣扎在酗酒问题中的社群，你能否想象她的被抛弃感？哈米尔·马瓦德不知疲倦地为自己的国家工作，最后却在军事护卫的逼迫下放弃自己的办公室，你能否想象他的被抛弃感？又或者，你能否想象伊扎克·拉宾中了刺客子弹后死去时的痛苦？

面临现代生活各种挑战时最常见也是最具摧毁性的"解决办法"是自我麻痹，而神圣之心是自我麻痹的解药。带着开放的心去领导，能够帮助你在灵魂上存活下来，会让你忠诚地相信包括疑虑在内的所有真实的东西，不会逃离、采取行动或寻找权宜之计，并且，神圣之心的力量帮助你动员其他人做同样的事情——直面需要勇气的挑战，忍受变革的痛苦而不是欺骗自己或逃离。

单纯、好奇与同情：开放之心的优点

你选择充满激情地实施领导，是因为受到一组问题的驱使，这些问题也许已经影响你很长时间了。这些问题可能在你出生之前便已经深深根植在你所在的家庭或文化中。这些问题可能反映出你内心的疑问，你决定为此奉献你一生中的部分时间，甚至可能是你整个一生。保持一颗神圣之心是要在你追求有意义的事情时保持单纯、好奇与同情心。

单纯

"单纯"一词源于拉丁文,意为"不会损害或伤害",如同"无罪"我们现在用的不是这个法律定义。我们用这个词,是采用"孩子般纯真""单纯"的意义,指的是这样的能力:考虑愚蠢的想法、思考不同寻常并可能独具创造性的观点、对生活和工作保持快乐幽默的态度,即便这样做会被视为组织或社群的异类。

适应性挑战要求一种文化对其规范进行一些改变,这便要求有非同一般的言行。这并不是说所有的规范都要改变,只是部分规范。因此,要产生改变,必须从不同的环境中引进一些想法,或者通过环境内部发出的异常声音挖掘一些想法。[2] 异常声音可能 80% 的时间都是错误的,但这也就意味着,在另外 20% 的时间里,这个奇怪、天真、独创的想法可能正是所需要的想法。

你在领导人们时,通常是从想要贡献于组织或社群、帮助人们解决重要问题、提高他们生活质量的愿望开始。你的心不是完全单纯,但你的出发点是对人们的希望与关切。然而,沿路往前,当有很多人认为你的愿望过于不切实际,太具挑战性和破坏性,拒绝你的愿望时,你很难继续保持那些情感。结果会慢慢来临。你在令人沮丧的现实面前变得冷酷无情。你关闭了心门。

作为一个身体器官,健康的心脏每秒钟都会打开、关闭。那么,我们如何在开展困难工作的同时,让精神在我们心中开放,而不只是保持关闭的状态?我们如何在实际理解领导过程中的危险的同时保持单纯?你该如何为自己充满爱与关怀的想法喝彩,并且即便在认识到面临的现实可能会给你带来伤害时依然如此?

保持单纯并不意味着要承受不必要的痛苦。就像我们之前一位学生所说："25 年来，每次我不得不解雇某个人时，不管是因为经济原因还是绩效原因，我都感到非常痛苦，深受其害。我知道每次这么做都不容易，但我也不会傻到不去解雇有害于组织的人。因此，这并不意味着我不会付诸行动。但是，也许我还没有结下足够厚的老茧。我该如何让自己不因这种'破坏性行为'痛苦，同时又对此保持明智呢？从某种意义上说，每次解雇某个人，我便失去一些单纯，因而我不得不在自己内心或周围同事中，寻找一些方法来重塑那部分单纯或重新与之连通。"

我们都会触及自身的极限。耶稣可能有时也会不知所措。他疲惫了，撤退了。他偶尔会限制自己选择为其疗伤的人数。在触及自身极限时，你便面临一个选择。你可以充满尊敬地对自己说："你知道，我今天再也不能忍受、再也不能见更多这样的事情了。是时候放一场老电影、看看家庭照片、休息一下了，让自己重温一下生活的甜蜜，因为这种甜蜜一直都在。"或者，你可以允许自己把心完全关上：麻痹自我，结上厚厚的痂，让单纯完全丧失。

好奇

职业生活中几乎所有的奖励都是被知道的人拿下，不知道的人则与奖励无缘。每天，即便是在一所致力于学习的优秀大学里，我们也会看到一些同事，急切地想要展示他们知道的东西，而不是寻找他们尚且不知道的东西。在商业领域，信心已经出格很远了，人们总是夸大他们对自身产品的信心。在政治领域，候选人对远远超过他们预测能力的东西言之凿凿。从短期来看，当你说出你的疑虑时，人们可能不那么相信你，因为他们担心你的能力；但是，从长远来看，他们会因为你讲述真相而更相信你。

这种动力很早便开始了。当孩子们进入少年时期，他们便已经形成对正确事情的依附。当他们假定要向观点不同的人学习，而不是与之争辩时，便开始丧失了解未知时得来的美妙的好奇心。当常规的争辩呈现出以下特征性结构时，儿时珍贵的神秘精神和怀疑精神便很快逝去：

"我是对的。"

"不，我是对的！"

"不，我才是对的！"

那些"不幸"的孩子总能成为胜者，变成"最好、最聪明"的人。之所以说他们"不幸"，是因为他们的醒悟，恰如李尔王一样，通常来得较晚，必须经历错误和荒废之后才实现。之后，丧失原本膨胀的自信是非常痛苦的经历，并且还伴有懊悔。有少数人，譬如在越南战争中扮演关键角色的罗伯特·麦克纳马拉，却表现出一颗非同寻常的心，能够反思他们的错误并重新找回怀疑的能力。麦克纳马拉通过深刻反思的回忆录分析自己的错误判断，这一事实可以给任何冒险领导的人带来鼓舞。[3]有多少知名人士能够在自己的回忆录里说出同样的话？倒是有很多人会通过层层自我辩白来进一步保护误入歧途的自我骄傲感。留给子孙后代的教训便这样流失了。

如果耶稣在他传教结束时质疑上帝，那么，我们当然可以质疑自我。

当我们用现实检验的假设来打磨自己的能力时，能否保持童年时代好奇的品质？有没有什么方式可以保持其中的神秘感？

要成功地领导适应性变革，你必须培养自己认真聆听并接纳新的干扰性想法的能力。这一点很难做到，你会有很大的寻找答案的压力。在你备受鼓舞的时候，你会劝自己："确实，我该去做这个！"然后你还可会这样评价："他们怎么可能质疑我带来的价值，质疑这项新技术，质疑这个新项目呢？"1989年，比尔·乔治成为美敦力的CEO。当时，公司有一个传统，把所有内科医生分为两类，即"我们的客户"和忠于对手公司及其产品的"对手医生"。乔治发现，很多工程师不愿意与竞争医生们打交道，因为他们太挑剔、太爱质疑。"毫无疑问，"他深思道，"他们正是我们能够学到最多东西的医生。"顶着抵抗的压力，他迅速采取措施，禁止了"对手医生"这一说法，并把他们和他们的想法请进公司。

大多数时候，如果你诚实地对待自己，你便会知道，你对未来的愿景只不过是你当时最佳的估计。如我们所述，计划只不过是今天的最佳猜测。如果不愿意接洽竞争者的想法，那么，你的组织怎么可能完成在竞争环境中繁荣发展所需的适应性工作？

领导实践需要有不断对你自己以及组织或社群中的人提出基本问题的能力。我们的同事罗伯特·基根授课的内容，是关于你把持的假设与"把持"你的假设之间的差异。把持你的假设会阻碍你看到其他不同的观点。但是，我们给这些假设取了一个特殊而正直的名字，我们称之为"真理"。真理是那些把怀疑视为不受欢迎的入侵者的假设。真理被固定在那些缺乏重塑信仰之心的地方。

同情

亚里士多德把上帝称为"不受动的始动者"。与此形成对比，20世纪的哲学家亚伯拉罕·约书亚·赫施尔把上帝描述成"最受动的始动者"。[4] 如果上帝都能被感动，我们不应该允许自己被种种胜利、失败和挣扎感动吗？

从词根意义上来说，同情（compassion）意味着与人一起分担痛苦。前缀"com-"的意思是"一起"，而"passion"（激情、热情）一词与"pain"（痛苦）一词同根。我们在本书中贯穿表述了各种现实及超乎寻常的原因，阐释为什么必须对变革的痛苦表示尊敬。例如，"与你的反对者保持亲近"这一建议是以多个强有力的战略性、战术性观点为基础，但是，它也考虑到一点，即那些反对最强烈的人也正是遭受损失最多的人，因此，你应该用最多的时间和技巧给他们最多的关注和关心。

你在领导时总是情不自禁地承担他人的愿望与渴望。显然，如果你的心是关闭的，便不能彻底了解这些利益瓜葛，以及人们在新环境中保护最珍贵的东西、学习如何繁荣发展时必须承受的损失。

和单纯、怀疑一样，同情对于成功与生存是必需的，对于一生的领导事业也是如此。即便当你看起来已经没有剩下任何资源时，同情依然促使你关注其他人的痛苦和损失。

> 马蒂的父亲躺在医院里，他和其他人都知道这是他生命里的最后一个星期了，而这时，他很好地利用剩下的时间来处理他的逝去将对家庭产生的影响。他分别

安排与四个孙子私下谈话，与他们探讨他们的价值观，并且把自己将近 80 年经历中的受益传授给他们。在孙女重新参加驾照考试之前，他与她进行了一次鼓舞士气的谈话，最后她通过了考试。他安排与儿子的前妻单独见面，她自从离婚后便总是疏远他。他告诉她，他很爱她，他认为她是一位了不起的妈妈。最后，他在辞世前最后一个小时，叫马蒂去给他买了一瓶啤酒。

"哪种啤酒？"马蒂问道。

"百威啤酒。"

"淡啤还是普通啤？"

"淡啤就好。"

马蒂的眼泪顺着脸颊往下流，他跑到医院楼下，穿过街道走到对面的酒类专卖店。他买了一提 6 瓶啤酒，回到病房，等待父亲最后给予的"礼物"。这位儿子给彼此倒了一杯啤酒，父子再一次碰杯，为他的生命和爱庆祝。

用本书中的正式用语来表述，我们可以说马蒂的父亲领导他的家庭，可能还有他自己，经历了死亡的适应性挑战。但可能更好的一种表述是，马蒂的父亲尽管身处极大的痛苦和损失之中，却给他在最后一个星期接触的每个人传授了一些东西，一些关于如何面对死亡、如何利用任何机会去爱人、去改变他人生活的东西。

你，以及我们，每天都能获得领导的机会。但是，把自己置于火线之上是艰难的任务，因为危险真实存在。然而，这项任务带给你和你周围人的高尚感和益处不可估量。我们写这本书，是出于对你和你身上激情的钦佩和尊重。我们希望这些文字能够带给你实际有用的建议和鼓舞，希望你此时已经有了更好的方法去领导，去保护自己，去让自己的精神保持鲜活。愿你享受满心收获的硕果，世界需要你。

注 释

前 言

1. Deborah L. Ancona, Thomas W. Malone, Wanda J. Orlikowski, and Peter M. Senge, "In Praise of the Incomplete Leader," *Harvard Business Review*, February 2007, 92–100.

第 1 章

1. This story is adapted from Sousan Abadian, "From Wasteland to Homeland: Trauma and the Renewal of Indigenous Communities in North America" (Ph.D. dissertation, Harvard University, 1999). The names have been changed and the story altered to maintain confidentiality.

2. This case is based on Ronald Heifetz's observations and interviews with key parties during this period in Quito, including numerous conversations with President Jamil Mahuad.

3. Gary Hamel, "Waking Up IBM: How a Gang of Unlikely Rebels Transformed Big Blue," *Harvard Business Review* 78, no. 4 (July–August 2000): 138. For the full story on which this is based, see Gary Hamel, *Leading the Revolution* (Boston: Harvard Business School Press, 2000), 154–166.

4. Hamel, *Leading the Revolution*, 155.

5. Hamel, "Waking Up IBM," 138.

6. Ira Sager, "Inside IBM: Internet Business Machines," *Business Week*, 13 December 1999. P. EB38.

7. Ira Sager, "Gerstner on IBM and the Internet" (interview with IBM Chairman Louis V. Gerstner, Jr.), *Business Week*, 13 December 1999. EB40.

8. Hamel, "Waking Up IBM," 143.

9. Mark Moore, personal communication with author, 16 October 2000.

第 2 章

1. A more comprehensive version of this story can be found in "Diversity Programs at the New England Aquarium," Case C116-96-1340.0 (Cambridge, MA: Kennedy School of Government Case Program, Harvard University, 1996).

2. See Ronald A. Heifetz, *Leadership Without Easy Answers* (Cambridge, MA: The Belknap Press of Harvard University Press, 1994), chapter 7.

3. Warren Bennis, *The Unconscious Conspiracy* (San Francisco: Jossey-Bass Publishers, 1989).

4. Lani Guinier, "The Triumph of Tokenism: The Voting Rights Act and the Theory of Black Electoral Success," *Michigan Law Review* 89, no. 5 (March 1991): 1077–1154.

第 3 章

1. On the skill of reflection in action, see Donald A. Schön, *The Reflective Practitioner: How Professionals Think in Action* (New York: Basic Books, 1983); and M. Weber, *Politics as a Vocation,* H. H. Gerth and C. Wright Mills, trans. (Philadelphia: Fortress Press, 1965).

2. Lee Kuan Yew, *From Third World to First: The Singapore Story 1965–2000* (New York: HarperCollins Publishers, 2000).

3. Metaphor courtesy of Jack Bridenstein, U.S. naval officer, personal communication with author, 11 August 1982.

4. Lee Kuan Yew, personal communication with author, 17 October 2000.

第 4 章

1. John Greenwald, "Springing a Leak," *Time,* 20 December 1999, 80. For additional accounts of Ivester's tenure and demise from which much of this material was gleaned, see also: Betsy McKay, Nikhil Deogun, and Joanne Lublin, "Tone Deaf: Ivester Had All Skills of a CEO but One: Ear for Political Nuance," *Wall Street Journal,* 17 December 1999, A1; and Matt Murray, "Deputy Dilemma: Investors Like Backup, but Does Every CEO Really Need a Sidekick?" *Wall Street Journal,* 24 February 2000, A1.

2. This case is based upon a lecture by Leslie Wexner at the John F. Kennedy School of Government, Harvard University, Cambridge, Massachusetts, 13 September 2000.

3. For a full account of Nelson Poynter and his stewardship of the *St. Petersburg Times,* see Robert N. Pierce, *A Sacred Trust: Nelson Poynter and the St. Petersburg Times* (Gainesville, FL: University Press of Florida, 1993).

4. Robert Haiman, telephone interview by author, 24 April 2001.

第 5 章

1. See Donald Winnicott, *The Maturational Process* (New York: International Universities Press, 1965); Arnold H. Modell, "The 'Holding Environment' and the Therapeutic Action of Psychoanalysis," *Journal of the American Psychological Association* 24 (1976): 285–307; Edward R. Shapiro, "The Holding Environment and Family Therapy with Acting Out Adolescents," *International Journal of Psychoanalytic Psychotherapy* 9 (1982): 209–226; Robert Kegan, *The Evolving Self* (Cambridge, MA: Harvard University Press, 1982); and Edward R. Shapiro and A. Wesley Carr, *Lost in Familiar Places* (New Haven: Yale University Press, 1991).

2. See Ronald A. Heifetz and Donald L. Laurie, "The Work of Leadership," *Harvard Business Review* 75, no. 1 (January–February 1997): 124–134.

3. Arthur Schlesinger, Jr., *The Coming of the New Deal* (Boston: Houghton Mifflin, 1958), 538.

4. Delivered on the steps of the Lincoln Memorial on August 28, 1963.

5. For a more comprehensive treatment of this story, see "Ricardo de la Morena and the Macael Marble Industry (A)," Case 16-90-971.0 (Cambridge, MA: Kennedy School of Government Case Program, Harvard University, 1990).

第 6 章

1. There are many versions of this story. We have relied on two of them: one found in the David Shields's profile of Phil Jackson, "The Good Father," *New York Times Magazine,* 23 April 2000, 60; and Phil Jackson and Hugh Delehanty, *Sacred Hoops: Spiritual Lessons of a Hardwood Warrior* (New York: Hyperion, 1995), 189–193. The core facts are in accord.

2. According to a *New York Times*/CBS News poll, Carter's approval rating went up from 26 percent to 37 percent the day after the speech; see "Speech Lifts Carter Rating to 37%; Public Agrees on Confidence Crisis," *New York Times,* July 18, 1979, p. A1, and Howell Raines, "Citizens Ask if Carter Is Part of the 'Crisis'," *New York Times,* August 3, 1979.

第 7 章

1. For a more comprehensive version of Selecky's story see "Principle and Politics: Washington State Health Secretary Mary Selecky and HIV Surveillance," Case 1556 (Cambridge, MA: Kennedy School of Government Case Program, Harvard University, 2000).

2. Heifetz, *Leadership Without Easy Answers,* chapters 6 and 9.

3. The full story of the U.S. Post Office reorganization can be found in "Selling the Reorganization of the Post Office," Case C14-84-610 (Cambridge, MA: Kennedy School of Government Case Program, Harvard University, 1984).

4. This account of the relationship between Lehman and General Dynamics is primarily drawn from "John Lehman and the Press," Case C16-89-917.0 (Cambridge, MA: Kennedy School of Government Case Program, Harvard University, 1989). More comprehensive accounts can be found in Jacob Goodwin, *Brotherhood of Arms* (New York: Times Books, 1985); and Patrick Tyler, *Running Critical* (New York: Harper & Row, 1986).

第 8 章

1. David Gergen, *Eyewitness to Power: The Essence of Leadership, Nixon to Clinton* (New York: Simon & Schuster, 2000), 261.
2. "The Real Story of Flight 93: Special Report: 'Let's Roll,'" *The Observer*, 2 December 2001, 15.
3. See David Gergen's account of Hillary Clinton and her impact on Bill Clinton's strategy toward health care reform in *Eyewitness to Power*, 296–309.
4. William Shakespeare, *Julius Caesar*, Act I, Scene 2.
5. "Workshop on Leadership, Religion, and Community," Plymouth Congregational Church, Seattle, WA, 4 March 2000.

第 9 章

1. Elizabeth Cady Stanton, *Eighty Years and More* (New York: Source Book Press, 1970), 148.
2. Ibid., 149.
3. Ibid., 149.
4. Gergen, *Eyewitness to Power*, 298–299.
5. Ibid.
6. Nurit Elstein Mor, Head of Department of Labor Disputes, State Attorney's Office, Israel, personal communication with author, September 2000.
7. Of course, no one can know what was in the mind and heart of Rabin during those moments of decision. Our interpretations are based on personal communication with people in his political circle, but they remain interpretations, meant mainly to illustrate the role/self distinction rather than write biographically about Rabin.
8. See Jack Welch, *Straight from the Gut* (New York: Warner Books, 2001).
9. Speech at Valley College, Van Nuys, California, November 1984, in Geraldine Ferraro, *Ferraro: My Story* (New York: Bantam, 1985), 292 (italics in the original).

第 10 章

1. *American Heritage Dictionary,* fourth edition (New York: Houghton Mifflin Company, 2000).

2. S. L. A. Marshall, *Men against Fire: The Problem of Battle Command in Future War* (New York: William Morrow, 1947), chapters 9 and 10; and Edmund Shils and Morris Janowitz, "Cohesion and Disintegration in the Wehrmacht in World War II," *Public Opinion Quarterly* 12, no. 2 (Summer 1948): 280–315.

3. William W. George, "A Mission for Life," unpublished manuscript, 2001; and personal communication with the author, November 2001.

4. The Talmud, Koran, and other sacred teachings. *Mishnah, Tractate Sanhedrin,* chapter 4, *Mishnah 5*; and *Surat al-Ma'idah* (translation: *The Table Spread*) (Sura 5), verse number 32 in the *Qur'an*.

5. William Shakespeare, *Romeo and Juliet,* Act II, Scene 2.

6. Hank Greenberg with Ira Berkow, *Hank Greenberg, The Story of My Life* (Chicago: Triumph Books, 2001), 181. The relationship between Greenberg and Robinson is described on pages 181–183 and also noted in "The Life and Times of Hank Greenberg," an award-winning documentary written, produced, and directed by Aviva Kempner, 1998.

7. Milton D. Heifetz and Will Tirion, *A Walk through the Heavens: A Guide to Stars and Constellations and Their Legends* (New York: Cambridge University Press, 1998).

8. William Shakespeare, *King Lear,* act IV, scene 7.

9. Mitch Albom, *Tuesdays with Morrie* (New York: Doubleday, 1997).

第 11 章

1. "Deep Ecumenism," a workshop at Elat Chayyim, Concord, NY, in July 1998 with Rabbi Zalman Schachter-Shalomi.

2. See Richard Pascale, Jerry Sternin, and Monique Sternin, *The Power of Positive Deviance: How Unlikely Innovators Solve the World's Toughest Problems* (Boston: Harvard Business Press, 2010).

3. Robert S. McNamara with Brian VanDeMark, *In Retrospect: The Tragedy and Lessons of Vietnam* (New York: Vintage Books, 1996); and Robert S. McNamara and James G. Blight, *Wilson's Ghost: Reducing the Risk of Conflict, Killing, and Catastrophe in the 21st Century* (Public Affairs, LLC, June 2001).

4. Abraham Joshua Heschel, *God in Search of Man: A Philosophy of Judaism* (Northvale, NJ: Jason Aronson, Inc., 1987), xxxiii.

致　谢

本书是我们半个世纪教学与咨询工作的结晶。本书的写作广泛采纳了学生、客户、朋友以及专业同行的经历及洞见，在此感谢他们分享自己的故事和经验教训，但本书文责自负。

我们有幸与哈佛商业评论出版社合作，他们是一个非常专注且专业的团队。通过个人和集体的共同努力，他们证明了传统的"作者—编辑"合作关系并未过时。我们最初是在多年前受到琳达·道尔和卡罗·弗朗哥的鼓励要写作本书，而第一位编辑马乔里·威廉姆斯对本项目的坚定信念是推动本书进展的一个关键因素。莎拉·韦弗的文字编辑工作致力于提高本书的文采，扫除词不达意之处，帮助我们澄清想要表达的内容。稿件编辑阿曼达·埃尔金也一直给予我们有力的支持。当然，如果没有责任编辑杰夫·吉欧谦和的鞭策、深刻的见解以及悉心的鼓励，我们定然难以完工。杰夫善于用微妙的"育儿技巧"来处理本书的工作，深知何时应当划定界限、何时应当放任自流。我们也想感谢出版社遴选的匿名读者，他们毫无保留和顾忌的批评在关键时刻给予我们警示和提醒,可惜我们不能在此对他们点名致谢。

在本书诞生的过程中,有八个人给予了尤为特别的帮助。莱利·森德是罗纳德长期的合作者,他最先将本书的很多想法串联起来,让我们看到领导和职权之间的隐喻关系,并且,在写作的每个阶段,他都煞费苦心地审阅手稿,通过细致的评论及改写参与其中。索珊·阿贝典发挥着特殊作用,在倒数第二稿时逐行逐句地引导我们改进,以细心周到的方式推动本书实现超越。马蒂的妻子林恩·斯特利总在重要的转折点用设计师的眼光和编辑的判断力支持本书的进展,并且,在完成本项目的漫长过程中,她通情达理地忍受了马蒂时常不在身边、对家庭关注不够的状况。罗纳德的妻子凯瑟琳·海菲兹,为我们的前言带来了清晰的逻辑、更加积极的声音,以及人类理智。在本书的写作中,我们聘请了两位"书籍医生"。凯利·拉普奇至关重要地厘清了我们基本的写作目的,并帮助我们更好地运用罗纳德的经历和故事。肯特·莱恩巴克是我们核心团队的一员,他不厌其烦地与我们进行无休止的碰面讨论,促使我们厘清并提炼本书的故事线,参与起草和重新起草构思的工作,督促我们做得更好。对于我们努力尝试实现的事情,他一直给予持续不断的鼓励。我们也有幸得到肯尼迪学院两位优秀教学助理的帮助,她们是希拉·布莱克和凯瑟琳·卡明斯基。她们提供了极好的研究支持,排除各种牵制性阻力,让我们得以一起工作,而且,在本项目十分耗时耗力的阶段,她们竭尽全力地控制我们其他工作的数量。

在本书写作的不同阶段,我们"厚颜无耻"地迫使许多朋友和同事阅读部分甚至全部原稿。汤姆·班尼特、查尔斯·布吉、罗宾·钱皮恩、凯瑟琳·富尔顿、弥尔顿·海菲兹以及斯蒂文·罗斯坦逐页地为我们提供细致的建设性反馈意见。同时，我们也得到大卫·A.海菲兹、斯蒂夫·博伊德、本·奇弗、布伦特·卡芬、菲尔·海曼、约翰·哈布纳、芭芭拉·凯勒曼、约翰·柯特、斯蒂夫·拉基斯、拉里·摩西、修·欧多尔蒂、莎伦·帕克斯、理查德·帕斯卡莱、伯尼·斯坦伯格、比尔·尤里以及迪恩·威廉姆斯等人慷慨的、十分有用的建议，特此表示感谢。

早在许多年前，即肯尼迪学院"领导力教育项目"的初年，有关本书的努力便已经开始。当时，费希尔和尤里等人撰写了《谈判力》(Getting to Yes)一书，而马蒂正是该书的编辑，德里克·博克建议我们秉承该书的精神，写一本关于领导力事务处理方面的书。我们的同事、资深教育家特丽莎·门罗推动了该项目的建立，全身心地投入这项工作。詹妮·盖尔伯是该项目优秀的顾问，她用温暖和智慧将具有首创精神的研究生们凝聚成团结一心的小团队，以头脑风暴的方式贡献各种想法，并给予我们向前的勇气。我们的工作与这些密不可分。

罗纳德·海菲兹
马蒂·林斯基
马萨诸塞州，剑桥

欧洲管理经典 全套精装

欧洲最有影响的管理大师
（奥）弗雷德蒙德·马利克 著

超越极限
如何通过正确的管理方式和良好的自我管理超越个人极限，敢于去尝试一些看似不可能完成的事。

转变：应对复杂新世界的思维方式
在这个巨变的时代，不学会转变，错将是你的常态，这个世界将会残酷惩罚不转变的人。

管理成就生活（原书第2版）
写给那些希望做好管理的人、希望过上高品质的生活的人。不管处在什么职位，人人都要讲管理，出效率，过好生活。

管理：技艺之精髓
帮助管理者和普通员工更加专业、更有成效地完成其职业生涯中各种极具挑战性的任务。

战略：应对复杂新世界的导航仪
制定和实施战略的系统工具，有效帮助组织明确发展方向。

公司策略与公司治理：如何进行自我管理
公司治理的工具箱，帮助企业创建自我管理的良好生态系统。

正确的公司治理：发挥公司监事会的效率应对复杂情况
基于30年的实践与研究，指导企业避免短期行为，打造后劲十足的健康企业。

读者交流QQ群：84565875

显而易见的商业智慧

书号	书名	定价
978-7-111-57979-3	我怎么没想到？显而易见的商业智慧	35.00
978-7-111-57638-9	成效管理：重构商业的底层逻辑	49.00
978-7-111-57064-6	超越战略：商业模式视角下的竞争优势构建	99.00
978-7-111-57851-2	设计思维改变世界	55.00
978-7-111-56779-0	与时间赛跑：速度经济开启新商业时代	50.00
978-7-111-57840-6	工业4.0商业模式创新：重塑德国制造的领先优势	39.00
978-7-111-57739-3	社群思维：用WeQ超越IQ的价值	49.00
978-7-111-49823-0	关键创造的艺术：罗得岛设计学院的创造性实践	99.00
978-7-111-53113-5	商业天才	45.00
978-7-111-58056-0	互联网原生代：网络中成长的一代如何塑造我们的社会与商业	69.00
978-7-111-55265-9	探月：用改变游戏规则的方式创建伟大商业	45.00
978-7-111-57845-1	像开创者一样思考：伟大思想者和创新者的76堂商业课	49.00
978-7-111-55948-1	网络思维：引领网络社会时代的工作与思维方式	49.00

· 作者介绍 ·

罗纳德·海菲兹 (Ronald Heifetz)

哈佛大学肯尼迪政府学院公共领导力研究中心创始人。他凭借在领导力实践及教学中的开创性工作而享誉世界。他在哈佛大学的研究，致力于探讨如何在社群和组织中构建适应性能力。他主讲的领导力及领导职权课程是哈佛大学最受欢迎的课程之一，而他备受赞誉的著作《并不容易的领导艺术》被翻译成多国语言，已被重印 10 余次。罗纳德为商界、政界及非营利性组织中的领导者提供咨询服务。

马蒂·林斯基 (Marty Linsky)

自 1982 年以来，林斯基便在哈佛大学肯尼迪政府学院任教，但 1992~1995 年间，他曾暂时离开，就任马萨诸塞州威廉·威尔德州长的首席秘书及顾问。林斯基先后毕业于威廉姆斯学院和哈佛大学法学院，一开始从政，之后做过记者。他曾任马萨诸塞州众议院少数党领袖助理、《波士顿环球报》的记者及社评作者，以及《求真报》的编辑。他著有《影响力：媒体如何影响联邦政策制定》一书，并与艾德·格雷夫合著《新企业激进主义》一书。

· 主编介绍 ·

杨斌 清华大学经济管理学院教授，现任清华大学副校长兼教务长、经济管理学院领导力研究中心主任。全国工程专业学位研究生教育指导委员会副主任委员、全国工商管理专业学位研究生教育指导委员会秘书长。他的主要研究领域为组织行为与领导力、企业与社会、非市场策略、商业伦理、高等教育管理等。

杨斌教授曾为清华本科生、MBA、EMBA 以及高层管理培训项目等讲授批判性思维与道德推理、领导与变革、组织行为学、文化伦理与领导、管理思维与沟通、伦理与企业社会责任、危机管理等课程。他还曾应邀为世界 500 强企业及国内多家企业与机构等提供战略管理咨询和培训。他是在中国高校开设商业伦理与工程伦理课程的积极推动者，也是中国式管理科学基础研究的主要参与者之一。